Stefan Kurth · Karsten Lehmann (Hrsg.)

Religionen erforschen

Stefan Kurth
Karsten Lehmann (Hrsg.)

Religionen erforschen

Kulturwissenschaftliche Methoden in der Religionswissenschaft

Bibliografische Information der Deutschen Nationalbibliothek
Die Deutsche Nationalbibliothek verzeichnet diese Publikation in der
Deutschen Nationalbibliografie; detaillierte bibliografische Daten sind im Internet über
<http://dnb.d-nb.de> abrufbar.

1. Auflage 2011

Lektorat: Katrin Emmerich

VS Verlag für Sozialwissenschaften ist eine Marke von Springer Fachmedien.
Springer Fachmedien ist Teil der Fachverlagsgruppe Springer Science+Business Media.
www.vs-verlag.de

Umschlaggestaltung: KünkelLopka Medienentwicklung, Heidelberg
Druck und buchbinderische Verarbeitung: Ten Brink, Meppel
Gedruckt auf säurefreiem und chlorfrei gebleichtem Papier
Printed in the Netherlands

ISBN 978-3-531-17019-0

Inhalt

Kulturwissenschaftliche Methoden in der Religionswissenschaft

Karsten Lehmann & Stefan Kurth

1. Ein Workshop in Bayreuth

Die Idee zum vorliegenden Studienbuch entstand im Anschluss an einen Workshop des DVRW-Arbeitskreises ‚Religiöse Gegenwartskultur in Deutschland', den die Herausgeber im Jahr 2008 in Bayreuth organisierten. Unter dem Titel ‚Biographie, Interaktion und Alltag in alternativen religiösen Gemeinschaften' wollten wir sozialwissenschaftliche Methoden zur Diskussion stellen, die innerhalb der deutschsprachigen Religionswissenschaft[1] zur Erforschung der religiösen Gegenwartskultur genutzt werden. Die vorgestellten religionswissenschaftlichen Projekte zeigten uns, in welchem Umfang sozialwissenschaftliche Methoden innerhalb der deutschen Religionswissenschaft nicht nur einfach rezipiert werden, sondern von den einzelnen Forscherinnen und Forschern für ihre eigenen Fragestellungen und Probleme adaptiert werden. Zudem wurde deutlich, dass Diskussionsbedarf über die konkrete Nutzung sozialwissenschaftlicher Methoden besteht, der nicht einfach im Rekurs auf bestehende Standardwerke befriedigt werden kann.

Diese Erfahrungen erinnerten uns zunächst an die Idee, eine Einführung in sozialwissenschaftliche Methoden in der Religionswissenschaft zu schreiben, die im Kontext unserer gemeinsamen Lehrforschungsprojekte zur qualitativen Religionsforschung entstanden war. Im Austausch mit den Kolleginnen und Kollegen wurde uns jedoch schnell bewusst, dass sich das grundlegende Problem der Rezeption und Adaption von Forschungsmethoden nicht nur im Bezug auf sozialwissenschaftliche Methoden stellt, sondern ebenso für die historisch oder phi-

[1] Interessanterweise werden Methodendiskussionen bislang weitgehend in nationalen Kontexten geführt. So werden beispielsweise die Debatten der *‚Toronto-school'* in Deutschland nur bedingt rezipiert und *vice versa*. Einen aktuellen Überblick vermitteln: Antes et al. 2008a, Antes et al. 2008b, Chryssides und Geaves 2007. Als zentrale Publikationsorgane haben sich außerdem das vor 50 Jahren gegründete *Journal for the Scientific Study of Religion (JSSR)* und die Zeitschrift *Method & Theory in the Study of Religion* entwickelt. In Großbritannien arbeitet Linda Woodhead an einem Sammelband mit dem Titel *Innovative Methods in the Study of Religion*, der 2012 erscheinen soll und dessen Konzept der Grundidee des vorliegenden Studienbuches sehr nahe kommt.

lologisch ausgerichtete Religionswissenschaft. Dies regte uns zur Konzeption eines Studienbuches an, das einen praxisorientierten Überblick über ein weites Spektrum methodischer Zugänge innerhalb der Religionswissenschaft vermitteln möchte und den Leserinnen und Lesern dabei einen möglichst umfassenden Einblick in den Forschungsprozess erlaubt. Gerade hierin besteht die Zielsetzung des vorliegenden Bandes.

Dabei soll nicht der Eindruck vermittelt werden, die Auseinandersetzung mit Religionen verlange grundsätzlich eigene Methoden. Religionen können und müssen als kulturelle Phänome ebenso analysiert werden, wie andere kulturelle Phänomene (Horyna 2011). In den Gesprächen sind wir aber zu der Einsicht gekommen, dass religionswissenschaftliche Fragestellungen Forscherinnen und Forscher durchaus mit typischen Problemen konfrontieren können, über deren Lösung ein Austausch notwendig – oder zumindest wünschenswert ist. In den einzelnen Beiträgen soll deshalb aus ganz unterschiedlichen Perspektiven vorgestellt werden, wie sich Religionswissenschaftlerinnen und Religionswissenschaftler unterschiedlichen Daten nähern und sich dafür auf bestehende Methodendebatten beziehen. Dabei werden folgende Fragen im Mittelpunkt stehen:

- Inwiefern müssen bzw. können in der Religionswissenschaft Methoden aus benachbarten Disziplinen rezipiert werden?
- In welchem Maße müssen bzw. können sie für religionswissenschaftliche Gegenstände, Fragestellungen und Forschungsziele adaptiert werden?
- Mit welchen praktischen Problemen muss man in diesem Zusammenhang rechnen und welche Lösungsversuche haben zu Erfolg oder auch Misserfolg geführt?

Mit diesen Fragen kommen wir von einem kleinen Workshop zu Methoden in der religionswissenschaftlichen Gegenwartsforschung zu zentralen Debatten über das Selbstverständnis des eigenen Faches und seiner Methoden.[2] Debatten also, denen sich jede Wissenschaftlerin und jeder Wissenschaftler immer wieder neu stellen muss, ohne je zu endgültigen Antworten kommen zu können. Tatsächlich werden die folgenden Beiträge zeigen, wie in der deutschsprachigen Religionswissenschaft hierzu ganz unterschiedliche Antworten gefunden werden, deren Vielfalt nicht zuletzt in der jüngeren Geschichte unseres Faches begründet ist.

[2] Diese Überlegungen münden letztlich in grundlegenden Debatten über die Grenzen des eigenen Fachs. Gegenwärtig lassen sich hier drei konkurrierende Modelle unterscheiden, die alle der kulturwissenschaftlichen Tradition verbunden sind: Enges Fachverständnis (Religionswissenschaft als klar umrissene Disziplin – etwa: Bochinger 2000), weites Fachverständnis (Religionswissenschaft als Dachdisziplin – etwa: Gladigow 2005a.) und integratives Fachverständnis (Religionswissenschaft als interdisziplinärer Diskussionskontext etwa Krech 2006.

An dieser Stelle ist es deshalb notwendig, zumindest kurz auf die Geschichte der Religionswissenschaft und die methodischen Konsequenzen der so genannten ‚kulturwissenschaftlichen Wende‘ einzugehen, da einige Spezifika religionswissenschaftlichen Arbeitens erst vor diesem Hintergrund verständlich werden.

Diese Überlegungen sollen aber nicht den Blick auf das konkrete methodische Handwerkszeug versperren, welches das Zentrum des Studienbuches bildet. Die hier zusammengetragenen Beiträge legen es vielmehr nahe, die unterschiedlichen Zugänge zur Religionswissenschaft eher miteinander in Beziehung zu setzen, als sie als gegensätzliche Optionen gegeneinander zu stellen.

2. Methoden-Dimension der kulturwissenschaftlichen Wende

Versteht man unter Religionswissenschaft zunächst ganz allgemein „eine bekenntnisunabhängige Disziplin zum Studium von Religionen“ (Bochinger 2004, 181), so lässt sich die universitäre Geschichte dieses Fachs – ebenso wie etwa die Geschichte der Soziologie, der Psychologie oder der Ethnologie – bis zur Wende vom 19. zum 20. Jahrhundert zurückverfolgen (Stichweh 1994, Geertz 1993). Weitgehend zeitgleich etablierten damals Autoren wie Friedrich Max Müller, Edward Burnett Tylor, James George Frazer, Sigmund Freud, Emile Durkheim oder Max Weber neue wissenschaftliche Diskurse zur Analyse gesellschaftlicher und kultureller ‚Tatbestände‘ (Durkheim 1995) und beschäftigten sich dabei an prominenten Stellen ihres Werkes – und z. T. im Austausch miteinander – mit religiösen Phänomenen (Kippenberg 1997).

Blickt man nun im engeren Sinne auf die deutschsprachige Religionswissenschaft, so kann man im Anschluss an Burkhard Gladigow (2005b) während der Gründungsphase von einer Dominanz durch zwei methodische Zugänge sprechen: Auf der einen Seite dienten die Philologien (und hier vor allem die vergleichende Sprachwissenschaft) als Basiswissenschaften der Religionswissenschaft. In der Tradition von Friedrich Max Müllers Vorlesungen über die Science of Religion etablierte sich gegen Ende des 19. Jahrhunderts ein Zugang, der umfassende Vergleiche „of all, or at all events, of the most important, religions of mankind“ (Müller 2005, 26) anstrebte und dabei nachhaltig von evolutionistischen Denkmustern geprägt war. Auf der anderen Seite stellte die Theologie (vor allem in ihrer liberal-protestantischen Ausprägung) eine zentrale Bezugswissenschaft dar. Paradigmatisch versuchte Rudolf Otto zu Beginn des 20. Jahrhunderts mit seinem Konzept des Heiligen eine „Kategorie vollkommen sui generis“ als letzten Gegenstand der Religionswissenschaft zu etablieren, die „wie jedes ursprüngliche und Grund-datum nicht definibel im strengen Sinne sondern nur erörterbar" (Otto 1991, 7) sei und sich somit dem Zugriff über erfahrungswissenschaftliche Methoden entziehe.

In den Arbeiten von Autoren wie Gerardus van der Leeuw (1961), Friedrich Heiler (2003) und Mircea Eliade (1978) wurden diese beiden Zugänge – unter dem Überbegriff der ‚Religionsphänomenologie' – miteinander verbunden und dominierten in der Folge religionswissenschaftliches Arbeiten zu unterschiedlichsten Gegenstandsbereichen. Sie bestimmten die zweite und dritte Phase der institutionellen Verfestigung des Fachs an europäischen Universitäten und prägten auf dieser Basis auch die Methodendebatten der universitären Religionswissenschaft über mehrere Jahrzehnte. Religionswissenschaftliche Forschung wurde mit einem intuitiven Zugriff auf ‚die Religion' (im Singular) und vergleichende Methoden identifiziert, die primär auf die Analyse der gemeinsamen Wurzeln von Religion abzielten. Dabei bestimmte die Religionsphänomenologie nicht nur weite Felder der Diskussion *innerhalb* der Religionswissenschaft, sondern darüber hinaus auch die *Außen*wahrnehmung des Faches durch andere Disziplinen.[3]

Vor diesem Hintergrund sind die Bemühungen der so genannten ‚kulturwissenschaftlichen Wende' in den 1970er und 1980er Jahren zu verstehen, die Religionsphänomenologie fundamental in Frage zu stellen (Rudolph 1992, Seiwert 1977, Antes 1979, Antes 1986, Gladigow und Kippenberg 1983). Ihre Stoßrichtung war dabei zunächst eine methodologische. Sie nahm ihren Ausgang bei der Diagnose, eines ‚doppelten Irrationalismus' der religionsphänomenologischen Ansätze der Weimarer Zeit. Nach Rainer Flasche war diesen Ansätzen gemeinsam, dass sie „das religiöse Erlebnis, die religiöse Erfahrung, das religiöse Gefühl sowohl zum Gegenstand ihrer Forschung als auch zum Erkenntnisprinzip ihres forschenden Vorgehens und damit des wissenschaftlichen Verstehens überhaupt machen" (Flasche 1982, 261). Demgegenüber müsse Religion, wie Burghard Gladigow programmatisch formulierte, „in einem kulturwissenschaftlichen Zugriff als [... ein besonderer] Typ eines kulturspezifischen Deutungs- und Symbolsystems [verstanden werden, wobei sich ...] religiöse Deutungssysteme vor allem dadurch unterscheiden, dass ihr Geltungsgrund von den ‚Benutzern' auf unbezweifelbare, kollektiv verbindliche und autoritativ vorgegebene Prinzipien zurückgeführt wird" (Gladigow 1988, 33f). Entsprechend wurde Religionswissenschaft von den Vertretern dieser Wende als eine Disziplin beschrieben, die sich ihren Gegenständen ‚von außen' nähert (Stolz 1988) bzw. durch einen methodologischen Agnostizismus (Smart 1973) gekennzeichnet ist.

In Bezug auf das Anliegen des vorliegenden Bandes ist nun interessant, in welchem Maße diese Neuorientierung zu einer grundlegenden Rekonstruktion

---

[3] Ein Zustand, der bis in die Gegenwart anhält, wenn man sich beispielsweise religionsbezogene Arbeiten aus dem englischsprachigen Bereich ansieht: Berger 1979, Appleby 2000.

der religionswissenschaftlichen Fachgeschichte beigetragen hat. Im Gefolge der soeben skizzierten Neuausrichtung der Religionswissenschaft distanzierten sich ihre universitären Vertreterinnen und Vertreter zunehmend von den dominanten Traditionen der Gründungsphase und verorteten sich programmatisch im weiteren Rahmen der Kulturwissenschaften. Dies führte einerseits zu einer Stärkung der eigenen Fachidentität als empirisch fundierter Wissenschaft. Andererseits erweiterte sich der Referenzrahmen religionswissenschaftlicher Forschung und etablierte neue Zugänge (und auch Gegenstände) als integrale Bestandteile der Religionswissenschaft.

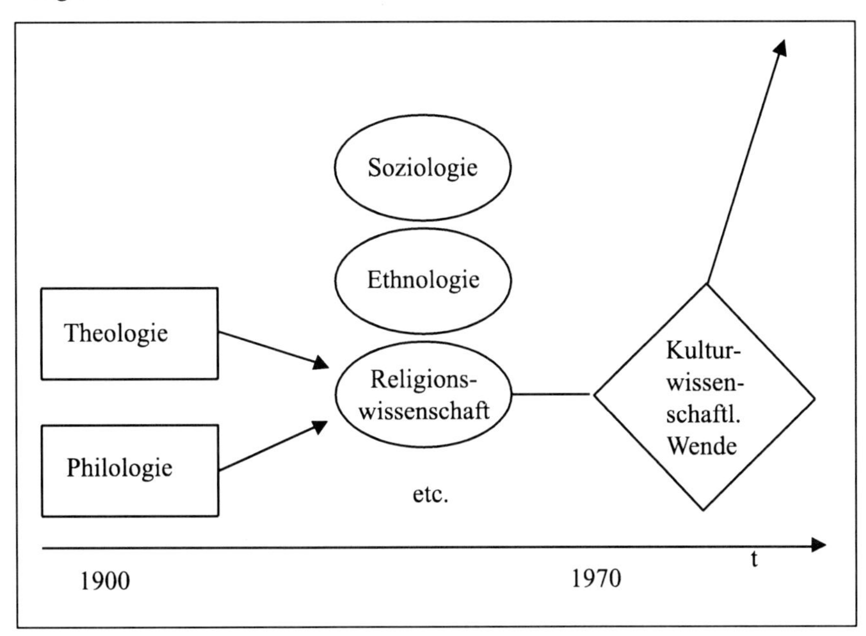

Abbildung 1: Entwicklung der Religionswissenschaft nach der kulturwissenschaftlichen Wende

Mit Blick auf die religionswissenschaftliche Methodendiskussion kann man zugespitzt zusammenfassen, dass die kulturwissenschaftliche Wende maßgeblich zur Genese der Debatten beigetragen hat, die im eingangs skizzierten Workshop zu Tage getreten sind und somit letztlich den Ausgangspunkt des vorliegenden Buches bilden. Sie führte:

- einerseits zu einer Stärkung der eigenen Fachidentität der Religionswissenschaft und
- andererseits zu einer Öffnung gegenüber anderen kulturwissenschaftlichen Disziplinen.

Die Frage nach der disziplinären Identität der Religionswissenschaft stellt sich auf dieser Basis mit neuer Brisanz – und somit auch die Notwendigkeit einer expliziten Beschäftigung mit religionswissenschaftlichen Methoden. Daraus ergeben sich drei Diskussionsstränge, die sich wie rote Fäden durch die folgenden Beiträge ziehen.

(a) Die Frage nach den methodischen Konsequenzen einer Abwendung von einem sui generis-Begriff von Religion

Auf der Ebene der Gegenstandsbeschreibung haben die Debatten der 1970er und 1980er Jahre dazu geführt, dass die religionswissenschaftliche Kategorie ‚der Religion' so konsequent de-konstruiert wurde, dass ihre Verwendung letztlich selbst wiederum an die europäische Religionsgeschichte zurückgebunden wird (Sabbatucci 1988, Feil 2000, Fitzgerald 2000). Damit kommen zwei gegenläufige Überlegungen ins Spiel: Das Alltagsverständnis von der weltweiten Auffindbarkeit unterschiedlicher Religionen kann einerseits eng mit konkreten historischen Ereignissen wie den machtpolitischen Entscheidungen der europäischen Spätantike, den Polemiken des konfessionellen Zeitalters und den Weltanschauungen der Aufklärung sowie der Romantik verwoben werden. Andererseits bleibt festzuhalten, dass eben dieses Religionsverständnis – etwa im Gefolge von Kolonialisierung, Missionierung und Globalisierung – eine weltweite Verbreitung und Wirksamkeit gefunden hat (Taylor 1998, Braun und McCutcheon 2000, Masuzawa 2005).

Besonders spannend sind diese Überlegungen im Bezug auf die lange Tradition vergleichender Analysen, welche die Religionswissenschaft bis in die Gegenwart hinein prägen. Hier kommt begriffsstrategischen Grundsatzentscheidungen bei der Konstitution des tertium comparationis neue Bedeutung zu (Sharpe 1986, Patton und Ray 2000). Sowohl innerhalb der Religionswissenschaft, als auch in ihren Referenzwissenschaften lassen sich ganz unterschiedliche Herangehensweisen an vergleichende Methodendesigns identifizieren. Das Spektrum reicht von umfassenden Religionsvergleichen der religionsphänomenologischen Ansätze über groß angelegte Kulturvergleiche bis hin zu detaillierten Einzelfallstudien (Bochinger 2003, Rudolph 1997). Vor diesem Hintergrund stellt sich die Frage, wie der Gegenstand religionswissenschaftlicher Forschung gefasst werden sollte und inwieweit der systematisch-vergleichende Zugriff auf Religion und Religionen im Fach weiterhin als Alleinstellungsmerkmal der Religionswissenschaft akzeptiert werden kann (Stolz 1988, Zinser 1988, Hock 2002).

(b) Die Frage nach den Konsequenzen einer nachdrücklichen Erweiterung des Methodenrepertoires in der Religionswissenschaft

Indem man Fächern wie der Psychologie, der Soziologie oder der Ethnologie eine prominente Position in der Geschichte der Religionswissenschaft zuspricht und ihre Protagonisten zu ‚Klassikern' erhebt, öffnet man die Religionswissenschaft auch gegenüber deren methodischen Zugängen.[4] Die Religionswissenschaft erschließt sich somit neue disziplinäre Kontexte, die nicht nur über eine differenzierte Methodendiskussion verfügen, sondern außerdem auf eine lange Tradition fachspezifischer Auseinandersetzungen mit dem Gegenstand Religion zurückblicken. Dies hat Konsequenzen für die Konstitution der eigenen Gegenstände, die über eine bloße Methodenintegration hinausweisen.

Blickt man beispielsweise auf die Methoden der fallanalytischen, qualitativen Sozialforschung, so wird deutlich, dass dieser Zugang auf Vorannahmen über die Konstitution seines Gegenstandes basiert, die eng mit seiner Genese in den Sozialwissenschaften verbunden sind. So fokussiert die objektive bzw. strukturale Hermeneutik Ulrich Oevermanns bspw. auf implizite Strukturen, die Wissenssoziologie nach Thomas Luckmann und Peter Berger auf kommunikative Gattungen oder die Systemtheorie Niklas Luhmanns auf Systemlogiken, die über den einzelnen Fall hinaus generalisierbar sind (vgl.: Hitzler und Honer 1997, Ragin und Becker 1992). In eine vergleichbare Richtung argumentierte jüngst Jörg Rüpke (2007), insofern er deutlich machte, dass historische Methoden ihren Forschungsgegenstand auf eine ganz spezifische Art und Weise konstituieren und dabei lang anhaltende Entwicklungsstränge betonen.[5] Letztlich stellt sich somit die Frage, in welchem Umfang mit dem Rekurs auf ein weites Spektrum kulturwissenschaftlicher Disziplinen eine Vielzahl unterschiedlicher (und möglicherweise inkompatibler) methodologischer Grundannahmen übernommen wird.

---

[4] Einen ‚Kanon' religionswissenschaftlicher Klassiker präsentiert: Michaels 1997. Fachhistoriker sind dabei interessanterweise nicht aufgenommen worden. Auch in den gängigen Facheinführungen werden Psychologen, Soziologen und Ethnologen/Kulturanthropologen selbstverständlich in die Beschreibung von Fachgeschichte und Subdisziplinen integriert.

[5] Vergleichbare Phänomene lassen sich auch in Bezug auf die Psychologie oder die Ethnologie beobachten: Schmidt (2008), Henning et al. (2003), Knoblauch (1999).

(c) Die Frage nach den Möglichkeiten des Erlernens von Methoden durch Religionswissenschaftler und Religionswissenschaftlerinnen

An deutschen Universitäten wurde dieses Problem bislang traditionellerweise über Mehrfachqualifikationen gelöst. Der deutsche Magister eröffnete durch die Wahl von Haupt- und Nebenfächern bspw. die Option, dass Studierende Methodenkompetenz zunächst weitgehend außerhalb der Religionswissenschaft (etwa in der Soziologie, der Geschichtswissenschaft oder den jeweiligen Philologien) erwerben konnten. In einem zweiten Schritt wurde den Studierenden dann abverlangt, diese Methodenkompetenz auf religionswissenschaftliche Fragestellungen und Gegenstände anzuwenden.

In grundständigen B.A.-Studiengängen werden Methodenkompetenzen hingegen – abhängig von den jeweiligen Studienmodellen (Deutschen Vereinigung für Religionsgeschichte 2001) – zunehmend *innerhalb* der Religionswissenschaft vermittelt. Die jüngsten Umstrukturierungen der Universitäten verstärkten somit interessanterweise die Prozesse, die durch die kulturwissenschaftliche Wende angestoßen worden sind. Ein Entwicklung, die dann besonders deutlich hervortritt, wenn der Erwerb von Methodenkompetenz letztlich nur in der Praxis erfolgen kann. Mittel- und langfristig wird man in diesem Sinne wohl von einer zunehmenden Professionalisierung der religionswissenschaftlichen Methodenvermittlung ausgehen können. Ein Prozess, der typischerweise von der Bereitstellung von Lehrbüchern wie dem nun vorliegenden begleitet wird.

Vor diesem Hintergrund führt das vorliegende Studienbuch Religionswissenschaftlerinnen und Religionswissenschaftler aus ganz unterschiedlichen Arbeitsfeldern zusammen, welche in ihrer Gesamtheit zumindest ansatzweise die Vielfalt der aktuellen religionswissenschaftlichen Zugänge im deutschsprachigen Raum widerspiegeln. Dabei wurde für jeden Beitrag eine einheitliche Struktur gewählt, welche eine Beschäftigung mit den aufgeworfenen Fragen ermöglicht und dabei möglichst eng mit der Forschungspraxis verbunden ist.

3. Aufbau des Buches

Zunächst zur Gliederung des Buches: In diesem Punkt unterscheidet sich das vorliegende Studienbuch wohl am nachdrücklichsten von der Mehrzahl bestehender Einführungen. Als Ordnungskriterium wurden weder konkrete Fragestellungen (etwa nach dem Wandel der Sozialformen von Religion, den Strukturen von Passageriten oder der Rezeption theologischer Konzepte) noch Forschungstraditionen (wie Grounded Theory, historische Quellenkritik oder Religionsästhetik) gewählt. Die einzelnen Beiträge gehen vielmehr – im Sinne des angestrebten Praxisbezuges – von einem jeweils spezifischen Corpus an Daten aus, mit dem die jeweiligen Autorinnen und Autoren in einem konkreten Forschungsprojekt konfrontiert wurden, wobei die einzelnen Analyseschritte projektbezogen dargestellt werden:

- Der erste Aufsatz beschäftigt sich mit einer Analyse aus dem europäischen Mittelalter (der Antikerezeption des Alanus ab Insulis) und stellt das Arbeiten mit edierten, historischen Quellen vor (Ilinca Tanaseanu-Döbler und Marvin Döbler).
- Angeregt durch den sog. ‚material turn' präsentiert Peter J. Bräunlein die vielschichtigen Herangehensweisen an Zeugnisse materialer Kultur (am Beispiel der Ausstellung einer hawaiianischen Götterstatue in Göttingen).
- Der Beitrag von Franziska Dambacher, Sebastian Murken und Karsten Lehmann beschäftigt sich mit der Analyse von statistischen Datensätzen anhand einer Untersuchung zur Mitgliedschaft in Neuen Religiösen Bewegungen.
- Edith Franke und Verena Maske präsentieren den Prozess einer teilnehmend-beobachtenden Analyse des Vereines ‚Muslimische Jugend in Deutschland e.V.' vom ersten Kontakt bis zum Ausstieg aus dem Feld.
- Narrativ fundierte Interviews haben sich in der gegenwartsbezogenen Religionswissenschaft zu einem Forschungsinstrument entwickelt, dessen Potentiale Stefan Kurth und Karsten Lehmann an einer Analyse über Individualsynkretismus als modernem Religiositätstypus darstellen.
- Anhand von visionären Transzendenzerfahrungen in der religiösen Gemeinschaft Fiat Lux skizziert Bernt Schnettler die Potentiale einer wissenssoziologischen Videoanalyse, welche für die religionswissenschaftliche Forschung neue Perspektiven eröffnen kann.
- Schließlich hat Oliver Freiberger einen systematischen Aufsatz zum ‚Vergleich in der Religionswissenschaft' beigetragen, mit dem der besonderen Bedeutung dieses fundamentalen Aspekts religionswissenschaftlichen Arbeitens Rechnung getragen wird.

Jedes Kapitel folgt dabei der gleichen Struktur:

1. In einem ersten großen Abschnitt werden die *Genese* des methodischen Zugriffs auf den jeweiligen Daten-Corpus sowie seine *Rezeption* im Rahmen der Religionswissenschaft beschrieben.
2. Im zweiten Abschnitt wird dann am konkreten *Forschungsbeispiel* expliziert, welche Fragestellungen zur Entscheidung für diese Datengrundlage und die entsprechenden Analysemethoden geführt haben, wie die notwendi-

gen Daten erhoben und analysiert wurden bzw. zu welchen Ergebnissen die Forscherinnen und Forscher auf diesem Wege gelangt sind.
3. Vor diesem Hintergrund wird darüber reflektiert, worin die spezifischen *Potentiale und Herausforderungen* der jeweiligen Herangehensweisen für die Religionswissenschaft bestehen.
4. In einem *Service-Teil* werden schließlich Grundlagentexte, Lehrbücher und exemplarische Studien genannt und kurz vorgestellt.

Als besonders spannend hat sich dabei die Beobachtung erwiesen, dass in den vorgestellten Beispielen – trotz der unterschiedlichen Gegenstände und Analysetraditionen – immer wieder vergleichbare methodische Probleme auftauchen, auf welche die Autorinnen und Autoren zu reagieren hatten. Als Herausgeber hoffen wir zum einen, dass der vorliegende Band sein primäres Ziel erfüllt und Sie (die Leserinnen und Leser) dabei unterstützt, Lösungen für solche Probleme zu finden. Zum anderen würden wir uns freuen, wenn das Studienbuch außerdem eine Grundlage für weitere Methodendebatten liefern könnte, deren Stand in den einzelnen Beiträgen widergespiegelt wird.

Damit wollen wir diese kurze Einleitung schließen, nicht ohne Dank zu sagen – zunächst natürlich allen Autorinnen und Autoren, die dieses Studienbuch ermöglicht haben, sowie den Kolleginnen und Kollegen in Bayreuth, Lausanne und Washington, die den Entstehungsprozess mit konstruktiver Kritik begleitet haben. Was die praktische Umsetzung betrifft, so geht unser Dank an Katrin Emmerich und Cori Mackrodt vom VS Verlag für ihre freundliche und geduldige Betreuung, an Thomas Söllner für die professionelle und sorgfältige Realisierung des Layouts, an Barbara Mayer für die kompetente Erstellung der Grafiken sowie an Johanna Lehmann für ihre tatkräftige Unterstützung beim Lektorat. Last but certainly not least wollen wir uns bei unseren beiden Familien für ihre Unterstützung und Geduld bedanken, wenn es wieder einmal um ‚unser Methodenbuch' ging.

4. Literatur

Antes, Peter, Armin Geertz und Randi R. Warne, Hg. 2008a. *New Approaches to the Study of Religion.* Vol.1: Regional, Critical, and Historical Approaches. Berlin: Walter de Gruyter.

Antes, Peter, Armin Geertz und Randi R. Warne, Hg. 2008b. *New Approaches to the Study of Religion.* Vol.2: Textual, Comparative, Sociological, and Cognitive Approaches, Berlin: Walter de Gruyter.

Antes, Peter. 1979. Die Religionswissenschaft als humanwissenschaftliche Disziplin. *Zeitschrift für Missionswissenschaft und Religionswissenschaft* 63: 275-282.

Antes, Peter. 1986. Systematische Religionswissenschaft. Eine Neuorientierung. *Zeitschrift für Missionswissenschaft und Religionswissenschaft* 70: 214-221.

Appleby, R. Scott. 2000. *The Ambivalence of the Sacred. Religion, Violence and Reconciliation.* Lanham / Boulder: Rowman & Littlefield Publishers.

Berger, Peter L. 1980. The Heretical Imperative. Contemporary Possibilities of Religious Affirmation. New York: Anchor Press.

Bochinger, Christoph. 2000. Wahrnehmung von Fremdheit, Zur Verhältnisbestimmung zwischen Religionswissenschaft und Theologie. In *Die Identität der Religionswissenschaft. Beiträge zum Verständnis einer unbekannten Disziplin*, hg. Gebhard Löhr, 57-77. Frankfurt am Main: Peter Lang.

Bochinger, Christoph. 2003. Religionsvergleich in religionswissenschaftlicher und theologischer Perspektive. In: *Vergleich und Transfer. Komparatistik in Sozial-, Geschichts- und Kulturwissenschaften*, hg. Hartmut Kaelble und Jürgen Schriewer, 251-281 Frankfurt am Main / New York: Campus.

Bochinger, Christoph. 2004. Religionswissenschaft. In *Leitfaden Theologie*, Hg. Michael Roth, 183-216. Göttingen: Vandenhoeck & Ruprecht.

Braun, Willi und Russell T. McCutcheon, Hg. 2000. *Guide to the Study of Religion*. London / New York: T&T Clark.

Chryssides, George D und Ron Geaves, Hg. 2007. *The Stu*dy of Religion. An Introduction to Key Ideas and Methods. London / New York: Continuum.

Deutschen Vereinigung für Religionsgeschichte, Hg. 2001. Religionswissenschaft: Forschung und Lehre an den Hochschulen in Deutschland. Eine Dokumentation. Marburg: diagonal-Verlag.

Durkheim, Emile. 1995. *Die Regeln der soziologischen Methode*. Frankfurt am Main: Suhrkamp (zuerst: 1895).

Eliade, Mircea. 1978. *Geschichte der religiösen Ideen*. Freiburg im Breisgau: Herder.

Feil, Ernst, Hg. 2000. Streitfall "Religion". Diskussionen zur Bestimmung und Abgrenzung des Religionsbegriffs. Münster / Hamburg / London: LIT-Verlag.

Fitzgerald, Timothy. 2000. *The Ideology of Religious Studies*. New York / Oxford: Oxford University Press.

Flasche, Rainer. 1982. Religionsmodelle und Erkenntnisprinzipien der Religionswissenschaft in der Weimarer Zeit. In: *Religions- und Geistesgeschichte der Weimarer Republik*, hg. Hubert Cancik, 261-276. Düsseldorf: Patmos.

Geertz, Clifford. 1993. Dort sein. Die Anthropologie und die literarische Szene. In *Die künstlichen Wilden. Der Anthropologe als Schriftsteller*, hg. Clifford Geertz, 9-30. Frankfurt am Main: Fischer Taschenbuchverlag.

Gladigow, Burkhard und Hans G. Kippenberg, Hg. 1988. *Neue Ansätze in der Religionswissenschaft*. München: Kösel (Forum Religionswissenschaft).

Gladigow, Burkhard. 1988. Gegenstände und wissenschaftlicher Kontext von Religionswissenschaft. In: *Handbuch religionswissenschaftlicher Grundbegriffe*. Bd. 1, hg. Hubert Cancik, Burkhard Gladigow und Matthias Laubscher, 26-40. Stuttgart / Berlin / Köln / Mainz: Kohlhammer.

Gladigow, Burkhard. 2005a. Mögliche Gegenstände und notwendige Quellen einer Religionsgeschichte. In *Religionswissenschaft als Kulturwissenschaft*, hg. Christoph

Auffahrt und Jörg Rüpke, 23-39. Stuttgart / Berlin / Köln / Mainz: Kohlhammer (Religionswissenschaft heute).

Gladigow, Burkhard. 2005b. Religionswissenschaft: Historisches, Systematisches und Aktuelles zum Stand der Disziplin, In *Religionswissenschaft als Kulturwissenschaft*, hg. Christoph Auffahrt und Jörg Rüpke, 40-50. Stuttgart / Berlin / Köln / Mainz: Kohlhammer (Religionswissenschaft heute).

Heiler, Friedrich. [7]1999. *Die Religionen der Menschheit*. Stuttgart: Reclam (zuerst: 1959).

Henning, Christian, Sebastian Murken und Erich Nestler. *Einführung in die Religionspsychologie*. Paderborn: Schöningh.

Hitzler, Ronald und Anne Honer, Hg. 1997. *Sozialwissenschaftliche Hermeneutik*. Opladen: Leske & Budrich.

Hock, Klaus. 2002. *Einführung in die Religionswissenschaft*. Darmstadt: Wissenschaftliche Buchgesellschaft.

Horyna, Bretsilav. 2011. Kritik der religionswissenschaftlichen Vernunft. Plädoyer für eine empirisch fundierte Theorie und Methodologie. Stuttgart / Berlin / Köln / Mainz: Kohlhammer (Religionswissenschaft heute).

Kippenberg, Hans G. 1997. Die Entdeckung der Religionsgeschichte. Religionswissenschaft und Moderne. Müchen: C.H. Beck.

Knoblauch, Hubert. 1999. *Religionssoziologie*. Berlin / New York: Walter de Gruyter (Sammlung Göschen).

Krech, Volkhard. 2006. Wohin mit der Religionswissenschaft? Skizze zur Lage der Religionsforschung und zu Möglichkeiten ihrer Entwicklung, *Zeitschrift für Religions- und Geistesgeschichte* 58: 97-113.

Kromrey, Helmut. [11]2006. *Empirische Sozialforschung*. Stuttgart: Lucius & Lucius.

Leeuw, Gerardus van der. [7]2003. *Einführung in die Phänomenologie der Religion*, Darmstadt: Wissenschaftliche Buchgesellschaft.

Masuzawa, Tomoko. 2005. The Invention of World Religions. Or, How European Universalism was preserved in the Language of Pluralism. Chicago / London: University of Chicago Press.

Michaels, Axel, Hg. Klassiker der Religionswissenschaft. Von Friedrich Schleiermacher bis Mircea Eliade. München: C.H. Beck.

Müller, Friedrich Max. 2005. Introduction to the Science of Religion. Four Lectures delivered at the Royal Institute in February and May, 1870. Leipzig: Elibron Classics (zuerst: 1873).

Otto, Rudolf. 1991. Das Heilige. Über das Irrationale in der Idee des Göttlichen und sein Verhältnis zum Rationalen. München: C.H. Beck (zuerst: 1917).

Patton, Kimberley C. und Benjamin C. Ray, Hg. *A Magic Still Dwells. Comparative Religion in the Postmodern Age*. Berkeley / Los Angeles / London: University of California Press.

Ragin, Charles C. und Howard S. Becker, Hg. 1992. *What is a Case? Exploring the Foundations of Social Inquiry*. Cambridge / New York / Melbourne: Cambridge University Press.

Rudolph, Kurt. 1992. Das Problem der Autonomie und Integrität der Religionswissenschaft. In *Geschichte und Probleme der Religionswissenschaft*, hg. Kurt Rudolph, 37-66 Leiden / New York / Köln: Brill (Studies in the History of Religions).

Rudolph, Kurt. 1997. Die vergleichende Methode in den Kulturwissenschaften und die Religionswissenschaft. In: *Vergleichen und Verstehen in der Religionswissenschaft. Vorträge der Jahrestagung der DVRG vom 4. bis 6. Oktober 1995 in Bonn*, hg. Hans-Joachim Klimkeit, 161-170. Wiesbaden: Harrassowitz (Studies in Oriental Religions).

Rüpke, Jörg. 2007. *Historische Religionswissenschaft. Eine Einführung*. Stuttgart: Kohlhammer (Religionswissenschaft heute).

Sabbatucci, Dario, Kultur und Religion, In: *Handbuch religionswissenschaftlicher Grundbegriffe*. Bd. 1, hg. Hubert Cancik, Burkhard Gladigow und Matthias Laubscher, 43-58. Stuttgart / Berlin / Köln / Mainz: Kohlhammer.

Schmidt, Bettina E. 2008. *Einführung in die Religionsethnologie. Ideen und Konzepte*. Berlin: Reimer (Reimer Kulturwissenschaften).

Seiwert, Hubert. 1977. Religionswissenschaft. Theoriebildung und Empiriebezug. *Zeitschrift für Missionswissenschaft und Religionswissenschaft* 61: 1-18.

Sharpe, Eric J. ²1986. *Comparative Religion. A History*. London: Open Court.

Smart, Ninian. 1973. The Science of Religion and the Sociology of Knowledge. Some methodological Questions. Princeton: Princeton University Press.

Stichweh, Rudolf. 1994. Wissenschaft, Universität Professionen. Soziologische Analysen. Frankfurt am Main: Suhrkamp.

Stolz, Fritz. 1988. *Grundzüge der Religionswissenschaft*. Göttingen: Vandenhoeck & Ruprecht.

Taylor, Marc C, Hg. 1998. *Critical Terms for Religious Studies*. Chicago / London: University of Chicago Press.

Zinser, Hartmut, Hg. *Religionswissenschaft. Eine Einführung*. Berlin: Reimer.

Interpretation religiöser Quellentexte
Die Natur zwischen Gott und Menschen in der Schrift De planctu naturae *des Alanus ab Insulis*

Ilinca Tanaseanu-Döbler & Marvin Döbler

1. Genese der Methodentradition

Der Umgang mit Quellentexten bildet die Grundlage historischer, philologischer und theologischer Arbeit seit der europäischen Antike. Die Reflexion über Kriterien für den angemessenen Umgang mit solchen Quellen finden sich schon in dieser Zeit, etwa in der Historiographie, in der alexandrinischen Philologie oder in der philosophischen und theologischen allegorischen Interpretation von autoritativen Texten wie Homer oder der Bibel.[1] Für die westliche Wissenschaftstradition war die Systematisierung historisch-kritischer Methoden seit dem Humanismus entscheidend: So beweist etwa Lorenzo Valla (1407-1457) mit philologischen und inhaltlichen Argumenten, dass die sog. konstantinische Schenkung, mit der Kaiser Konstantin dem Papst das Territorium des Kirchenstaates geschenkt haben soll, eine spätere Fälschung ist.[2]

Im Umgang etwa Marsilio Ficinos (1433-1499) mit dem *corpus hermeticum* oder den *hymni orphici* könnte man bereits von Anfängen einer europäischen Religionsgeschichte sprechen.[3] Im Hinblick auf christlich-kanonische Texte zeichnen sich in der Aufklärung die Anfänge einer historisch-kritischen Methode ab: so bezweifelte etwa Hermann Samuel Reimarus (1694-1768) zu Recht die überlieferte Autorenschaft Mose und betonte den historisch gewachsenen Charakter der biblischen Texte gegen die Vorstellung einer göttlichen Offenbarung.[4] Im neunzehnten Jahrhundert entwickelte sich aus diesen Ansätzen die historisch-kritische Bibelforschung, welche das Alte Testament nicht mehr als in der vorliegenden Form göttlich inspirierten Text, von Schlüsselgestalten der biblischen

---

[1] Vgl. Gadamer 1993, 92-94; Wilson 1997. Zur jüdischen und christlichen Auslegungstechnik siehe z. B. Dawson 1992 für eine Geschichte der Allegorese.

[2] Laurentius Valla, *De Constantini donatione*. Vgl. dazu Ginzburg 1999, 54-70.

[3] Auffarth (im Erscheinen).

[4] Z. B. Reimarus 1835, 282f. Dazu Powell 2001, 63-68. Ein Überblick über die Entwicklung der historisch-kritischen Methode bietet Harrisville und Sunderberg 1995 (zu Reimarus bes. 49-65).

Geschichte wie Moses oder David verfaßt, sondern als Ergebnis eines jahrhundertelangen Redaktionsprozesses ansah, im Laufe dessen verschiedene Traditionen verknüpft und umgestaltet wurden, so dass die Anordnung des alttestamentarischen Kanons nicht die Chronologie seiner Entstehung abbildet.[5] Durch detaillierte Quellenkritik und Kontextualisierung wurde versucht, die einzelnen Traditionsstränge zu unterscheiden. In der religionsgeschichtlichen Schule und ihrer Rezeption wird dieser Ansatz für das Neue Testament weitergeführt und das Christentum in sein antikes Umfeld eingeordnet.[6]

Soweit zu dem allgemeinen Tradition der Hermeneutik religiöser Texte, die im Hintergrund der Entwicklung der religionswissenschaftlichen historisch-philologischen Methode steht. In den verschiedenen Fachdisziplinen wurden für die einzelnen Methoden und Arbeitsschritte der Textinterpretation unterschiedliche Termini etabliert, welche die unterschiedlichen Forschungsinteressen spiegeln. Ein grundlegendes Merkmal ist allen gemeinsam: Die Quellenkritik, die Hinterfragung des Kontextes, der Intention und somit auch des genauen Wertes von Quellen für die jeweiligen Forschungsfragen.[7]

2. Weiterentwicklung innerhalb der Religionswissenschaft und Darstellung der religionswissenschaftlichen Interpretation von Quellentexten

Auf diese Traditionen und Methoden kann die Religionswissenschaft, die sich ab dem 19. Jahrhundert als eigene Disziplin herausbildet, zurückgreifen. In seiner Einführung in die vergleichende Religionswissenschaft legt F. Max Müller das Hauptaugenmerk seiner ‚vergleichenden Theologie' auf das Studium von Glaubenslehren[8]. Religiöse Texte sowie ethnographische Berichte, die durch Gespräche mit Vertretern – im Sprachgebrauch der Zeit –,wilder' Kulturen Texte kreieren, stehen so im Mittelpunkt. Trotz der Einbeziehung ethnographischer Beobachtung konzentrieren sich Müllers Ausführungen insbesondere auf schriftliche Quellen, auf ‚heilige Schriften', die nach den Regeln der historisch-

[5] Ein kurzer Überblick über die historisch-kritische Forschung zu den fünf Büchern Mose findet sich bei Zenger 2008, 74-135. Besonders einflußreich waren hier die Arbeiten von Julius Wellhausen (Wellhausen 1894a; 1894b). Siehe dazu Nicholson 1998, 3-94. Wellhausens Position wurde in der späteren Forschung an- bzw. aufgegriffen; für den modernen Stand der AT-Forschung siehe z. B. Rofé 1999 oder Kratz 2000; Kratz 2008.

[6] Siehe dazu z. B. Lüdemann 1996, 9-13.

[7] Siehe hierzu z. B. Theuerkauf 1991, insbesondere 56-58. Für einen Überblick über neutestamentliche Methoden s. z. B. Conzelmann und Lindemann 2004, insbesondere 3-8 und 21-148.

[8] Siehe Müller 1874, 14f.

kritischen Forschung behandelt werden müßten.[9] Den übergeordneten hermeneutischen Rahmen liefert dabei Müllers in Auseinandersetzung mit Kant entwickelte Unterscheidung zwischen den einzelnen historischen Erscheinungen der Religion und der Religion als allgemeiner menschlicher Anlage zur Wahrnehmung des Unendlichen.[10] So kann Müller die Richtung religionswissenschaftlicher Forschung schon in seiner ersten Vorlesung angeben:

> „Wie eine alte Münze, so wird die alte Religion, nachdem man den Jahrhunderte alten Rost entfernt hat, in aller Reinheit in ihrem alten Glanze erscheinen; und das Bild, das sich zeigen wird, wird das Bild des Allvaters sein, des Vaters aller Menschen; und die Inschrift, wenn wir sie wieder lesen können, wird nicht nur in Judaea, sondern in allen Sprachen der Welt eine und dieselbe sein, – das Wort Gottes, das sich offenbart da, wo allein es sich offenbaren kann, in den Herzen aller Menschen."[11]

Damit ist für Müller die allgemeine Tendenz religionswissenschaftlicher Hermeneutik vorgegeben: Das Verständnis religiöser Äußerungen auf der Basis der Kenntnis der betreffenden sprachlichen Systeme soll dazu führen, die Religion als *a priori* funktionierende Wahrnehmung des Transzendenten zu verstehen. Diese hermeneutische Weichenstellung, in der sich der Sprachwissenschaftler mit den nachkantischen Religionsphilosophen und den liberalen Theologen trifft, wirkt in der Religionsphänomenologie weiter[12]. Besonders radikal formuliert findet sie sich bei deren Wegbereiter Rudolf Otto. Ohne den *sensus numinis*, der *a priori* im Menschen vorhanden ist, könne nicht über das Wesen der Religion kommuniziert werden; die Äußerungen religiöser Menschen über das Heilige bzw. Numinöse – in seiner Darstellung des Heiligen konzentriert sich Otto hauptsächlich auf Texte – erschlössen sich nur dem Empfänglichen.[13] Die Unterscheidung zwischen dem Wesen und den Erscheinungsformen, den Phänomenen der Religion liegt den Religionsphänomenologien zugrunde; als religiöse Phänomene bzw. historisch-kontingente Manifestationen der Gotteserfahrung spielen Texte eine wichtige Rolle. Da die Phänomenologie mit Friedrich Heiler gesprochen die Erscheinungsformen der Religion vom angenommenen Wesens-

---

[9] Müller 1874, 20ff, für die Notwendigkeit kritischer Methoden gerade im Hinblick auf die Untersuchung kanonischer Schriften s. 24 oder 29.

[10] S. Müller 1874, 14f.

[11] Müller 1874, 61.

[12] Für die allmähliche Entwicklung der Religionswissenschaft in der Zeit zwischen Müller und der Religionsphänomenologie ist E. Stanges heutzutage kaum bekannte "Religionswissenschaft der Gegenwart in Selbstdarstellungen" (Stange 1925ff.) aufschlußreich, eine Art 'Klassiker der Religionswissenschaft'. Diese Kurzbiographiensammlung vereint deutsche Theologen und Philologen, die sich als Religionswissenschaftler verstehen.

[13] Otto 1936, 6-8.

kern, dem ‚Heiligen' bzw. Göttlichen her denkt, läßt sich in den verschiedenen *summae* der Phänomenologie eine Engführung des Interesses auf ‚heilige Schriften' finden, die andere religiöse Texte ausblendet. Texte als explizite Äußerungen religiöser Subjekte bleiben die bevorzugten Quellengrundlagen für Religionsphänomenologen, auch wenn theoretisch die Bedeutung anderer Aspekte der Religion, so etwa der Rituale, anerkannt wird. Dies läßt sich an Heilers Forderung illustrieren, dass der Religionsforscher auch Sprachforscher sein und neben den „drei Sprachen der Kreuzesinschrift" mindestens eine für die östlichen Religionen relevante Sprache beherrschen müsse; sein anschließendes Plädoyer, Religion nicht nur aus Büchern sondern an lebendigen Menschen zu studieren, bleibt reichlich blaß und wird im Laufe seiner Darstellung der Religion nicht eingelöst.[14] Religiöse Texte werden grundsätzlich als Ausdruck von Glaubensvorstellungen oder Erfahrungen gelesen; weitere Dimensionen wie etwa ihr Kontext, ihre Verbindung zum oder Verankerung im Ritual werden meistens ausgeblendet. Als hermeneutisches Postulat gilt das prinzipielle Ernstnehmen des Wahrheitsanspruches religiöser Äußerungen.[15]

Kritik an der phänomenologischen Vorgehensweise wurde ab den 70er Jahren immer lauter, verbunden mit einem neuen programmatischen Verständnis der Religionswissenschaft als Kulturwissenschaft, bzw. der Religion als eines vielschichtigen kulturellen Phänomens, das mit den anderen Bereichen der Kultur untrennbar vernetzt ist. So setzte K. Rudolph der Phänomenologie den streng kontextualisierenden Umgang mit historischen Quellen, insbesondere Texten, entgegen[16], während B. Gladigow als Ausweg aus der phänomenologischen Falle neben den Texten u. a. die Beschäftigung mit non-verbalen Quellen im Sinne einer Religionsaesthetik forderte[17]. Auch die Konzentration auf ‚heilige Schriften' wurde mit dem Verweis auf die Bandbreite religiös relevanter Texte kritisiert.[18] Die Abwendung des Blickes vom ‚Heiligen' im religiösen Text erlaubte neue Sichtweisen auf solche Texte: Sie wurden nicht nur als Quellen über Religion sondern auch verstärkt als Medien der Kommunikation über Religion thematisiert, als Beiträge und Instrumente zur Konstruktion von Religion in ihrer jeweiligen Kultur. So wurden neue Fragen formuliert, z. B. diejenige nach der sprachlichen Gestalt und der Metaphorik von Texten und ihrer Einbettung in religiöse Konflikt- und Konkurrenzsituationen[19] oder nach der textuellen fiktiven

---

[14] Heiler 1961, 14-16.
[15] So z. B. Heiler 1961, 17f.
[16] Siehe Rudolph 1988, zur Arbeitsweise des Religionshistorikers bes. 48-51.
[17] Gladigow 1988, 20f. Zur Weiterentwicklung der Religionsaisthetik innerhalb der Religionswissenschaft siehe Döbler 2010, 137-139.
[18] Rüpke 1999, 91.
[19] Z. B. Auffarth 2006.

Konstruktion von Ritualen und ihrer Relation zu ‚realen' Ritualen.[20] Religiöse Quellentexte bieten also verschiedene Angriffspunkte für unterschiedliche Forschungsinteressen und können in mehr als einer Weise Quellen sein: Quellen für die Rekonstruktion religiöser Praxis und religiöser Vorstellungen, aber auch dafür, nach welchen Spielregeln ihre Produzenten in ihrem historischen Kontext über Religion sprechen und schreiben. Diese Vielfalt legt die Frage nahe, inwiefern die Erforschung der Religion letztlich nur interdisziplinär realisierbar sei, mit der Religionswissenschaft als Konzept- und Modellquelle, die die Integration der Ergebnisse der Teildisziplinen ermöglicht.[21]

Die Forderung, Quellen – eben auch Texte – historisch akkurat zu lesen, indem man sie in ihr jeweiliges kulturelles Umfeld einbettet, kann auch mit einer unterschwellig religionskritischen Agenda verbunden sein, als Reaktion auf die phänomenologische Wertschätzung der Religion und der religiösen Binnenperspektive. Neben den erwähnten Arbeiten von K. Rudolph sind die dreizehn ‚Theses on Method' des Eliade-Schülers B. Lincoln ein gutes Beispiel für diese Agenda:[22] Äußerungen religiöser Subjekte seien ideologieverdächtig und müßten im Rahmen der entsprechenden Machtverhältnisse kritisch beäugt werden.[23] Hier gilt es für den Religionswissenschaftler, die Epoché, die schon von van der Leeuw geforderte Urteilsenthaltung bezüglich des Wahrheitsanspruchs der religiösen Äußerungen der Quellen[24] nach Möglichkeit nach beiden Seiten zu wahren, indem man die Texte zwar zunächst ernst nimmt, aber je nach Entstehungssituation, Intention, Zweck etc. interpretiert – nach den schon von Max Müller beschworenen Regeln der ‚diplomatischen Kritik'.[25] So kann man etwa mit H. Zinser die soziale und subjektive Konstruktion heiliger Texte nachzeichnen, im Bewußtsein dessen, dass die Kategorie der ‚Heiligkeit' immer auch Herr-

[20] Siehe die Beiträge von D. Feeney, J. Rüpke und S. Stephens in dem Sammelband Barchiesi, Rüpke und Stephens 2004.

[21] Siehe Auffarth 2009, 33. Ein ähnlicher Ansatz bei Kippenberg und von Stuckrad 2003, 7f.

[22] Lincoln 1996.

[23] S. Rudolph 1978. Obwohl dieser Aufsatz noch während seiner Leipziger Zeit verfaßt wurde, bezieht er sich in einem späteren Beitrag als Professor in Marburg (Rudolph 1988, 47) darauf, so dass man diesen Aufsatz als Ausdruck seiner Forschungsposition lesen kann. Lincolns Herangehensweise kann seinen ‚Theses on Method' (s. o.) entnommen werden. An einem Vergleich seiner These Nr. 4 mit Max Müllers Einführung in die Vergleichende Religionswissenschaft von 1874 (24 oder 29) wird deutlich, dass Lincoln keine wirklichen methodischen Neuerungen bringt; lediglich der religionskritische Ton macht den Unterschied. Für eine skeptische Balance zwischen kritischen und apologetischen Ansätzen, die allerdings den ideologiekritischen Aspekt favorisiert, plädiert Berner 2007, 169 und 176f.

[24] Van der Leeuw 1933, 640f und 674f; allerdings ist ihm nicht in der philosophischen Forderung zu folgen, dass die Enthaltung letztlich nicht die des ‚Zuschauers' sondern des ‚Liebenden' sei, der sich dem religiösen Phänomen nähere und öffne.

[25] Müller 1874, 24 oder 29f.

schaftscharakter bzw. einen bestimmten Machtanspruch aufweist.[26] Eine genaue Kenntnis der betreffenden Sprache und Kultur ist für eine solche Interpretation unerläßlich.

Während soziologisch arbeitende Religionswissenschaftler ihre Textgrundlage oft selbst schaffen müssen, indem sie z. B. Interviews transkribieren, und seltener auf textuelle Äußerungen religiöser Subjekte zurückgreifen, wurden letztere in neuerer Zeit im Lichte kognitivistischer Religionstheorien gelesen und als Belege zu interpretieren versucht. Dass die kognitivistische Religionstheorie mit ihrer Annahme von universell gültigen kognitiven Mustern, die sich eben auch im religiösen Bereich wiederfänden, starke Parallelen zur Religionsphänomenologie hat, liegt auf der Hand und wird auch von ihren Vertretern explizit ausgesagt.[27] Deswegen nimmt es nicht wunder, wenn ein ähnlicher Umgang mit Texten konstatiert werden kann: Auch seitens kognitiver Religionstheoretiker werden Texte aus ihrem kulturellen Kontext genommen und auf einige wenige Konstanten reduziert. Vielfalt und Unterschiede verschwinden so, und das Ergebnis bleibt im hohen Maße unbefriedigend, zumal anders als bei den Phänomenologen alter Schule die Sprachkenntnisse deutlich zu wünschen übrig lassen. Als extremes Beispiel mag eine kognitive vergleichende Untersuchung von Paradiesesvorstellungen gelten.[28] In neuerer Zeit wurde die Anbindung kognitivistischer Religionstheorien an das historische Material und die historisch-philologische Forschung gesucht; über den Nutzen solcher Perspektiven für die Religionsgeschichte wird noch diskutiert.[29]

3. Darstellung der religionswissenschaftlichen Auswertung von Quellentexten anhand eines Forschungsbeispiels

Der religionswissenschaftliche Umgang mit Quellentexten wird hier anhand der Frage nach der Antikerezeption des hochmittelalterlichen Theologen und Dichters Alanus ab Insulis (ca. 1128-1203) demonstriert. Ausgangspunkt soll die vieldiskutierte Frage sein, inwiefern christliche Theologoumena oder bestimmte Formen christlich geprägter Kultur für die Entfremdung des Menschen von der Natur und die Desakralisierung des Kosmos verantwortlich seien.[30] Jedoch ist in

[26] Zinser 2010, 176-183 ("Dreizehn Thesen zu heiligen Texten").

[27] Z. B. Närhi 2008, 340.

[28] So kann man die erwähnte Studie von Närhi beschreiben.

[29] Z. B. aus der neuesten Forschung den Band von Luomanen, Pyssiäinen und Uro 2007, insbesondere die ausgewogenen Reflektionen im Epilog von T. Engberg-Pedersen, 299-310.

[30] Diese Debatte ist besonders mit dem einflußreichen und wiederholt abgedruckten Aufsatz von Lynn White verknüpft (White 2004). Marangudakis 2002 spitzt die Diskussion zu, indem er den Fokus auf das Mittelalter legt. S. auch Marangudakis 2008. Andere Arbeiten sehen in der Verände-

der sogenannten ‚Renaissance des 12. Jahrhunderts' ‚Natur' bekannterweise ein zentraler theologischer und philosophischer Begriff.[31] Wie ist diese Bedeutung zu bewerten? Handelt es sich hierbei um ein Wiederaufleben antiken Gedankengutes oder werden hier spezifisch christliche Transformationen greifbar? Dieser Frage soll am Beispiel von Alanus' *Klage der Natur* nachgegangen werden. Zunächst wird die Rolle der Natur in diesem Text skizziert, um dann auf die Tradition, in der Alanus steht, zurückzublicken. So können exemplarisch einige Facetten der Vermittlung und Interaktion religiöser Weltvorstellungen in der europäischen Religionsgeschichte beleuchtet werden.

Bevor man die *Klage der Natur* analysieren kann, muß man sich erst einmal Zugang zu dem Text verschaffen. Dies wird wesentlich dadurch erleichtert, dass die Schrift in einer kritischen Edition vorliegt, die aus dem Vergleich der unterschiedlichen Textzeugen einen brauchbaren Text rekonstruiert und Abweichungen der einzelnen Manuskripte davon festhält.[32]

Von der Gattung her handelt es sich um eine sogenannte Menippeische Satire, in der Prosa- und Versabschnitte miteinander abwechseln. Ein berühmter Vorläufer wäre Boethius' *Trost der Philosophie*; heutzutage weniger bekannt, aber im Mittelalter beliebt, war die *Hochzeit der Philologie und Merkurs* des spätantiken nordafrikanischen Dichters Martianus Capella. Inhaltlich drängen sich vor allem die Parallelen zu Boethius' Werk auf. Dort erscheint dem zum Tode verurteilten Autor die personifizierte Philosophie, die ihm durch eine Belehrung über den gesamten Weltzusammenhang hilft, seine traurige Lage zu bewältigen. *De planctu naturae* ist als eine Vision der personifizierten Natur stilisiert, die dem über die moralische Verkommenheit der Welt, insbesondere die verbreitete Homosexualität, verzweifelt sinnenden Autor als liebreiche, vom Himmel herabschwebende Jungfrau erscheint. Nach anfänglichem hilflosen starren Staunen (*stupor, extasis, nec vivus, nec mortuus*) hilft ihm die Natur, sie zu erkennen. Ein Lehrgespräch über die gegenwärtige Situation der Welt schließt sich an, in dem die Rolle der Natur und des Menschen im Kosmos erklärt werden. Die Vision schließt mit der Ankunft anderer himmlischer Mächte, des

rung des Naturbegriffs in der Spätscholastik und vor allem der Neuzeit entscheidende Weichenstellungen für den problematischen Umgang mit der Natur in der Moderne, so z. B. Spaemann 2001. Als Pendant und Ergänzung zu Spaemanns Arbeiten betont Becker 1994, bes. 55-59, die Komplexität des neuzeitlichen Verhältnisses zur Natur, die zwischen Atheismus und Naturvergottung oszillieren könne. Interessant auch die Perspektive von Dillon 2007, der als Ideengeschichtler und Platonismusexperte platonische Lösungen für die von ihm wahrgenommene ökologische und ökonomische Krise vorschlägt.

[31] In diesem Sinne hat z. B. Berner 1996 Whites These problematisiert, indem er auf mittelalterliche Naturkonzepte des 12. Jahrhunderts, insbesondere Alanus und Bernardus Silvestris, verwies. Zum Naturbezug im 12. Jahrhundert s. auch Ellard 2008, 174-182.

[32] Alanus, *De planctu naturae* (ed. Häring 1978).

Hochzeitsgottes Hymenaeus und einiger personifizierter Tugenden sowie des Genius, des himmlischen Pendants der Natur. Dieser spricht die feierliche, terminologisch neuplatonisierende Exkommunikation aus dem Gefüge der Natur über alle moralisch Verkommenen aus – daraufhin erwacht der Dichter.

Wie erscheint nun die Natur bei Alanus? Bevor sie spricht, widmet der Dichter ihrem Erscheinungsbild eine eingehende Beschreibung. Dabei fällt ihre betonte Weiblichkeit auf: Sie ist eine durchaus anziehende, anmutige Jungfrau, die bei ihrer Ankunft in der ganzen Welt eine Atmosphäre vollkommener Heiterkeit und Freude, fruchtbaren Frühlings, verbreitet (II-V[33]). Alanus unterstreicht ihre Verwobenheit mit der Welt: Ihr Kopfschmuck umfaßt die Gestirne (II 40-137), auf ihren Gewändern sind die verschiedenen Arten von Lebenwesen gestickt (II 138-III 28); ihre unablässige Schöpfertätigkeit wird dadurch symbolisiert, dass sie auf eine Tafel ständig vergehende Gestalten malt – ein Sinnbild für ihre Rolle als Schöpferin der im Werden und Vergehen begriffenen Lebensformen der sublunaren Welt (IV 3-8). Sie selbst kommt aus den Höhen des Himmels, der von Werden und Vergehen nicht betroffenen, affektlosen Welt; ihre Göttlichkeit wird unterstrichen[34]. Insgesamt kommt ihr eine Mittelstellung als Bindeglied zwischen der himmlischen und der irdischen Welt zu,[35] obwohl sie im Höheren lokalisiert wird: „ohne das Obere zu verlassen, verschmähte sie es nicht, die Erde mit einem Kuß anzulächeln."[36] Jedoch spiegelt sich Trauer in ihren Zügen; ihr Gewand ist dort zerrissen, wo der Mensch dargestellt ist.

In ihrer Selbstoffenbarung beschreibt sich die Natur als die Stellvertreterin (*vicaria*) bzw. Schülerin Gottes (*discipula*), die die Materie ordnet und die Arten erschafft.[37] „[Ihre doppelte Haarflechte]" habe den Menschen als Mikrokosmos, als Spiegel und Abbild des Makrokosmos geformt, als spannungsvolles Ineinander von Geist und materiellem Körper.[38] Die Natur bilde das Wirken Gottes auf einer tieferen Ebene ab:

> „Sein Wirken ist einfach, meins vielfältig; sein Werk genügend, meins ungenügend; sein Werk ist wunderbar, meins veränderlich. Er ist ungeboren, ich bin geboren; er schafft, ich bin geschaffen; er ist der Urheber meines Werks, ich das Werk des Urhebers. Er erschafft aus dem Nichts, während ich mein Werk von etwas anderem erbettele."[39]

---

[33] Die Stellenangaben folgen der genannten Ausgabe von Häring (Abschnitt und Zeilennummer).

[34] (II 2: ab impassibilis mundi penitiori dilapsa palacio IV 8f: a celestis regionis emergens confinio; Göttlichkeit: VII 43f).

[35] S. auch die Wendung *peregrina coelis* VII 42.

[36] II 6f.

[37] VI 21, VI 128-139.

[38] VI 43-120.

[39] VI 131-135.

Deswegen komme der Theologie die höhere Autorität als der von der Natur eingegebenen Vernunft zu. Dies gelte vor allem für das Los des Menschen: Während die Natur für seine physische Geburt und sein irdisches Leben zuständig sei, würde ihm durch Gottes Wirken die Wiedergeburt zu einem höheren Leben geschenkt, die von der Natur nicht zu erfassen sei. Dieser geheimnisvolle Bereich bleibe der Theologie vorbehalten; Natur bzw. die auf ihr beruhende rationale Reflektion und Theologie behandeln somit „Unterschiedliches, aber nicht Gegensätzliches".[40]

Diese Selbstoffenbarung der Natur erwidert der nunmehr wieder zu Sinnen gekommene und die Unwissenheit abschüttelnde Dichter mit einem feierlichen Gedicht, das Anklänge an Boethius' kosmologisches Metrum im Trost der Philosophie erkennen läßt.[41] Die Natur sei „Tochter Gottes, Gebärerin aller Dinge, Band der Welt, feste Verbindung, ein Edelstein für die Irdischen, ein Spiegel für die Vergänglichen, Lichtträger des Erdkreises (...) Weltgesetz".[42] Sie lenke die Welt und vermähle Himmlisches mit Irdischem, indem sie die Verbindung zwischen dem göttlichen Nous, dem Ort der Ideen, und dem materiellen Kosmos herstellt, welche letzteren gestaltet: „Du pflückst die reinen Ideen des göttlichen Intellekts und prägst die einzelnen Arten der Dinge".[43]

Die Natur erscheint somit als göttliche Herrin der Welt, von dem ganzen Kosmos verehrt, die all seine Bewegungen bestimmt, als „himmlische Königin" (VIII 7). In diesem harmonischen Gefüge des Weltganzen ist der Mensch der einzige Störfaktor, da er gegen die allgemeinen Naturgesetze ankämpfe[44]. Die eindrucksvolle bildliche Beschreibung der Erscheinung der Natur wird so nun diskursiv verarbeitet und erklärt: Nach dem Lobpreis des harmonischen Wirkens der Natur im Kosmos wird ihre Trauer auf die Laster der Menschen zurückgeführt. Alanus entfaltet ein Modell abgestufter Schöpfungstätigkeit: Der erste Urheber ist Gott, der in seinem Logos/Verbum die Welt als eine Harmonie der Gegensätze aus dem Nichts erschafft. Die Natur hat die Aufgabe, die einzelnen Arten (*species*) hervorzubringen. Als Gehilfin setzt sie Venus ein, die die Geburt der einzelnen Wesen in diesen Arten mittels der Macht des Cupido bewerkstelligen und überwachen soll. Während die Natur in den höheren, ätherischen Bereichen des Kosmos verweilt, wird es Venus langweilig; sie begeht Ehebruch, woraus die Laster resultieren, welche die Menschen ins Verderben führen.[45]

[40] VI 140-158.
[41] Ein ausführlicher Kommentar dieser Ode im Lichte der gesamten Schrift findet sich bei Jolivet 2005.
[42] VII 1-4 und 8.
[43] VII 13f.
[44] VIII 10-61.
[45] VIII 199-246 und X 21-154.

Die Natur ist somit in Alanus' Schrift eine klar konturierte Persönlichkeit mit eindeutigen Attributen. Sie hält die materielle Welt am Laufen als Stellvertreterin Gottes und sorgt dafür, dass sich der Schöpfungsprozeß nach unten fortsetzt, indem sie nach dem Vorbild der Ideen – idealerweise mit Hilfe der Venus – die Arten produziert. In diesem kosmologischen Modell dominieren platonische Elemente: Gott Vater ist die *aeterna usia*, das ewige Sein, der Sohn bzw. das Wort wird mit dem Nous, dem Intellekt, gleichgesetzt, der die Ideen als Urbilder der materiellen Dinge enthält. Die Weltseele als dritte neuplatonische Hypostase fehlt; von dem Nous geht es gleich zur Natur über; die Engel spielen eine relativ geringe Rolle. Auffällig ist die Metapher des Kusses (*osculum*) für den Schöpferakt[46]: Hier könnte man eine Christianisierung der neuplatonischen Zeugungsmetaphorik vermuten, die Kußmetaphorik des Hohenliedes, dessen Kommentarblüte im 12. Jahrhundert F. Ohly oder E. A. Matter beschrieben haben,[47] mag dabei Patin gestanden haben.

Damit wird der Blick auf die Tradition gelenkt, in welcher Alanus steht. Kann man wie die auf E. R. Curtius zurückgehende Forschungslinie von einer Adaption einer grundsätzlich nichtchristlichen ‚Göttin Natur' sprechen?[48] Oder sollte man mit P. Dronke die derart scharf konturierte und komplexe Gestalt der personhaften Göttin Natura als ein neues, originelles Produkt des 12. Jahrhunderts sehen, das letztlich auf Alanus' Zeitgenossen Bernardus Silvestris zurückgeht und andere antike Traditionen, etwa die der Göttin Erde oder den von Eriugena tradierten christlichen Neuplatonismus verarbeite?[49] Um dies zu beantworten, müssen wir auf die Tradition lateinischer Literatur seit der Antike blicken, in welcher Alanus steht und die seinen Bildungskanon ausmacht.

Der erste Ansatzpunkt wäre die stoische Philosophie, die Alanus etwa durch die Schriften Senecas zugänglich war. Natur und das Göttliche werden dort ineins gesetzt, als non-personale Gewalt und Weltvernunft, die den Kosmos lenkt. Ein Leben gemäß der Natur erscheint als Ideal, in dem sich der Mensch durch seinen edelsten Seelenteil als Teil des Weltganzen erkennt und seine Rolle

---

[46] Für diese Beziehungen s. VII 11-16: Natur als Bindeglied zwischen Nous und Welt; XVIII 19f: Natur als Sproß des Kusses der ewigen Wesenheit an Nous; vgl. auch XVIII 141-145, wo die Zugehörigkeit zur Natur für den Menschen die Verbindung mit dem *osculum supernae dilectionis* bedeutet; s. auch II 6f.

[47] Ohly 1958; Matter 1990.

[48] Curtius 1948, 116-131. Er zieht eine Linie von Ovid, den Orphischen Hymnen und Claudian über die christliche Polemik bis zu Bernardus Silvestris und Alanus ab Insulis im 12. Jahrhundert, die der latent tradierten, immer noch vorhandenen „heidnische(n) Natura" (117) zu neuer Blüte verhelfen. Diese These wurde u. a. von Economou 1972 aufgegriffen; sie findet sich noch bei Berner 2001, 32, der für Alanus eine „kreative Weiterentwicklung antiker Mythologie, zentriert auf die Gestalt der Göttin Natura" (32) konstatiert.

[49] Dronke 1980. In diese Richtung geht auch Modersohn 1997, 10-13, die u. a. auf H.-R. Jauss' Arbeiten zur Rezeptionsgeschichte verweist.

akzeptiert.[50] Eine systematische Personifikation der Natur, die identisch mit Gott oder Schicksal ist, ist nicht gegeben. [51]

Bei den Epikureern werden wir eher fündig, wenn wir an das Lehrgedicht *De rerum natura* des römischen Dichters Lukrez denken. Eine scharfe Grenze wird dort zwischen Natur und den Göttern gezogen: Es gibt keine Interaktion zwischen den beiden, die Götter treten nicht als Schöpfer auf[52]. Die Natur mag zwar ehrfurchtgebietend und majestätisch wirken, aber sie ist jedenfalls Gegenstand des Forschens, grundsätzlich erkennbar.[53] Die dynamische, schöpferische Kraft der Natur wird als Venus personifiziert[54] – ein Element, das Alanus in seiner Darstellung aufgegriffen und abgewandelt haben könnte.

Die neuplatonische Naturlehre kommt einer als eigenständiger Macht personifizierten Natur am nächsten. Die *natura* bzw. *physis* ist die kosmische Wesenheit, die unterhalb der Weltseele und der Götter den sublunaren Kosmos belebt und über die dem Werden und Vergehen unterworfenen Lebewesen herrscht. Sie wird auch mit dem Bereich der Dämonen, der unteren, oft negativ gezeichneten kosmischen Mächte, verbunden. Schon dies deutet auf ihre Ambivalenz hin, die besonders im Falle des Menschen zutage tritt: Als Herrscherin über das vergängliche Leben tendiert sie dazu, den Menschen im Materiellen festzuhalten und ihn so von seiner eigentlichen Bestimmung, der Rückkehr der Seele in die himmlische Heimat, abzuhalten[55]. Diese Vorstellungen dominieren in griechischen neuplatonischen Texten, sind aber nicht so präsent in lateinischen Werken. In Boethius' *Trost der Philosophie*, an den Alanus sich anlehnt, wird die Natur zwar als Lenkerin der Welt erwähnt, jedoch verschwindet sie hinter der Schöpfertätigkeit Gottes.[56] Die Spannung zwischen Natur und Seelenaufstieg spiegelt sich im Gegensatz zwischen Natur und Wille; die Seele hat als letztes Ziel den Aufstieg zur Quelle des Alls, zum Einen, zum Guten – also zum immateriellen, über der Sphäre der Natur thronenden Gott.

---

[50] Seneca, *Naturales quaestiones* I, praef. 3-7 und 11-17 oder III, praef. 10-16.

[51] Vgl. z. B. *Naturales quaestiones* II 45, 1-3 zu der Gleichsetzung des höchsten Gottes mit der Natur, dem Schicksal oder dem Kosmos.

[52] Lukrez, *De rerum natura* I 56f für die Natur als Schöpferin; II 1090ff für die Natur als souveräne, nicht den Göttern unterstellte Schöpfermacht; s. auch II 167-181 für die Position der Götter.

[53] De rerum natura I 70f.

[54] *De rerum natura* I 1-43. Rumpf 2003, 94f und 240-242 führt dies plausibel darauf zurück, dass in Lukrez' Text eine besondere Beziehung zur Natur greifbar wird: Die Natur ist nicht, wie bei Epikur, einfach nur ein Gegenstand dessen Betrachtung zur Seelenruhe verhilft, sondern der Dichter erfährt sich selbst als bezogen auf die Natur als Gegenüber. Die literarische Form des Gebetes ermöglicht es, dieses Beteiligtsein und seine Zugehörigkeit zum Ganzen der Natur auszudrücken.

[55] Zur neuplatonischen Naturvorstellung vgl. Economou 1972, 14-40. Seine Skizze der antiken Naturvorstellung (1-58) ist hilfreich, aber selektiv, und deutlich von dem Wunsch geleitet, Natura als Personifikation schon in der Antike nachzuweisen.

[56] Z. B. *Consolatio philosophiae* 3, 2, 1-6.

Blicken wir von philosophischen Texten in die Welt der spätlateinischen Dichtung, so begegnet uns die Natura bei Claudian, z. B. im mythologischen Epos *De raptu Proserpinae* als kosmische Wirkkraft, die die Elemente scheidet.[57] Aber fern davon, eine mächtige Stellvertreterin Gottes zu sein, kann sie nur machtlos über den hilflosen primitiven Urzustand der Menschheit klagen und um eine Verbesserung ihrer Lebensbedingungen bitten.[58] Sie tritt nicht einmal direkt auf, sondern ihre Klage wird von Jupiter den Göttern berichtet. An anderer Stelle, in einer Lobdichtung auf den Kaiser Honorius, gibt Natura Jupiter die Götter zu Dienern;[59] andernorts bewacht sie die Vorhöfe der Ewigkeit.[60] Ebenso en passant wird sie auch von Dracontius in seinem christlichen Epos *De laudibus Dei*, dessen erstes Buch im Mittelalter eigenständig kursierte und als das sogenannte *Hexameron*, Darstellung der Weltschöpfung in den ersten sechs Tagen, sich großer Beliebtheit erfreute, als untergeordnete Schöpfungskraft erwähnt. Dracontius legt Wert darauf, dass der Mensch von Gott direkt, nicht wie die niederen Lebewesen durch die Mittlerschaft der Natur erschaffen worden sei.[61]

Diese Naturbegriffe werden in den christlichen Texten des Mittelalters rezipiert und weitergedacht; sie gehören zum Bildungskanon und zum philosophischen Grundinstrumentarium. Richten wir den Blick auf einige Fälle aus Alanus' intellektuellem Umfeld, das durch ein verstärktes Interesse an der Betrachtung und Erforschung der Natur gekennzeichnet ist.[62] Als Wesensqualität und unpersönliche kosmische Macht erscheint die Natur etwa bei William von Conches.[63] Bei Bernardus Silvestris tritt die Natur in einer eigentümlichen, neuplatonisch angehauchten Kosmogonie auf die Bühne. Die Kosmogonie ist weiblich dominiert: Usia (Wesen), Noys (Intellekt), Physis (Natur), Natura oder Imarmene (Heimarmene; Schicksal) sind die Hauptgestalten – man kann die Ebenen des Seins, des Intellekts und der materiellen, von der Natur geprägten Welt darin wiedererkennen.[64] Die Natur ist auch hier vornehmlich kosmisch konzipiert.

---

[57] *De raptu Proserpinae* I 249f.

[58] *De raptu Proserpinae* III 33-45. In II 370f wird die Freude der Natur auf die Geburt neuer Götter aus der Verbindung zwischen Pluto und Proserpina angesprochen.

[59] *De quarto consulatu Honorii* 197-199.

[60] *De consulatu Stilichonis* II 424-442. In den *carmina minora* erscheint die Natur auch als blasse aber personifizierte Entität, etwa wenn sie in carm. 27, 62 um Phoenix bangt; s. auch carm. 53, 62 oder 19, 38).

[61] Dracontius, *De laudibus Dei* I 9f, I 27f (Schöpfertätigkeit der Natur), I 332f (alles Leben außer dem Menschen ist von der Natur hervorgebracht).

[62] Für die Herausbildung einer neuen Sicht auf die Welt als Ergebnis und Schauplatz natürlicher Prozesse und das Ziel einer *scientia naturalis* in diesem Umfeld siehe z. B. Kölmel 1991 oder Speer 1995.

[63] Z. B. Wilhelm von Conches, *Dragmaticon philosophiae* I 3-4.

[64] Bernardus Silvestris, *Cosmographia*, Buch I (*Megacosmus*) I-II, Buch II (*Microcosmus*) I-V oder X-XII.

Kehren wir also zu unserer Eingangsfrage zurück. Was uns in der Schrift des Alanus begegnet, kann somit nicht einfach als Rezeption eines antiken Motives oder als Fortschreibung der etwa durch das *Hexameron* vermittelten Traditionen gelesen werden: Dort begegnet uns keine ‚Göttin Natur' als Tochter und Stellvertreterin Gottes. Sie erscheint lediglich als kosmische, zumeist unpersönliche, untergeordnete Kraft. Nur in der Stoa wird sie in den Bereich des Göttlichen gerückt, jedoch ohne personale Züge anzunehmen. Erst bei Bernardus Silvestris gewinnt die Natur klarere Gestalt, als eine der weiblichen Gottheiten, die in seiner allegorischen Darstellung der Weltentstehung auftreten. Alanus greift dessen Skizze auf und malt sie weiter aus,[65] indem er konsequent die verschiedenen Charakteristika der Naturbegriffe in der lateinischen Literatur zu einem eigenen Bild verbindet: Die göttliche Natur der Stoa, nach der sich der Mensch moralisch richten soll, wird verbunden mit der weltschaffenden Macht der neuplatonischen *physis*, die jedoch zu einer Emanation Gottes geadelt wird und von ihrer Ambivalenz als Gegnerin der Seele befreit wird; Venus, die bei Lukrez als Metapher für die Kraft der Natur stand, wird zu einer untergeordneten Gehilfin degradiert. So entwickelt sich paradoxerweise bei einem christlichen Autor, in einem christlichen Kontext, die Vorstellung von der Natur als göttlich-persönlicher Macht, wie sie später etwa in der Klassik bei Hölderlin als pagane Gottheit gefeiert wird,[66] zu ihrer vollen Blüte. Während andere Autoren des 12. Jahrhunderts, die die Natur ähnlich konzipieren, ihren kosmologischen Aspekt betonen, liegt bei Alanus der Fokus auf der moralischen Seite: als *vicaria Dei* begründet die Natur Gesetze, die vom Menschen einzuhalten sind, will er nicht aus dem kosmischen Gefüge 'exkommuniziert' werden.[67] Diese Exkommunikation hat etwas Endgültiges; Erlösung ist für die Lasterhaften nicht in Sicht – das bleibt Sache der von dem Bereich der Natur verschiedenen Theologie.

Alanus' Schrift zeigt uns, wie gerade die christliche Kosmologie ein neues Gebiet für die Natur eröffnet: Die Vermittlung der Schöpfung aus dem Nichts, im Bild des göttlichen Schöpferkusses, an den Bereich des Materiellen. Damit übernimmt sie die neuplatonischen Funktionen der Weltseele (deutlich auch in ihrem Verhältnis zum Nous), die man in einer christlichen Kosmologie nicht erwarten würde. Auf Kosten dieser Entität gewinnt sie Gestalt und wird zu mehr als nur einem allgemeinen Platzhalter für die Produktion irdischen, vergängli-

---

[65] Zu Alanus' Beziehung zu der Schule von Chartres s. Lemoine 2005, bes. 58, wo er betont, dass die entscheidende Autorität für Alanus nicht bei seinen Zeitgenossen, sondern bei den antiken Autoren, insbesondere bei Boethius, lag. Auch zu der zweiten großen theologischen Schule des 12. Jahrhunderts, der Schule von Saint-Victor, läßt sich eine ähnlich lose Beziehung feststellen (s. Poirel 2005, 80).

[66] Z. B. *An die Natur, Der Mensch* (Natur als Göttermutter).

[67] XVIII 140. Zur Beziehung zwischen Mensch und Natur, die sich nicht ausschließlich auf sexuelle Aspekte reduzieren läßt, siehe z. B. Köhler 1992 oder Speer 1992.

chen Lebens. Diese Darstellung der Natur kann im Zusammenhang mit Alanus' anderen Werken als Pendant zu seinen anti-katharischen Schriften gelesen werden: Die materielle Welt und ihre Herrin sind gut und göttlichen Ursprungs, die Harmonie wird lediglich durch den Fehltritt der von der irregeleiteten Venus verführten Menschen gestört.

Bei der Beantwortung unserer Frage nach der Rolle der Natur bei Alanus im Vergleich zur antiken Literatur wurde die Problematik der Fremdheit deutlich, die Alanus von seinen Quellen und wiederum von uns trennt. Alanus lebt nicht in der frühen Kaiserzeit oder der römischen Spätantike, sondern im 12. Jahrhundert. Die antike Tradition ist ihm nur durch einige ausgewählte Werke sowie durch die Vermittlung der mittelalterlichen Theologie und Philosophie, die die antiken Naturbegriffe rezipieren und modifizieren, zugänglich. Aus dieser Distanz kann er die verschiedenen Motive so unterschiedlicher, ja gegensätzlicher philosophischer Strömungen zu einem neuen Bild zusammensetzen. Er steht zwar auf den Schultern von Giganten, so das bekannte Diktum seines Zeitgenossen Bernhard von Chartres, kann aber dadurch auch weiter schauen.[68]

Ist dieses Zusammensetzen nun ein literarisches Spiel oder religiöser Ernst? Ist die Natur für Alanus nun eine reale kosmische Macht oder konstruiert er sie nur für seine dichterischen Zwecke, um seinem moralischen Anliegen Nachdruck zu verleihen bzw. um seine literarische Virtuosität durch das Zusammenweben verschiedener Motive unter Beweis zu stellen? Diese Frage stellt sich dem Religionswissenschaftler bei der Analyse von Texten immer wieder: Wie sollte man Homer oder Hermann Hesse einordnen? Alanus selbst liefert keine Anhaltspunkte, wie sein theologisches und sein dichterisch-philosophisches Werk miteinander zusammenhängen. Bald nach seinem Tode interpretierten einige Zeitgenossen letzteres in einer dezidiert christliche Richtung, indem sie den vollkommenen Menschen, den die Natura im ‚Anticlaudianus', dem Pendant zur *Klage der Natur*, erschafft, als Christus oder aber Maria deuteten. Andere lasen denselben Text als rein literarisches, allegorisches Werk, gemünzt auf einen französischen Prinzen.[69] Dies illustriert den fundamentalen Mechanismus der Rezeption: *non idem est, si duo dicunt* (bzw. man müßte wohl sagen: *legunt*) *idem*. Für die Religionswissenschaft gilt es, den Text nicht nur auf eine Dimension zu reduzieren und gewaltsam Kohärenz zu suchen, sondern für den Autor wie für den Leser verschiedene Sinnebenen anzunehmen. Die Pluralität solcher Sinnebenen variiert natürlich mit der Textgattung – wenn Thomas von Aquin seine *Summa theologiae* schreibt, geht es ihm vor allem darum, Ambivalenz und Unklarheit soweit wie möglich zu vermeiden – dies sagt uns aber nichts über den Leser.

[68] Überliefert von Johannes von Salisbury, *Metalogicon* III 4,46-50.
[69] Modersohn 1997, 39-44.

Was können wir aus diesem Fallbeispiel für die religionswissenschaftliche Interpretation von Quellentexten schließen? Zum einen ist das Moment der Fremdheit ein bestimmendes Vorzeichen der Lektüre historischer Texte. Diese stehen selbst in einer Tradition und verarbeiten Quellen, die ihnen aufgrund der Zugehörigkeit zum Bildungskanon vertraut sind, aber dennoch im Lichte der eigenen Lebens- und Geisteswelt gelesen werden; Rezeption ist stetige Neuentdeckung und Transformation. Zudem teilt der Religionswissenschaftler mit Alanus das gleiche Schicksal, wenn er seine Texte befragen will: Sowohl die von ihm verarbeiteten Texte als auch Alanus selbst können wir uns sprachlich und gedanklich als Teile unserer eigenen Bildungswelt erschließen, jedoch ohne beanspruchen zu können, die *ipsissima vox* des Autors, seine genaue Intention und Meinung dadurch vollständig gehört zu haben.

Dennoch bieten Texte den einzigen einigermaßen gesicherten Zugang zu religiösen Phänomenen, die in der Geschichte zurückliegen. Texte, deren Sprache wir verstehen, bieten einen Schlüssel zur Vorstellungswelt der betreffenden religiösen Akteure, der es allein möglich macht, andere, non-verbale, Formen von Quellen, z. B. archäologische Zeugnisse, zu verstehen. Ohne sie bleiben Interpretationen der Realia letztlich stumm bzw. hypothetisch – wie etwa das religiöse Leben der minoischen Kultur auf Kreta, deren Schrift Linear A bisher nicht entziffert werden konnte.[70] Oder man denke an die berühmten Höhlenmalereien in Altamira oder Lascaux, die als religiöse Zeugnisse interpretiert werden, ohne dass man je darüber Gewißheit erlangen könnte.[71]

4. Spezifische Potentiale für die Religionswissenschaft

In Hinblick auf den Entstehungskontext und andere mit Texten arbeitende Disziplinen lassen sich also folgende Aspekte festhalten:

Religionswissenschaftliche Arbeit mit Texten ist nicht durch eine besondere Methode sondern durch ihre spezifischen Fragestellungen und ihre grundsätzlich vergleichende Perspektive charakterisiert, die keine religiösen Quellentexte als besonders, unvergleichbar, eben ‚heilig', von anderen religiösen Texten absetzt.[72] Damit sind Texte, die für andere Disziplinen, etwa die Literaturwissenschaft, als nicht mehr relevant angesehen werden, für uns als Quellen relevant (z. B. Tolstois späte Erzählungen). Wiederum interessieren uns philologische

[70] Zu den Problemen, die Archäologen begegnen, die sich mit dieser Kultur beschäftigen und z. B. 'Heiligtümer' untersuchen wollen, siehe z. B. Prent 2005.

[71] Für eine solche hypothetische Rekonstruktion prähistorischer Religion s. Wunn 2005.

[72] S. dazu Freiberger 2009, 21f.

Aspekte, etwa die Metrik in den Versabschnitten der *Klage der Natur*, nur insofern sie für unsere Frage relevant sind.

Durch das Gespür für die Problematik religionstheoretischer Fragen, die sich im Verlauf der Fachgeschichte entwickelt hat, entgeht die Religionswissenschaft methodischen Fallen. Die kritische Auseinandersetzung mit einer Vielzahl von Religionstheorien und –definitionen sowie die Verwendung von Methoden und theoretischen Ansätzen, die ihren Ursprung in anderen Disziplinen wie etwa der Soziologie hatten, sensibilisieren dafür, die Konstrukte der Objektebene nicht ohne weiteres auf die Meta-Ebene zu übernehmen. Dies kann z. B. durch einen Blick in die Konversionsforschung illustrieren: Während die frühere Forschung vom christlichen Saulus-Paulus-Paradigma geprägt war, hat sich seit den 70er Jahren eine differenziertere Sichtweise des Prozesses Konversion entwickelt.[73]

Die Verwendung von Übersetzungen ist gegenüber den philologischen Fächern in der religionswissenschaftlichen Arbeit zwar problematisch, aber dennoch hin und wieder für den Vergleich als Hilfsmittel erlaubt, wobei dennoch F. Max Müllers Diktum gilt: Wer eine (in diesem Fall Sprache) kennt, kennt keine.

Innerhalb der Religionswissenschaft sind Quellentexte als fixierte Äußerungen, die ihre Entstehung allein der Objektebene verdanken, von besonderer Bedeutung. Sie unterscheiden sich von anderen Texten, deren Entstehung durch den Forscher induziert ist, wie etwa Transkripten von Interviews oder Gruppendiskussionen. Obwohl die ausschließliche Konzentration auf Textzeugnisse in der früheren Religionswissenschaft zu Recht etwa von B. Gladigow in Frage gestellt wurde, kommt Texten als Schlüssel für die Interpretation anderer, non-verbaler Phänomene eine entscheidende Rolle zu. Tanz oder archäologische Zeugnisse bleiben ohne den maßgeblich durch Texte erschlossenen Bedeutungsdiskurs stumm; aisthetische Aspekte von Religion lassen sich ohne den dazugehörigen Logos nicht begreifen.[74] Dies gilt besonders für die Untersuchung vergangener Epochen.

5. Auswahlbibliographie

Für einen Einblick in die Arbeit mit Quellentexten in zwei Nachbardisziplinen:

- Theuerkauf, Gerhard. 1991. *Einführung in die Interpretation historischer Quellen. Schwerpunkt: Mittelalter*. Göttingen: Vandenhoeck & Ruprecht

[73] Dazu s. Tanaseanu-Döbler 2008.

[74] Döbler 2010 bietet eine solche vertiefende Interpretation aisthetischer Elemente in der mystischen Theologie Bernhards von Clairvaux.

1991 (die einzelnen Schritte der Quelleninterpretation werden sehr deutlich anhand verschiedener Quellenbeispiele durchgespielt).

- Conzelmann, Hans, und Lindemann, Andreas. [14]2004. *Arbeitsbuch zum Neuen Testament*. Tübingen: Mohr Siebeck (guter, praxisnaher und beispielreicher Überblick über die exegetischen Methoden).

Im Folgenden seien einige Werke aufgeführt, die die Grundsätze religionswissenschaftlicher Quelleninterpretation prägnant präsentieren: Die Kenntnis der Quellensprachen als unabdingbare Basis, die Anwendung der historisch-kritischen Methode, die Kontextualisierung der Quelle, schließlich das Bewußtsein, dass religiöse Äußerungen für die Religionswissenschaft nur als menschliche Phänomene und Konstruktionen faßbar sind und somit die Wahrheitsfrage ausgeklammert werden muß:

- Rudolph, Kurt. 1988. Texte als religionswissenschaftliche ‚Quellen'. In *Religionswissenschaft. Eine Einführung*, Hg. Hartmut Zinser, 38-54. Berlin: Dietrich Reimer.
- Gladigow, Burkhard. 1988. Religionsgeschichte des Gegenstandes – Gegenstände der Religionsgeschichte. In *Religionswissenschaft. Eine Einführung*, Hg. Hartmut Zinser, 6-37. Berlin: Dietrich Reimer.
- Lincoln, Bruce. 1996. Theses on Method. *Method & Theory in the Study of Religion* 8: 225-227. Repr. ebd. 17 (2005): 8-10.
- Rüpke, Jörg. 1999. Religiöse Organisation und Text. Problemfälle religiöser Textproduktion in antiken Religionen. In *Literatur als religiöses Handeln?*, Hg. Karl Grözinger und ders., 67-91. Berlin: Berlin Verlag Arno Spitz.
- Elm van der Osten, Dorothee, Rüpke, Jörg, und Waldner, Katharina (Hg.). 2006. *Texte als Medium und Reflexion von Religion im römischen Reich*. Stuttgart: Franz Steiner.
- Zinser, Hartmut. 2010. *Grundfragen der Religionswissenschaft*. Paderborn u. a.: Ferdinand Schöningh, 176-183 (‚Dreizehn Thesen zu heiligen Texten').

6. Literatur

Quellen

Alanus ab Insulis. *De planctu naturae*. Hg. Nikolaus M. Häring. Studi medievali 19 (1978): 797-879.

Bernardus Silvestris. *Cosmographia*. Hg. Peter Dronke. Leiden: Brill 1978.

Boethius. *Consolatio philosophiae*. Hg. Claudio Moreschini. München/Leipzig 2005: K. G. Saur.
Claudianus. *Carmina*. Hg. John Barrie Hall. Leipzig: Teubner1985.
Dracontius. *Louanges de dieu*. Hg. Claude Moussy und Colette Camus. 2 Bde. Paris: Belles Lettres 1985-1988.
Johannes von Salisbury. *Metalogicon*, Hg. John Barrie Hall, auxil. Katherine S. B. Keats-Rohan. Turnhout: Brepols 1991.
Lukrez. *De rerum natura*. Hg. Cyril Bailey. Oxford: Clarendon [2]1922 (Nachdruck 1990).
Seneca. *Naturales quaestiones*. Hg. Harry M. Hine. Stuttgart/Leipzig: Teubner 1996.
Laurentius Valla. *De Constantini donatione*. Hg. Walther Schwahn. Stuttgart/Leizpig: Teubner 1928 (Nachdruck 1994).
Wilhelm von Conches. *Dragmaticon philosophiae*, Hg. I. Ronca. *Summa de philosophia in vulgari*, hg. L. Badiu, J. Pujot, Turnhout: Brepols 1997.

Sekundärliteratur

Auffarth, Christoph. 2006. ‚Euer Leib sei der Tempel des Herrn!‘ Religiöse Sprache bei Paulus. In *Texte als Medium und Reflexion von Religion im römischen Reich*, hg. Dorothee Elm van der Osten, Jörg Rüpke, und Katharina Waldner, 63-80. Stuttgart: Franz Steiner.
Auffarth, Christoph. 2009. Europäische Religionsgeschichte – ein kulturwissenschaftliches Projekt. Was leistet eine Europäische Religionsgeschichte? In *Aspekte der Religionswissenschaft*, hg. Richard Faber und Susanne Lanwerd, 29-48. Würzburg : Königshausen & Neumann.
Auffarth, Christoph. Im Erscheinen. Religious Education in Classical Greece. In *Religious Education in Pre-Modern Europe*, hg. Marvin Döbler und Ilinca Tanaseanu-Döbler.
Barchiesi, Alessandro, Rüpke, Jörg, und Stephens, Susan (Hg.). 2004. *Rituals in Ink. A Conference on Religion and Literary Production in Ancient Rome*. Stuttgart: Franz Steiner.
Becker, G. H. 1994. The Divinization of Nature in Early Modern Thought. In *The Invention of Nature*, hg. Thomas Bargatzky und Rolf Kuschel, 47-61. Frankfurt am Main u. a.: Peter Lang.
Berner, Ulrich. 1996. Religion und Natur. Zur Debatte über die historischen Wurzeln der ökologischen Krise. In *Ökologisches Weltethos im Dialog der Kulturen und Religionen*, hg. Hans Kessler, 33-51. Darmstadt: Wissenschaftliche Buchgesellschaft.
Berner, Ulrich. 2001. Antike und Christentum im Mittelalter. Alanus ab Insulis als Dichter und Theologe. In *Religiöser Pluralismus im Mittelalter?*, hg. Christoph Auffarth, 25-37. Münster u. a.: LIT.
Berner, Ulrich. 2007. Aufklärung als Ursprung und Aufgabe der Religionswissenschaft. In *Watchtower Religionswissenschaft - Standortbestimmungen im wissenschaftlichen Feld*, hg. Anne Koch, 161-180. Marburg: dialog-Verlag.
Conzelmann, Hans, und Lindemann, Andreas. [14]2004. *Arbeitsbuch zum Neuen Testament*. Tübingen: Mohr Siebeck.

Curtius, Ernst Robert. [9]1948. *Europäische Literatur und lateinisches Mittelalter*. Bern/München: Francke.

Dawson, David. 1992. *Allegorical Readers and Cultural Revision in Ancient Alexandria*. Berkeley et al.: University of California Press.

Dillon, John M. 2007. *Platonism and the World Crisis*. Dublin: Prometheus Trust.

Döbler, Marvin. 2010. Die Mystik und die Sinne. Eine religionshistorische Untersuchung am Beispiel Bernhards von Clairvaux. Dissertation, Universität Bremen.

Dronke, Peter. 1980. Bernard Silvestris, Natura, and Personification. *Journal of the Warburg and Courtauld Institutes* 43: 16-31.

Economou, George D. 1972. *The Goddess Natura in Medieval Literature*. Cambridge, MA: Harvard University Press.

Ellard, Peter. 2008. The Sacred Cosmos. Theological, Philosophical, and Scientific Conversations in the Early Twelfth Century School of Chartres. Scranton/London: University of Scranton Press.

Freiberger, Oliver. 2009. Der Askesediskurs in der Religionsgeschichte. Eine vergleichende Analyse brahmanischer und frühchristlicher Texte. Wiesbaden: Harrassowitz.

Gadamer, Hans-Georg. [2]1993. Klassische und philosophische Hermeneutik. In *Gesammelte Werke, Bd. 2: Wahrheit und Methode. Ergänzungen, Register*, hg. Ders., 92-118. Tübingen: Mohr Siebeck.

Ginzburg, Carlo. 1999. *History, Rhetoric, and Proof*. Hanover, NH: UP New England.

Gladigow, Burkhard. 1988. Religionsgeschichte des Gegenstandes – Gegenstände der Religionsgeschichte. In *Religionswissenschaft. Eine Einführung*, hg. Hartmut Zinser, 6-37. Berlin: Dietrich Reimer.

Harrisville, Roy A., und Sundberg, Walter. 1995. The Bible in Modern Culture: Theology and Historical-Critical Method from Spinoza to Käsemann. Grand Rapids, MI: W.B. Eerdmans.

Heiler, Friedrich. 1961. *Erscheinungsformen und Wesen der Religion*. Stuttgart: Kohlhammer.

Jolivet, Jean. 2005. La figure de Natura dans le De planctu naturae d'Alain de Lille: une mythologie chrétienne. In *Alain de Lille, le docteur universel. Philosophie, théologie et littérature au XIIe siècle*, hg. Jean-Luc Solère, Anca Vasiliu und Alain Galonnier, 127-144. Turnhout: Brepols.

Kippenberg, Hans G., und von Stuckrad, Kocku. 2003. *Einführung in die Religionswissenschaft*. München: C. H. Beck.

Köhler, Johannes. 1992. Natur und Mensch in der Schrift „De planctu Naturae" des Alanus ab Insulis. In *Mensch und Natur im Mittelalter*, hg. Andreas Speer und Albert Zimmermann. Bd. 1, 57-66. Berlin/New York: de Gruyter.

Kölmel, Wilhelm. 1991. Natura: genitrix rerum – regula mundi. Weltinteresse und Gesellschaftsprozeß im 12. Jahrhundert. In: *Mensch und Natur im Mittelalter*. Hg. Andreas Speer und Albert Zimmermann. Bd. 1, 43-56. Berlin/New York: de Gruyter.

Kratz, Reinhard G. 2000. *Die Komposition der erzählenden Bücher des Alten Testaments*. Göttingen: Vandenhoeck und Ruprecht.

Kratz, Reinhard G. [2]2008. The Growth of the Old Testament. In *The Oxford Handbook of Biblical Studies*, hg. John W. Rogerson und Judith M. Lieu, 459-488. Oxford, UK: Oxford University Press.

Lemoine, Michel. 2005. Alain de Lille et l'école de Chartres. In *Alain de Lille, le docteur universel. Philosophie, théologie et littérature au XIIe siècle*, hg. Jean-Luc Solère, Anca Vasiliu und Alain Galonnier, 47-58. Turnhout: Brepols.

Lincoln, Bruce. 1996. Theses on Method. *Method & Theory in the Study of Religion* 8: 225-227. Repr. ebd. 17 (2005): 8-10.

Lüdemann, Gerd. 1996. Die „Religionsgeschichtliche Schule" und die Neutestamentliche Wissenschaft. In ders. (Hg.), *Die „Religionsgeschichtliche Schule". Facetten eines theologischen Umbruchs*, 9-22. Frankfurt am Main: Lang.

Luomanen, Petri, Pyssiäinen, Ilkka, und Uro, Risto (Hg.). 2007. Explaining Christian Origins and Early Judaism. Contributions from Cognitive and Social Science. Leiden/Boston: Brill.

Marangudakis, Manos. 2002. The Medieval Roots of Our Ecological Crisis. *Environmental Ethics*. 23: 243-260.

Marangudakis, Manos. 2008. 'On nature, Christianity and deep ecology' – a response to W. S. Helton and N. D. Helton. *Journal of Moral Education* 37: 245-248.

Matter, Edith Ann. 1990. The Voice of My Beloved. The Song of Songs in Western Medieval Christianity. Philadelphia: University of Pennsylvania Press.

Modersohn, Mechthild. 1997. Natura als Göttin im Mittelalter. Ikonographische Studien zu Darstellungen der personifizierten Natur. Berlin: Akademie Verlag.

Müller, Friedrich Max. 1874. Einleitung in die vergleichende Religionswissenschaft. Straßburg: Trübner.

Närhi, Jani. 2008. Beautiful Reflections: The Cognitive and Evolutionary Foundations of Paradise Representations. *Method and Theory in the Study of Religion* 20: 339-365.

Nicholson, Ernest W. 1998. The Pentateuch in the Twentieth Century: the Legacy of Julius Wellhausen. Oxford: Clarendon; New York: Oxford University Press.

Ohly, Friedrich. 1958. *Hohelied-Studien. Grundzüge einer Geschichte der Hoheliedauslegung des Abendlandes bis um 1200*. Schriften der wissenschaftlichen Gesellschaft an der Johann Wolfgang Goethe-Universität, Frankfurt am Main, Geisteswissenschaftliche Reihe Nr. 1. Wiesbaden: Steiner.

Otto, Rudolph. [25]1936. Das Heilige. Über das Irrationale in der Idee des Göttlichen und sein Verhältnis zum Rationalen. München: C. H. Beck.

Poirel, Dominique. 2005. Alain de Lille, Héritier de l'école de Saint-Victor? In *Alain de Lille, le docteur universel. Philosophie, théologie et littérature au XIIe siècle*, hg. Jean-Luc Solère, Anca Vasiliu und Alain Galonnier, 59-82. Turnhout: Brepols.

Powell, Samuel M. 2001. *The Trinity in German Thought*. Cambridge, UK; New York: Cambridge University Press.

Prent, Mieke. 2005. Cretan Sanctuaries and Cults: Continuity and Change from Late Minoan IIIC to the Archaic Period. Leiden u. a.: Brill.

Reimarus, Hermann Samuel. [4]1835. *Fragmente des Wolfenbüttelschen Ungenannten*. hg. Gotthold Ephraim Lessing. Berlin: Sandersche Buchhandlung.

Rofé, Alexander. 1999. *Introduction to the Composition of the Pentateuch*. Sheffield, UK: Sheffield AP.

Rudolph, Kurt. 1978. Die ideologiekritische Funktion der Religionswissenschaft. *Numen* 25: 17-39.

Rudolph, Kurt. 1988. Texte als religionswissenschaftliche ‚Quellen'. In *Religionswissenschaft. Eine Einführung*, hg. Hartmut Zinser, 38-54. Berlin: Dietrich Reimer.

Rumpf, Lorenz. 2003. Naturerkenntnis und Naturerfahrung. Zur Reflexion epikureischer Theorie bei Lukrez. München: C. H. Beck.

Rüpke, Jörg. 1999. Religiöse Organisation und Text. Problemfälle religiöser Textproduktion in antiken Religionen. In *Literatur als religiöses Handeln?*, hg. Karl Grözinger und ders., 67-91. Berlin: Berlin Verlag Arno Spitz.

Spaemann, Robert. 2001. Natur. Zur Geschichte eines philosophischen Grundbegriffs. In *Weg und Weite. FS Karl* Lehmann, hg. Albert Raffelt, 21-34. Freiburg u. a.: Herder 2001.

Speer, Andreas. 1992. Kosmisches Prinzip und Maß menschlichen Handelns. *Natura* bei Alanus ab Insulis. In *Mensch und Natur im Mittelalter*, hg. Andreas Speer und Albert Zimmermann. Bd. 1, 107-128. Berlin/New York: de Gruyter.

Speer, Andreas. 1995. Die entdeckte Natur. Untersuchungen zu Begründungsversuchen einer ‚scientia naturalis' im 12. Jahrhundert. Leiden: Brill.

Stanges, Erich. 1925ff. Religionswissenschaft der Gegenwart in Selbstdarstellungen. Leipzig: Felix Meiner.

Tanaseanu-Döbler, Ilinca. 2008. Konversion zur Philosophie in der Spätantike. Kaiser Julian und Synesios von Kyrene. Stuttgart: Franz Steiner.

Theuerkauf, Gerhard. 1991. Einführung in die Interpretation historischer Quellen. Schwerpunkt: Mittelalter. Göttingen: Vandenhoeck & Ruprecht 1991.

van der Leeuw, Gerardus. 1933. *Phänomenologie der Religion*. Tübingen: Mohr Siebeck.

Wellhausen, Julius. 1894a. *Israelitische und jüdische Geschichte*. Berlin: G. Reimer.

Wellhausen, Julius. 1894b. *Prolegomena zur Geschichte Israels*. Berlin: G. Reimer.

White, Lynn. 2004. The Historical Roots of Our Ecological Crisis. In *This sacred earth: religion, nature, environment*, hg. Roger S. Gottlieb, 192-201. New York u. a.: Routledge.

Wilson, Nigel. 1997. Griechische Philologie im Altertum. In *Einleitung in die griechische Philologie*, hg. Heinz-Günther Nesselrath, 87-103. Stuttgart/Leipzig: Teubner.

Wunn, Ina. 2005. Die Religionen in vorgeschichtlicher Zeit. Stuttgart: Kohlhammer.

Zenger, Erich. [7]2008. Kap. II: Theorien über die Entstehung des Pentateuch im Wandel der Forschung und Kap. III: Der Prozeß der Pentateuchredaktion. In id. et al. Einleitung in das Alte Testament. Stuttgart: Kohlhammer, 74-135.

Zinser, Hartmut. 2010. *Grundfragen der Religionswissenschaft*. Paderborn u. a.: Ferdinand Schöningh.

Interpretation von Zeugnissen materialer Kultur
Ku, ein hawaiianischer Gott in Göttingen

Peter J. Bräunlein

1. Sammelleidenschaft, Museum, Moderne - Zur Genese einer Methoden-Tradition

Wahrnehmung und Wertschätzung von Dingen erleben in den Modernisierungsschüben des 19. Jahrhunderts dramatische Veränderungen. Die materielle Seite menschlicher Existenz gewinnt neue Dimensionen. Nicht nur Industrie-Kapitalismus und Konsumkultur, auch die Naturwissenschaften, die Entdeckung von National-Geschichte ebenso wie die Erfindung des Museums spielen hier eine wichtige Rolle.

Natur-Dinge werden wissenschaftliche Erkenntnis-Objekte. Das Experiment, Augenzeugenschaft und die dokumentierende Abbildung sind methodische Eckpfeiler. Ein neuer Wahrheits- und Wirklichkeitsbegriff etabliert sich in dem für uns so geläufigen Zusammenhang von Objekt und Objektivität. Gegenüberstellungen von ‚objektiv'und ‚subjektiv', Tatsachenwissenschaften und interpretierende (Geistes-)Wissenschaften sind die Folgen (Daston und Galison 2007; Daniel 2001, 381ff.).

Die Entdeckung von Geschichte als Identitäts-Resource ist Reaktion auf Beschleunigung und Sinnkrise. Das historische Relikt wird dabei als sinnstiftender Geschichtsspeicher wertgeschätzt. Die einsetzende Sammlungsbewegung begehrt gegen Verlusterfahrungen auf und befördert systematisch das Archivieren, Deponieren, Edieren. Die Entstehung von Museen ist eine Konsequenz und ihre Funktion für die Genese von Methodentraditionen im Umgang mit materieller Kultur besonders wichtig. Volks- und Völkerkunde werden als akademische Disziplinen in Museen, Archivräumen und Depots geboren und damit die systematische Erforschung von Ergologie und Technologie in der Menschheitsgeschichte (Bräunlein 2004a, 11f.; 2008).

Artefakte zeigen anschaulich, räumlich wie zeitlich, den Unterschied zwischen dem Eigenen und dem Fremden und dienen der Illustration von Gegensätzen wie zivilisiert–primitiv, modern–vor-modern, aufgeklärt–abergläubisch. In der Völkerkunde entwickelt sich eine Kulturkreislehre mit dem Anspruch, die

Geschichte scheinbar geschichtsloser Kulturen entlang des dinglichen Kulturbesitzes zu rekonstruieren (Petermann 2004, 583-593). Die sich entwickelnde Volkskunde trägt in ‚poetischen Urkunden' das Mythologische und Symbolische zusammen und gleichzeitig bäuerliches Arbeitsgerät, Tracht, Schmuck. Nationalsozialistische Volkstumsideologie schließlich weist Kulturzeugnissen zwanghaft die Pflicht zu, germanisch-deutsche Kontinuität und Gemeinschaft oder die Minderwertigkeit des Nicht-Germanischen zu belegen (Korff 1997, 17).

Weiterentwicklung der Forschungsperspektiven

Auf eine Phase der Fundamentalkritik an diesen Positionen, welche die Ethnologie und Volkskunde leisten, folgt zunächst eine historisch-quellenkritische Hinwendung zur Sachkultur, die von der Volkskunde vorangetrieben wird. Alles Symbolische ist verpönt, das ‚Ding' wird positivistisch als historischer Beleg gewürdigt. Eine breite kulturwissenschaftliche Entdeckung des Materiellen, gepaart mit einer ‚Sehnsucht nach Evidenz' (Harrasser 2009) findet in den 1980er Jahren statt. Zu verzeichnen ist ein ‚material turn', erkennbar an einer intensiven philosophischen, geschichts-, sozial- und kulturwissenschaftlichen Befragung der Dingwelten. Vom ‚Eigensinn' und der ‚Macht der Dinge' ist nunmehr die Rede und von ihr ausgehend wird gar eine Kulturtheorie der Moderne entworfen (z. B. Böhme 2006). Sachkulturforschung entwickelt sich schrittweise über die Akzentuierung von *Geschichte*, *Bedeutung* und *Handlung der Dinge*. Dies sei im Folgenden skizzenhaft dargelegt.

Objekt-Geschichte

Wichtige Impulse für die historische Sachkulturforschung lieferten ab Ende der 1950er Jahre die Volkskundler Hans Moser und Karl Sigismund Kramer mit der ‚Münchener Schule' und Günter Wiegelmann mit seinen Arbeiten am Münsteraner Institut für Volkskunde.

Unter modernisierungstheoretischen Annahmen wurden Einzelobjekte oder ganze Hausinventare zu Quellen einer sozial- und kulturwissenschaftlichen Agrargeschichtsschreibung. Drei Forschungsziele sind erkennbar: Die materielle Entwicklung der Arbeits- und Lebensweise der Landwirtschaft, die regionale Ausbreitung neuer Arbeitstechniken und –gerätschaften, die soziale Differenzierung der ländlichen Bevölkerung und ihre Folgen in Wohn- und Familienformen. Universitäre und museale Forschung wurden verbunden, ebenso quantitative und qualitative Methoden (Kaschuba 2003, 226). Eine allgemeine Trendwende der

Geschichtswissenschaft, die sich ab den 1960er Jahren von der Kategorie ‚Gesellschaft' hin zu ‚Kultur' vollzieht, findet Niederschlag in der Entdeckung von Alltags- und Massenkultur, in der Entwicklung von Mikro-Geschichte und einer boomenden Kulturgeschichtsschreibung. Die materiellen Hinterlassenschaften der Alltagskultur werden zu einer eigenen Quellenkategorie, die bis dahin noch keinen systematischen Ort in der Geschichtswissenschaft hatte. Das methodische Verständnis ist dementsprechend entwicklungsbedürftig. Wolfgang Ruppert (1997) entwirft ein Programm zur Erforschung von Objekt-Geschichte unter den Bedingungen der Moderne. Er betont drei Zielvorgaben: Die Produktion der Dinge, den Umgang mit Dingen und den Ort der Dinge in der Geschichte der Zivilisation.

Die ‚Sprache der Dinge'

Die Erschließung von Sachkultur als neue Quellensorte der Geschichtswissenschaft fällt in eine Zeit, in der die Semiotik bemüht ist, sich als Leitwissenschaft zu profilieren. Ausgangspunkt ist das linguistische Kommunikationsmodell in der Konstellation *Sender-Botschaft-Empfänger*. Das Artefakt wird zum Bedeutungsträger und seine Hermeneutik zum zentralen Anliegen. Das, was in der alltäglichen sprachlichen Kommunikation problemlos scheint, die Entschlüsselung von Bedeutung, wird zu einer komplexen Herausforderung, wenn es um die Analyse der Kommunikation mit und über Dinge geht. Bedeutungen sind in starkem Maße kontextabhängig und sie sind höchst selten eindeutig. Das prinzipielle Problem der Vieldeutigkeit von Zeichen wurde in der Semiotik durchaus frühzeitig erkannt. Objektzeichen sind ‚unscharfe' Zeichen und erfordern interpretative Flexibilität sowohl im naiven wie im wissenschaftlichen Umgang. Dinge beinhalten überdies immer einen Mehrwert, der sich sprachlich nie gänzlich auflösen lässt (Hahn 2005, 122; Bräunlein 2004c, 210f.; 2009, 772-774).

Vorstellungen, wonach Dinge aus sich heraus etwas ‚bezeugen' könnten, dass sich die ‚Wahrheit des Objekts' von selbst erschließe oder dass ‚Objekte sprechen' würden, sind vielfach kritisiert (Hahn 2005, 138f.). Die Textanalogie, die der Semiotik eingeschrieben ist, stößt bei der kulturwissenschaftlichen Ding-Hermeneutik also an deutliche Grenzen und zu fragen ist, ob es sie überhaupt gibt, die ‚Sprache der Dinge'?

Dinge in Aktion

Das überzogene Versprechen der Semiotik, universelle Gesetzmäßigkeiten aller Zeichensysteme zu finden, rief Skepsis hervor, mitunter offene Ablehnung. Empirische Forschungen in Ethnologie und Soziologie zeigen, dass der Gebrauch der Dinge und der (individuelle, kollektive, kulturelle, religiöse, gender- und schichtspezifische) Handlungskontext über die Objektbedeutung bestimmen. Dahinter steht die kulturwissenschaftliche Konjunktur des Handlungsparadigmas, die mit dem Namen Max Weber verbunden ist. Handeln ist demzufolge mit subjektivem Sinn, mit kalkulierten Zwecken und Werten verbunden. Die Handlungsperspektive bietet der Sachkulturforschung eine äußerst wichtige Dimension (Spittler 1993). Dinge sind nicht länger statische Einzelobjekte, sondern erhalten Sinn und Bedeutung in Prozessen der Herstellung, des alltäglichen oder außeralltäglichen Gebrauchs, des Austausches, der Präsentation, des Lagerns usw. Dinge sind beziehungsfähig und haben ein soziales Leben (Appadurai 1986; Miller 1998). An migrierenden Objekten sind innovative Umdeutungs- sowie kreative Aneignungsprozesse zu beobachten (Spittler 2002).

Eine Zuspitzung findet das Handlungsparadigma in Bruno Latour's *Actor-Network-Theory* (ANT), die zeigt, dass die Welt der Dinge und die Welt des Sozialen und Kulturellen nicht zu trennen sind. Wer schießt, die Waffe oder der Mensch?, fragt Latour und antwortet selbst: das Mensch-Waffen-Netzwerk (Krauss 2006, 435).

Das Handlungsparadigma in der Sachkulturforschung fordert die Anwendung des breiten Spektrums qualitativer Methoden der Sozial- und Kulturforschung. Interviewtechniken, kombiniert mit teilnehmender Beobachtung finden hier ihren Einsatz. Reisebeschreibung, Sammler- und Forscherbiographien, Inventarlisten, Museumsarchive werden damit zu Quellen der Forschung. Gefordert ist dabei methodische Vielfalt zwischen Textanalyse, Archivforschung, Interviews, Erhebung und Auswertung von ‚oral histories'. Vor allem legt sich die Forschungspraxis einer ‚multi-sited ethnography' nahe, wie sie George Marcus entworfen hat (Marcus 1995). Der Forscher folgt den Menschen, Dingen, Diskursen (z. B. über Metaphern, Zeichen, Symbolen), Narrativen (Plot, Allegorie, Lebensgeschichte) und Konflikten.

2. „Materializing Religion" – Ansätze religionswissenschaftlicher Sachkulturforschung

Wenn im Folgenden umrissen werden soll, inwieweit Theorieansätze und Methoden der Sachkulturforschung in der Religionswissenschaft aufgenommen und weiterentwickelt wurden, stößt man augenblicklich auf die grundsätzliche Problematik eines Faches, das sich erst in neuerer Zeit als kulturwissenschaftliches entdeckt. Eine eigenständige Tradition in Theorie und Methode der Sachkulturforschung hat die Religionswissenschaft nicht entwickelt. Diese Problematik lässt sich für unser Thema nach drei Seiten ausfalten.

Fachgeschichtlich: Die Religionswissenschaft ist anders als Volkskunde, Völkerkunde, Archäologie oder Kunstgeschichte nicht im Museum geboren, sondern in Bibliotheken. Ein hintergründig christlich-protestantisches Verständnis von Religion (als Gottes Wort in Heiliger Schrift) setzt sich durch. Als Quellen religiöser Überlieferung gelten ausschließlich Texte. Demzufolge profiliert sich die Religionswissenschaft in der Formierungsphase als reine Sprach- und Textwissenschaft und richtet sich auch methodisch entsprechend aus. Materielle Religion wird in Kunst und Kultur(geschichte) verwandelt. Dies geschieht, weitgehend unbeachtet von der akademischen Religionswissenschaft, in Völkerkunde-Museen und Museen für islamische, indische, chinesische, ägyptische, altorientalische Kunst.

Theoriegeschichtlich: Die Religionsphänomenologie prägt für eine lange Zeitspanne des 20. Jhs. Selbstverständnis und Profil der Religionswissenschaft. Die religionsphänomenologische Fixierung auf ‚das Heilige' und mystisches Erleben (des ‚ganz Anderen', Numinosen, Irrationalen), die zugrunde gelegte Trennung von heilig und profan, Religion und Kultur, eine verunklarende Methodik (der Einfühlung religiös Begabter) sowie die eigenwillige Abschottung gegenüber jedwedem sozial- und kulturwissenschaftlichen Theorieangebot – all dies führt zu einer systematischen Entmaterialisierung des Gegenstandsbereichs. ‚Schreibtischsoteriologen' (Gladigow) sind an Mythen und Symbolen interessiert, nicht aber an Zeugnissen materialer Kultur (Bräunlein 2004a).

Religionsgeschichtlich: In christlicher Apologetik und Konfessionspolemik, für die Absetzung einer *vera religio* gegenüber *religiones falsae*, schließlich auch für die Unterscheidung Religion-Magie spielen Dinge eine wichtige Rolle. Die Manipulation von Artefakten gilt vor diesem Denkhintergrund als Erweis für die falsche Religion, für Magie oder Hexerei (Bräunlein 2008, 164). Zugespitzt wird dies im Konstrukt des ‚Fetischismus', einem vermeintlichen Kult um tote Dinge (Kohl 2003). Charles de Brosses schreibt diesen 1760 den Afrikanern und anderen ‚Naturvölkern' zu und erklärt den Fetischismus zur frühesten Religionsform der Menschheit. Zwar verliert diese klassifikatorische Kategorie alsbald ihren Wert für evolutionistische Spekulationen, sie verschwindet jedoch nicht, sondern erlebt, im Gegenteil, einen regelrechten Boom. Karl Marx (Warenfetischismus) und Sigmund Freud (Sexualfetisch) popularisieren das Konzept auf ihre Weise. In der Religionsforschung verlängert sich der Begriff hin zum Totemismus (Durkheim), zur Magie (Frazer) und primitiver Mentalität (Lévy-Bruhl).

Der damit in die Welt gesetzte Fetisch-Diskurs ist durchweg skandalisierend. Idolatrie, die rituelle Verehrung von Stöcken, Steinen oder Muscheln, die Vorstellung, dass Dinge machtgeladen, oder Menschen von Dingen ‚besessen' sind, verweisen auf Irrationalismus, auf die untersten Stufen der menschlichen Entwicklungsleiter. Als Ende des 19. Jhs. von ‚Weltreligionen' die Rede ist und der Vergleich der Weltreligionen Zugänge zum Wesen ‚der' Religion erschließen soll, bleibt Fetischismus als hintergründiges Problem bestehen. Die augenfällige Absurdität, wonach materiellen Objekten eine supra-materielle Qualität, Spiritualität nämlich, zugeschrieben wird, muss aus der systematischen Bestimmung von echter Religion ausgeschlossen werden. Die Skepsis der Religionswissenschaftler gegenüber dem Materiellen wächst. Als wissenschaftlich durchsetzungsfähig und zur Universalisierbarkeit geeignet erweist sich hingegen das Religionsverständnis des protestantischen Bürgertums mit seiner Kritik an einer materialistischen Moderne. Authentizität von Religion misst sich an ihrer Distanz zur materiellen Welt und ihrer Kapazität, Materielles zu transzendieren. „The modern fear of matter" (Pels 2008) verursacht „troubles with materiality" (Masuzawa 2008), welche frühzeitig die akademische Religionswissenschaft prägen. Beeinflusst wird damit nicht nur die religionswissenschaftliche Perspektive auf ihren Gegenstand, sondern auch ihr theoretisches und methodisches Verhältnis zur Dingwelt.

Die hier dargelegte Problematik ist in ihren Folgewirkungen nicht zu unterschätzen. Die hartnäckige Weigerung der Religionswissenschaft, Sachkultur in den Betrachtungshorizont einzuschließen, ist erklärungsbedürftig und nicht mit Ignoranz einer kleineren Fachdisziplin zu erklären. Sie beruht auf grundsätzlichen Vorentscheidungen über den Gegenstand ‚Religion'. Bis heute sind die beschriebenen Weichenstellungen für die Breite des Faches und seine Selbstwahrnehmung wirksam.

‚Weihnachten', um ein Beispiel zu nennen, dürfte in herkömmlicher religionswissenschaftlicher Betrachtung als bedeutsames Ereignis des christlichen Festkalenders gelten, dessen Kern der Glaube an die Inkarnation von Gottes Sohn darstellt. Beschreibt man hingegen Weihnachten als ein Fest, dessen Zentrum ein Familientreffen mit implizitem Zwang zu rituellem Gabentausch bildet, und das als das wichtigste ‚consumer event' des Erdballs gelten muss, ist eine Sichtweise angelegt, die vermutlich nicht als religionswissenschaftlich gilt, oder nur dann, wenn sie als Illustration der (normativ theologischen) Gegenüberstellung ‚authentische Religion' vs. ‚Verweltlichung'/‚Sinnentleerung' dient. Das ist m.E. bedenkenswert.

Religionswissenschaftliche Sachkulturforschung – in progress

Der zögerlich voranschreitenden religionswissenschaftlichen Entdeckung der Dinge vorgeschaltet ist kein ‚material turn', sondern der ‚iconic turn' (Bachmann-Medick 2007, 329-381). Mit dem Publikationsprojekt *Visible Religion* (Groningen 1982ff.) gerät Bildhaftes, aber auch die Welt der Artefakte, programmatisch in den Blick der Religionswissenschaft. Hans G. Kippenberg hatte dieses *Jahrbuch für religiöse Ikonografie* an der Universität Groningen zu Beginn der 1980er Jahre etabliert. Auch wenn das Jahrbuch 1990 sein Erscheinen bereits einstellte, setzte es doch Akzente. Die Sichtbarkeit von Religion, und damit bestimmte Formen visueller Kommunikation, rücken in den Theorie- und Methoden-Horizont der Religionswissenschaft. Methodisch orientierten sich die meisten Beiträge des Groninger Jahrbuchs an der Semiotik und den Vorgaben der kunsthistorisch eingeübten Ikonographie und Ikonologie. Geebnet wird damit der Weg hin zu einem religionswissenschaftlichen ‚iconic turn', ehe davon die Rede war (vgl. hierzu Bräunlein 2004c; Uehlinger 2006).

Mittlerweile wird um Inhalte und Methoden einer neuen Bildwissenschaft gerungen (Schulz 2005). Damit verbundene Debatten zeitigen zunehmend auch Wirkung in der Religionswissenschaft, die sich in jüngster Zeit intensiv mit Bild, Bildhaftigkeit und visueller Wahrnehmung befasst. Angeregt von den *visual culture studies* (Bräunlein 2004c, 197-200) beschreibt und theoretisiert der Kunsthistoriker David Morgan in seinem Buch ‚The Sacred Gaze' Blickaktivität, Betrachterintentionalität und Bildwerk im religiösen Feld (Morgan 2005). Über den ‚iconic turn' wird das bislang schlummernde Programm einer Religionsästhetik (Mohr und Cancik 1988) aktiviert und *aisthesis*, sinnlich-körperliche Wahrnehmung von Religion Gegendstandsbereich empirischer und theoretischer Forschung (Literatur bei Bräunlein 2009, 774-776).

Vor diesem Hintergrund geraten nun auch die visuelle Repräsentationen von Religion/en in Ausstellungsräumen in das Blickfeld. Die Religionswissenschaft reflektiert damit erstmals in ihrer Fachgeschichte und mit theoretischem Anspruch dreidimensionale Religion/en im musealen Gehäuse.[1] In einer Reihe von einschlägigen Arbeiten (siehe neuerdings Wilke & Guggenmos 2008; Claußen 2009) stehen weitgehend Fragen der visuellen Kommunikation im Mittelpunkt, ebenso wie religionsästhetische Perspektiven auf Medium-Botschaft-

[1] Zwar hatte Rudolf Otto 1927 eine religionskundliche Sammlung an der Universität Marburg ins Leben gerufen, ohne jedoch selbst ein theoretisches oder methodisches Interesse an der Materialität von Religion zu zeigen. Otto war vielmehr an einer ‚Methodik des religiösen Gefühls' interessiert. Einschlägiges Objektmaterial sollte ihrer Illustration dienen (Bräunlein 2006, 2005). Die Marburger Sammlung spielte für die theoretische und methodische Entwicklung des Faches in der Zeit nach dem Krieg keine Rolle.

Rezeption. Objekte werden als Zeichenträger verstanden und das Encoding und Decoding der Botschaft ‚Religion' problematisiert. Aufgegriffen wird zudem die in der Ethnologie vor einiger Zeit heftig geführte Repräsentationsdebatte und erkannt, dass Ausstellen, Repräsentieren, Erinnern stets politische Dimensionen beinhalten (Karp und Lavine 1991). Grundsätzlich problematisch bleiben allerdings die mitunter feststellbare Vermengung der Kategorien Kunst und Religion sowie der notorische Begriff des ‚Heiligen' als Erbe der Religionsphänomenologie (Bräunlein 2004a, 2008).

Einen durchaus anderen Zugang verfolgt die Religionshistorikerin Colleen McDannell, die zu Beginn der 1990er Jahre gezielt Anregungen der *material culture studies* aufgreift (McDannell 1991). In ihrem Buch *Material Christianity* (1995) entwirft McDannell eine Topographie des christlichen Ameriksa entlang von Sachkultur. Mode, Schmuck, Inneneinrichtungen, Druckgrafik, Wallfahrts-Souvenirs, Reliquien und Devotionalien, Lourdes-Wunderwasser und ex-voto Briefe, die protestantische Familien-Bibel, Friedhofslandschaften, evangelikaler Einzelhandel, Weiblichkeit und katholischer Kitsch, Mormonen-Priestergewänder und Sexualität – Colleen McDannell lenkt den Blick auf Dingwelten und eröffnet damit Einblicke in die Lebenswirklichkeiten amerikanischer Christen unterschiedlicher Konfessionen.

Die Originalität liegt dabei in der Erschließung bislang nicht genutzter Quellensorten: Landkarten, Versandhauskataloge, Kleinanzeigen, Werbeprospekte. Methodisch arbeitet McDannell weitgehend mit Werkzeugen der Geschichts- und Kunstwissenschaft im Dreischritt Beschreibung, Analyse, Interpretation.

Was Colleen McDannell umfassend am Beispiel der diversen amerikanischen Christentümer demonstriert, zeigt Brigitte Luchesi für Facetten des gelebten Hinduismus, etwa an der Verwendung von religiöser Druckgrafik oder an Tempelarchitekturen in Indien und der Hindu-Diaspora (Luchesi 2001, 2003, 2004, 2011). Methodisch wichtig ist dabei, dass materialisierte Religion und die mit ihr verbundenen Praktiken Ausgangspunkt des forschenden Interesses sind und nicht als Illustration für ein anderes Ziel fungieren, nämlich unsichtbare Lehrinhalte und mystische Erfahrung darzustellen.

Die genannten Beispiele sind bislang Ausnahmen. Erstaunlich ist der Umstand, dass McDannell's *Material Christianity*, international betrachtet, keineswegs Modellfunktion einnimmt. Vergeblich sucht man bislang *Material Hinduism*, *Material Judaism* oder etwa *Material Daoism*.

Vor diesem Hintergrund muss auf zwei religionswissenschaftliche Publikationsprojekte hingewiesen werden, die programmatisch und systematisch Bild- und Sachkultur thematisieren. Es handelt sich um ein deutsches Lexikonwerk und eine internationale Fachzeitschrift.

Das *Metzler Lexikon Religion*, das als Initiative Tübinger Religionswissenschaftler von 1999-2002 in vier Bänden erscheint, ist dezidiert religionsästhetisch ausgerichtet (Auffarth 1999-2002). „Religion ist sinnlich“, „Religion wird medial vermittelt“, „Religion ist sichtbar“, „Religion hat ihren Ort, Orte haben Religion“ – das sind einige der zentralen Leitgedanken. Damit finden in den Lexika-Beiträgen systematisch die körperliche, räumliche und materielle Seite von Religion Eingang.

Das internationale Zeitschriftenprojekt, *Material Religion: the Journal of Objects, Art and Belief*‘ das seit 2005 (bei Berg, London) erscheint, hat sich, ausgehend von den *visual culture studies* der religionsästhetischen Perspektive geöffnet.[2] In der ersten Ausgabe wird das Religionsverständnis erläutert: „Religion is not considered a merely abstract engagement in doctrine and dogma, nor a rote recitation of creeds and mantras. (…) Religion is what people do with material things and places, and how these structure and color experience and one's sense of oneself and others“ (Editorial Statement, *Material Religion*, 1.2005, 5). Das in den Zeitschriftenbeiträgen erkennbare Methodenspektrum ist breit und reicht von historischen, speziell kunsthistorischen Methoden zu jenen der empirischen Sozialforschung.

3. Ku, ein hawaiianischer Gott in Göttingen - Gegenstand und Fragestellung

Wie aus dem bisher Gesagten deutlich wird, lassen sich weder ein abgrenzbarer Gegenstandsbereich identifizieren noch eine einheitliche Theorie und Methode zu ‚materieller Kultur‘. Eine ‚unvoreingenommene Wahrnehmung‘ von Objekten ist nicht möglich, und irreführend ist es, religiöse Gegenstände in Kunst (oder Kitsch) zu verwandeln. Wie soll angesichts dieser Unübersichtlichkeit mit materieller Kultur religionswissenschaftlich produktiv verfahren werden? An einem Forschungsobjekt sollen im Folgenden Möglichkeiten und Wege aufgezeigt werden.

Gewählt wurde der hawaiianische Kriegsgott Ku, der sich in der Völkerkunde-Sammlung der Universität Göttingen befindet. Das Objekt, ein Federbildnis aus dem 18. Jahrhundert, gehört dort zu den prominentesten Stücken und müsste allein schon durch seine Kennzeichnung als ‚Gott‘ von religionswissenschaftlichem Interesse sein. Bei meiner ersten Begegnung mit dem Kriegsgott überlegte ich, wer mir wohl am kompetentesten Auskunft über dieses Objekt

[2] Die Herausgeber sind S. Brent Plate (Hamilton College, USA), Birgit Meyer (Vrije Universiteit Amsterdam), David Morgan (Duke University, USA), Crispin Paine (University College London).

erteilen könnte: Experten für polynesische Kunst, Ozeanien-Ethnologen, Kolonialhistoriker, Restauratoren oder vielleicht hawaiianische Priester? Religionswissenschaftler schloss ich dabei unwillkürlich aus. Das daraufhin einsetzende Nachdenken über das ‚Warum' mündete in die hier zu Papier gebrachten Gedanken über Selbstverständnis und Methoden der Religionswissenschaft.

Die Fragestellung an das Objekt ist im Wortsinne *Gegenstand bezogen* entfaltet. Daraus entwickeln sich Methoden ihrer Bearbeitung. Wenn in diesem Beitrag immer wieder auf Theorien hingewiesen wird, so liegt das in der ‚Natur der Sache'. Kaum ein anderer kulturwissenschaftlicher Bereich ist in den vergangenen Jahren ähnlich intensiver theoretischer Befragung ausgesetzt wie ‚materielle Kultur'. Jede theoretische Perspektive befördert wiederum spezifische methodische Strategien; ‚die' Methode gibt es nicht.

Perspektivische Vielfalt ist selbst Programm. Genau diese Leitlinie unterstreichen Hans G. Kippenberg und Kocku von Stuckrad in ihrer Einführung in die Religionswissenschaft mit einer Maxime von Friedrich Nietzsche: „Es gibt nur ein perspektivisches Sehen, nur ein perspektivisches «Erkennen»; und je mehr Affekte wir über eine Sache zu Wort kommen lassen, je mehr Augen wir uns für dieselbe Sache einzusetzen wissen, um so vollständiger wird unser «Begriff» dieser Sache, unsere «Objektivität» sein" (Nietzsche 1999, 365; aus Kippenberg und von Stuckrad 2003, 15). Diese Maxime übertragen Kippenberg und von Stuckrad auf das methodische Vorgehen in Bezug auf Religionsforschung allgemein.

Wir erproben diesen Vorschlag am Objekt: Wie kommt ein hawaiianischer Gott nach Göttingen? Was lehrt uns die Beschäftigung mit Ku über Materialität, Sammelleidenschaft, Kolonialismus und Religionsgeschichte? Wie lässt sich der ursprüngliche kulturelle Kontext und der rituelle Gebrauch dieses Objekts rekonstruieren? Was erfahren wir über Bild und Ritual, über Krieg und Religion? Welchen Einfluss auf Wissen und Wahrnehmung dieses Objekts (als Kultur, Kunst, Religion) hat das Gehäuse Museum? Über welche Form von ‚agency' verfügt Ku, einst und jetzt? Welchen Zwecken diente das Objekt Priestern, Politikern und Wissenschaftlern, auf Hawaii und in Göttingen? Was lernen wir von Ku über den Gegenstand der Religionswissenschaft?

Für die Beantwortung dieser Fragen ist eine bestimmte sowohl synchrone wie diachrone Perspektive auf Kultur hilfreich. Kombiniert wird die Untersuchung von Artefakten, kulturellen Mechanismen und symbolischen Praktiken. Um die genannte Maxime perspektivischer und methodischer Vielfalt umzusetzen, bietet sich der Vorschlag der Volkskundlerin Gudrun M. König an. Als heuristisches Prinzip unterscheidet sie fünf Zugangsweisen zur materiellen Kultur: „die des Sammlers, des ‚Historikers', des ‚Ethnographen', des Illustrators und des Theoretikers" (König 2003, 116).

Ku als Sammelobjekt

Abbildung 1: Federbildnis, *Kuka'ilimoku*, Hawaii, vor 1779, Völkerkundliche Sammlung der Universität Göttingen (mit freundlicher Genehmigung der Sammlung)

Höhe: 46,5 cm; Breite (maximal): 16 cm; Halsdurchmesser: 7,5 cm; Inv. Oz 254. Weidengeflecht, rote, gelbe, schwarze Federn, Perlmutt, Hundezähne.

Der Körper ist aus einem Weidengeflecht geformt. Daran sind vorwiegend rote Federn befestigt. Der Scheitelkamm, der sich bis in den Nacken zieht, besteht aus gelben Federn. Ebenfalls gelbe Federn befinden sich auf Höhe der Ohren. Die Augenbrauen bilden schwarze Federn. Der auffallend weit geöffnete Mund ist mit Hundezähnen bestückt. Die großen Augenflächen werden durch Perlmutt gebildet, die Pupillen aus schwarzem Holz.

Sieben vergleichbare Federbildnisse (*ki'i hulu manu*) oder sogenannte Federgötter (*'aumakua hulu manu*) haben sich erhalten. Das Göttinger Stück repräsentiert den Kriegsgott *Kuka'ilimoku – Ku, der Landräuber* (Köhler 1998, 326f.; Kaeppler 1998b, 243; 1978, 53ff.). Dieser gehört in die Kategorie der *akua* – der hawaiianischen Haupt- oder Staatsgötter. Häuptlinge identifizierten sich mit Ku, da er dem Mythos zufolge als roter Vogel den Siedlern den Weg von Tahiti nach Hawaii zeigte.[3] Die Darstellungen des Kriegsgottes unterscheiden sich von anderen Göttern durch den ausgeprägten Haarkamm und einen verzerrt geöffneten Mund, den Adrienne L. Kaeppler den ‚Mund der Verachtung' nennt, der Respektlosigkeit, aber auch Schrecken oder Rücksichtslosigkeit suggeriert. Auf Kriegszügen trugen hawaiianische Häuptlinge Helme mit halbmondförmigen Kämmen; ein weiteres Indiz für die Identifizierung des Federbildnisses als Kriegsgott (Kaeppler 2006, 18; 1998b, 242-44; 1994, 64; 1982).

Kuka'ilimoku verdankt seine Anwesenheit in Göttingen einem der berühmtesten Expeditionsunternehmungen der Neuzeit, den Südsee-Fahrten des James Cook (1728-1779). Diese Expeditionen, ausgesandt und finanziert durch die britische Royal Society, befördern die Entwicklung von Naturkunde, Geographie, Anthropologie und Völkerkunde. Johann Reinhold Forster (1729 bis 1798) und sein Sohn Georg (1754 bis 1794) sind Teilnehmer von Cooks zweiter Reise (1772–1775). Auf seiner dritten Reise (1776-1780) erreicht Cook erstmals Hawaii und trifft am 26. Januar 1779 in der Kealakekua -Bucht auf den *ali'i nui* (königsgleichen Oberhäuptling) *Kalani'opu'u* und eine Reihe von Priestern. Sie überreichen Cook Geschenke, darunter (sehr wahrscheinlich) auch das Federbildnis von Ku (Kaeppler 2006, 16; 1998b, 244).

Die Objekte der Cook-Expeditionen kommen nach Ankunft in England entweder in königlichen Besitz, in die Privatsammlungen von Gelehrten oder auf den Kunstmarkt. Weltweit sind rund 2000 ethnographische Objekte der Cook-Reisen bekannt. Ein Viertel davon befindet sich in der Göttinger Sammlung. Das 1773 von Johann Friedrich Blumenbach (1752-1840) gegründete *Academische Museum* der Göttinger Universität erwirbt frühzeitig Objekte der Südseeexpeditionen. Dies ist nur möglich aufgrund bester Beziehungen zu König Georg III (1738-1820). Der Londoner Naturalien- und Kunsthändler George Humphrey

[3] Freundliche Mitteilung von Gundolf Krüger, Sammlungskustos, in e-mail Nachricht von 24.08.09.

stellt ein Konvolut zusammen, das auch den Kriegsgott enthält und als königliche Schenkung 1782 Göttingen erreicht (Urban 1998).[4] 1799 wird der Nachlass Georg Forsters aufgekauft. Die von Cook und den Forsters nach Europa gebrachten ‚natürlichen und künstlichen Kuriositäten' gehören seither zu den wertvollsten Zeugnissen der Südsee-Kultur überhaupt (Kaeppler 2006, 1998a, 1978).

Innerhalb der deutschen, ja europäischen Geschichte des Museums nimmt die Göttinger Sammlung eine wichtige Funktion ein und Objekte wie der hawaiianische Kriegsgott Ku sind dafür wichtige Belegstücke (Kaeppler 1998a, 2006; Krüger 2006). Das Sammeln von Dingen fremder Natur und Kultur ist eine im Westen hochbewertete, da wissensmehrende Aktivität. Dabei wird nicht selten übersehen, dass Objekte in unterschiedlich motivierten Tauschvorgängen ‚erworben' wurden: Handel und zeremonielle Transaktion, Angebot und Nachfrage, Überlebensnotwendigkeit und wissenschaftliche Neugier (Hauser-Schäublin 1998, 2006).

Die Aktivität des Sammelns ist nicht auf das aufgeklärte Europa beschränkt. Kurz nach der ersten Kontaktaufnahme stellten nachkommende Besucher des Haiwaii-Archipels mit Erstaunen fest, dass sich fast alle Einwohner mit Seemannskisten ausgestattet hatten, in denen alles Europäische mit peinlicher Sorgfalt gehortet wurde (Newell 2007). Der Besitz seltener Exotika ist verbunden mit Prestige und führt augenblicklich zu einer explodierenden Nachfrage. Mit den Sammel-, Tausch- und Handelsaktivitäten gehen mitunter Verschiebungen des lokalen Machtgleichgewichts einher. Eingeführt werden nicht nur Navigationsinstrumente, Seemannsjacken oder Messer, sondern auch Diebstahl und epidemische Krankheiten (Newell 2007). Die gegenseitige Faszinationsgeschichte, die sich über den Tausch von Objekten ablesen lässt, spielt für die alsbald einsetzende Missionsgeschichte eine nicht unerhebliche Rolle. Missionare werden nicht nur als Ideen-Bringer, sondern vor allem auch als Importeure faszinierender Artefakte gesehen.

Die Göttinger Sammlung ist in jüngster Vergangenheit weit gereist. Eine Ausstellung 2006 brachten Ku und zahlreiche weitere Objekte aus Göttingen zurück in ihre Heimat Hawaii.[5] Im Zuge der Weltreise von Ku kursierten Gerüchte, wonach es sich bei diesem Objekt um eine Fälschung handeln müsse. Vergleichsstücke anderer Museen sind bei weitem nicht so prächtig wie das

---

[4] Humphrey schickt zwei Sendungen nach Göttingen. Das Federbildnis sendet er im Sommer 1782. Unbekannt ist, woher genau (Auktion, Sammler) er das Stück erwirbt (so Kaeppler 1998b, 239). Wertvoll ist die kundige und detaillierte Objekt-Beschreibung, die Humphrey mit liefert. Krüger 2006, 43; Urban 1998, 62.

[5] In Zusammenarbeit mit dem *National Museum of Australia* ist es möglich geworden, die Göttinger Cook-Forster-Sammlung einer globalen Öffentlichkeit virtuell und visuell „zugänglich" zu machen. Vgl. www.nma.gov.au/cook/index.php [besucht am 21.08.09].

Göttinger Exemplar, und der auffallend gute Erhaltungszustand der Federn über einen Zeitraum von mehr als 200 Jahren nährten solche Vermutungen. Der Verdacht, dass der Kriegsgott womöglich in den 1920er Jahren mit gefärbten Hühnerfedern gefälscht worden sei, veranlasste die Leiterin der Völkerkunde-Sammlung, Prof. Hauser-Schäublin, in die Offensive zu gehen. Die Figur wurde fachmännisch untersucht und die Ergebnisse öffentlich präsentiert. Restaurator, Kustos und ein Ornithologe stellten übereinstimmend die Echtheit fest. Die stärksten Argumente sind dabei materialkundliche. Die verwendeten gelben Vogelfedern stammen vom Balzgefieder einer hawaiianischen Vogelart, die seit langem ausgestorben ist. Die Knotentechnik der Federbefestigung ist außerordentlich kompliziert und im Detail bislang gar nicht durchschaut. Bekannt ist schließlich, dass man auf der dritten Südseereise Cooks, die an Bord genommenen Objekte und Präparate mit Arsen behandelte, um Insektenbefall zu vermeiden. Diesem Umstand verdankt Ku sein flauschiges Federkleid, das ohne Gift längst Opfer von Parasiten geworden wäre.[6]

Ku – bedeutsame Geschichte im Objekt

Die historische Perspektive umschließt teilweise die Sammlungsperspektive, geht aber darüber hinaus. Es geht um Rekonstruktionen: Religionsgeschichte und Sozialstruktur Althawaiis etwa, aber auch um Begegnungsgeschichte und Kolonialgeschichte. Adrienne Kaeppler hat über die Analyse von Mythen gezeigt, wie sich in den Göttern *Ku* und *Lono* das Komplementäre von Krieg und Frieden materialisiert. Für die soziale Ordnung, die Genealogie von Herrscherclans und einer spezialisierten Priesterschaft sind beide Götter jeweils Dreh- und Angelpunkt (Kaeppler 1994, 63-65).

Der Gott Ku, eine Gabe hawaiianischer Priester an einen britischen Kapitän, wird zum Belegstück der Geschichte des Kulturkontaktes. Diese ist dramatisch

---

[6] Die öffentliche Präsentation der Untersuchungen fand am 28.7.09 in Anwesenheit des Universitäts-Präsidenten statt. Es war der Tag, an dem Ku auf eine zweijährige Museums-Tournee durch Europa entlassen werden sollte. Die Frage, ob Ku eine Fälschung sei oder nicht, war allein schon vor diesem Hintergrund von Bedeutung. Ausführlich berichtete daher die Lokalzeitung Göttinger Tageblatt, am 29. Juli, unter der Überschrift: *Zweifel ausgeräumt: Kriegsgott Ku ist echt* (S.18). Auch der Generalanzeiger in Bonn vermeldete Entsprechendes. Vgl. die Onlineausgabe des Generalanzeigers: www.general-anzeiger-bonn.de/index.php?k=loka&itemid=10003&detailid=627788 [besucht am 21.08.09].
Vom 28.8.09-28.2.10 waren Ku und die Cook-Forster-Sammlung in Bonn zu sehen (Ausstellungshalle der BRD). Geplant waren weiterhin die Stationen Bern, Wien und London. Aus Kostengründen jedoch reisten die Göttinger Objekte nach der Bonner Präsentation wieder zurück nach Niedersachsen.

und führt zum gewaltsamen Tod von James Cook am 14.2.1779 auf Hawaii. Die Rekonstruktion den Todesumstände stimulierte eine Debatte, die bis heute nicht abgeschlossen ist (Kaufmann 1995; Kumoll 2007).

Die Debatte setzt ein mit Marshall Sahlins' ‚Historical Metaphors and Mythical Realities' (1981). Den Mythen zufolge sind es Götter, die stets aufs Neue Land besetzen und anschließend Häuptlinge als ihre Stellvertreter einsetzen. Das Zusammenspiel von Usurpation und göttlich-menschlicher Eroberung wiederholt sich zyklisch und bildet die Grundlage der Herrschaftslegitimation. Der zyklische Wechsel, wie im Mythos dargestellt, findet seine rituelle Entsprechung in einem jährlich stattfindenden Makahiki-Fest. Vergegenwärtigt wird der Wechsel der Herrschaft von *Lono* (Frieden, Wohlstand, Fruchtbarkeit) und *Ku* (Krieg, Zerstörung, Eroberung) in einem Scheingefecht. hawaiianische Geschichte ist demnach die Wiederholung dieses Mythos (Kaufmann 1995, 67). Als Cook in Erscheinung tritt, erhält er sofort einen Platz in der mythischen Ordnung der Hawaiianer zugewiesen und wird mit *Lono* identifiziert. Seine Ankunft fällt genau in den rituellen Kalender des Makahiki-Festes und sein Verhalten fügt sich nahtlos in die Wahrnehmungslogik der Hawaiianer ein: Der Kontakt vornehmlich zu Priestern und Häuptlingen, das Bemühen um Lebensmittel, Verteilen von Eisengegenständen, Niederknien am Schrein Ku's, das Bestatten eines verstorbenen Seemanns in Ku's Tempel, das als Menschenopfer interpretiert wird, das wiederum die Herrschaft *Kus* einleitet u. v. a. m.

Als Cook auf Aufforderung die Insel verlässt, aber wegen eines gebrochenen Mastes wieder zurückkehren muss, wird dies als Versuch einer Usurpation verstanden, verstärkt durch die brutale Reaktion Cooks auf Diebstähle. Um ein gestohlenes Beiboot zurück zu erhalten, entführt Cook einen Häuptling, ein anderer wird von einem seiner Offiziere erschossen. Darauf greifen Haiwaiianische Krieger an; Cook wird rücklings erstochen. Sahlins interpretiert das Geschehen als Ritualmord: Cook wird als Gott und Eroberer *Lono* im Rahmen einer Makahiki-Feier getötet. Sein Schicksal war „die historische Ausführung einer mythischen Theorie, strukturierte die Kultur die Geschichte" (Kaufmann 1995, 68). Cooks Bezwinger, Häuptling Kalaniopuu, erweist dessen Gebeinen eine rituelle Behandlung, die sonst nur getötete Häuptlinge erfahren und verleibt sich somit dessen Göttlichkeit ein. Damit ist er gezwungen, Lebensstil und Loyalitätsverpflichtungen des Getöteten zu übernehmen. Die Britannisierung der Oberschicht, politisch motivierter Luxuskonsum und Abgrenzung gegenüber dem einfachen Volk sind die Folge (Kaufmann 1995, 69).

Sahlins Arbeit wurde zunächst als bahnbrechend gelobt, zeigt sie doch, dass die Polynesier eine eigene Geschichte haben. Doch alsbald meldeten sich Kritiker zu Wort. Gananath Obeyesekere (1992) liest die Quellen neu und behauptet, nicht die Hawaiianer hätten Cook vergöttlicht, sondern Sahlins hätte einen Mythos erfunden. Er reduziere die Hawaiianer zu Marionetten an den Fäden ihrer Kultur. Cook wäre allenfalls als Bote *Lonos*, aber nicht als dessen Verkörperung gedacht worden. Sahlins Lesart einer ‚anderen Geschichte' sei in den Quellen nicht zu belegen. Nicht mythisches Denken, sondern ‚praktische Vernunft' zeichnet die Polynesier ebenso wie die Briten aus. Cook scheiterte letztlich an innerhawaiianischen Machtkämpfen, behauptet Obeyesekere. Der Häuptling Kalani'opu'u habe Cook um Hilfe gegen einen befeindeten Gegner gebeten. Cook, so vermutet Obeyesekere, schlug jedoch seine Hilfe aus. Die unfreiwillige Rückkehr Cooks konfrontierte die Hawaiianer nicht mit einem machtgierigen Gott, sondern mit Nahrungsknappheit, ausgelöst durch immer neue Forderungen der fremden Seeleute. Zudem sieht Obeyesekere in Cook eine aufbrausende, ja brutale Person, die an der Gewalteskalation selbst Anteil hat.[7]

Im Anblick des Kriegsgottes Ku erkennen wir nicht nur Mythologie und Kosmologie Althawaiis, eine hierarchische Adelsgesellschaft, Menschenopfer und Krieg, sondern auch ein historisches Narrativ, das um das Rätsel kreist, warum James Cook sterben musste. Objekte spielen dabei eine entscheidende Rolle (Hauser-Schäublin 2006, 33-35; 1998, 29). An diesem Beispiel öffnet sich schließlich auch ein Fenster auf das Verhältnis von Kolonialismus und Objekt. Materielle Kultur, Museum und europäischer Imperialismus sind überlappende Felder historischer Forschung (Barringer und Flynn 1998; Henare 2009).

Das soziale Leben Kus – Ethnographische Perspektiven

Ethnographische Perspektiven auf Objekte wie Ku haben zwei Dimensionen. Es interessieren hier zunächst der kulturelle Kontext, der rituelle Gebrauch und die Symbolträchtigkeit dieser Figur. Welche Funktion nahm sie während der Makahiki-Feierlichkeiten ein, welche bei realen Kriegshandlungen? Wurde die Figur in eine Ganzkörpermaske integriert oder als ‚Standarte' präsentiert? Was besagt der Gesichtsausdruck im Hinblick auf kulturspezifische Emotionalität? Welchen Stellenwert hatte Ku im Pantheon hawaiianischer Götter, welchen im Alltag Althawaiis? Wie lassen sich Mythen rekonstruieren? Sind ‚Götterbilder' Illustrationen von Mythen? Schließlich auch: In welchem Verhältnis stehen Religion und Krieg, Menschenopfer und Götterverehrung?

Es handelt sich um Rekonstruktionen einer schriftlosen und nicht mehr existenten Kultur und Religion. Methodisch geht es dabei um eine Erschließung der vorhandenen schriftlichen und nicht-schriftlichen Quellen, informiert von ethnologischer Theorie, der Kenntnis ethnographischer Parallelen und der Anwendung

[7] Die Sahlins-Obeyesekere-Kontroverse wird von Karsten Kumoll (2007) ausführlich referiert.

quellenkritischer Reflexion. Der Streit Sahlins vs. Obeyesekere ist dafür ein lehrreiches Beispiel. Ethnologie und Geschichtsforschung begegnen sich hier unter dem Vorzeichen einer historischen Anthropologie.

Die zweite Dimension des ethnographischen Zugangs besteht in der Verknüpfung von gegenwartsbezogener empirischer Forschung und materieller Kultur. Ku wird uns zeigen, dass ein zweihundert Jahre altes Museumsobjekt nicht automatisch zum Vitrinen-Tod verurteilt ist, sondern, ganz im Gegenteil, bis heute ein reges soziales Leben zu entfalten vermag.

Wie erwähnt, reiste die Cook-Forster-Sammlung mit Ku als ihr prominentester Repräsentant zurück in die polynesische Heimat. Die zeitweilige Rückführung und Präsentation dieser Objekte haben eine politische, vor allem identitätsstiftende Bedeutung. Für die Mehrheitsbevölkerung von Ländern wie Neuseeland oder Australien ist James Cook eine Art Kulturheros. Er erschließt diese Länder dem britischen Empire und der westlichen Zivilisation. Gleichzeitig repräsentieren die ausgestellten Objekte wissenschaftliche Neugierde und Respekt vor fremden Kulturen, also aufgeklärte, staatstragende Tugenden. Und schließlich verkörpern sie geschichtliche Tiefe – eine wertvolle Resource für vergleichsweise ‚junge' Nationen.

Andererseits haben sich in vielen Ländern des Pazifik seit den 1970er Jahren indigene Intellektuelle zu Wort gemeldet und fordern ein ‚Zurück-zu-den-Wurzeln' (Linnekin 1997). Bewegungen wie *Faasamoa*, *Fakatonga*, *Maoritanga* oder *Hawaiian awareness* geht es nicht nur um das Recht, die eigene Kultur leben zu können, sondern vor allem um kulturelle Deutungsoberhoheit. Durch die rapide Kolonisierung und Missionierung sind eigene Kultur und Religion nur in Bruchstücken oder Außenwahrnehmung durch die Kolonisatoren verfügbar. Künstler, Schriftsteller und einheimische Gelehrte sind um Rekonstruktionen bemüht und artikulieren „own visions of Oceania and earth" (Gizycki 1995).[8]

Während also die einen im Betrachten der Cook-Forster-Sammlung von Stolz über europäische Ursprünge und zivilisatorische Mission erfüllt sind, signalisiert sie für andere kulturelle Verlusterfahrung und Zerstörung ebenso wie die Aufforderung zur Identitätssuche. Die Wahrnehmung von Ku in Hawaii, das dürfte demnach klar sein, differiert je nach Herkunft des Betrachters. Für Angehörige der indigenen Minderheit Hawaiis, die 6,6% der Bevölkerung ausmachen, bedeutet der Kriegsgott etwas anderes als für die Mehrheit von Japanern, Filipi-

[8] Maßgeblich befördert wurde die Hawaiian Renaissance durch John Dominis Holt's *On Being Hawaiian* (1964). Eine spezifisch polynesische Sicht auf Natur und Selbst liefert z. B. auch Leonard Kelemoana Barrow, Ph.D.: *Polynesians Views on the Self, Cosmos and Ocean: Clues and Fair Warnings from a Past Time*. Verfügbar als web-Dokument:
www.groundswellsociety.org/events/SASIC/pdf/SASIC%204%20%20Polynesians%20View%20of-%20the%20Cosmos%20and%20Ocean.pdf [besucht am 23.08.09]

nos und weißen Amerikanern. Insbesondere für Nachkommen hawaiianischer Herrscher- und Priesterclans, die genealogisch direkt mit Ku verbunden sind, dürfte das Wiedersehen in einem Ausstellungsraum eine Begegnung der besonderen Art darstellen.[9] Die Bedeutung der alten Götter, etwa in Gestalt eines Ku, für hawaiianische Kultur- und Identitätspolitiken ist ein eigenes Forschungsfeld.

Als im Januar 2006 die Stücke der Göttinger Sammlung zu ihrer Reise in die Südsee transportfertig gemacht wurden, fand ein ungewöhnliches Abschiedsritual statt. La'akea Suganuma, Präsident der Royal Hawaiian Academy of Traditional Arts, führte eine hawaiianische Segnung durch. La'akea Suganuma, Nachfahre von Ku-Priestern, die sich mit Kuka'ilimoku verwandtschaftlich verbunden fühlen, ließ keinen Zweifel daran, dass er in Göttingen dem echten Ku gegenübergetreten war.[10]

Auch die Verabschiedung Kus für die Europa-Tour im Juli 2009 erfolgte zeremoniell. Tänzerinnen der ‚Mana e Hula Dance Show' präsentierten im Göttinger Institut für Ethnologie mehrere Tänze zu Ehren des Kriegsgottes, und dies vor durchaus prominentem Publikum. Der Universitätspräsident stellte in seiner Ansprache einen Museumsneu- bzw. Umbau für das Jahr 2011 in Aussicht. Der Niedersächsische Wissenschaftsminister betonte, dass mit der Sammlung „der beste Botschafter für die Wissenschaft, für Göttingen und Niedersachsen (...) wieder auf Reisen (geht)."[11] Heinrich Prinz von Hannover sprach über die Verbindungen der Göttinger Universitätssammlung zum britischen Königshaus, war doch der britische König George III. dieser Universität besonders wohlgesonnen.

Ku ist, wie sich zeigt, auch in der späten Moderne ein Politikum geblieben. Der Glanz, der von Hawaii auf Göttingen fällt, ließ auch das Herz des damaligen Niedersächsischen Ministerpräsidenten Wulff höher schlagen. Anlässlich seines Besuches der Völkerkundesammlung während des Vorwahlkampfes im Juni 2009 äußerte er sich begeistert: „Absolut großartig".[12]

Nicht nur für Wahlkampfstrategen ist Ku und die Cook-Forster-Sammlung ein wichtiger Bezugspunkt, auch für die Universitäts- und Landespolitik. Gerungen wird um ein neues Museum, vielleicht sogar ein Landesmuseum für Völker-

---

[9] Dies geht z. B. aus Mitteilungen eines hawaiianischen Ahnenforschers hervor, der im Bishop-Museum Honolulus eine Ku-Figur beschreibt und sie in Beziehung seinem Vorfahren Kaiwikuamo'o-kekuaokalani(k), einem „g-g-grandfather" väterlicherseits setzt. Vgl. genforum.genealogy.com/hi/messages/2739.html [besucht am 23.08.09].

[10] www.uni-protokolle.de/nachrichten/id/111666 [besucht am 23.08.09]

[11] Hierzu der Beitrag im Göttinger Tageblatt mit Videoaufnahme der Tanzzeremonie: www.goettinger-tageblatt.de/Nachrichten/Wissen/Regionale-Wissenschaft/Zweifel-ausgeraeumt-Kriegsgott-Ku-ist-echt [besucht am 23.08.09]

[12] Hierzu der Beitrag im Göttinger Tageblatt: beta.goettinger-tageblatt.de/Nachrichten/Goettingen/Uebersicht/Wulff-besucht-Ethnologie-Absolut-grossartig [besucht am 23.08.09]

kunde. Die würdige Präsentation des weltberühmten Ku ist dabei ein wiederkehrendes Argument.

Die geschilderten Zusammenhänge zeigen, wie ein museales Objekt in den öffentlichen Raum hineinstrahlt und sozio-politische und (im Falle der hawaiianischen Revitalisierungsbewegung) religiöse Wirkungen entfaltet. Solcherart „social life of things" (Appadurai 1986) ist methodisch über Diskurs- und Medienanalyse, vor allem über „multi-sited ethnography" zu erforschen.

Ku – theoretisch betrachtet

Kultur- und religionstheoretische Annahmen steuern Erkenntnisinteresse, Interpretation und Methode. Im Umgang mit materialer Kultur müssen sich Forscherin und Forscher über eigene theoretische Vorannahmen im Klaren sein. Geschichte, Religion und Kultur sind in dieser Hinsicht ebenso wenig unschuldige Begriffe wie Polytheismus oder Monotheismus.

In der Debatte zwischen Sahlins und Obeyesekere geht es z. B. um solche grundsätzlich theoretischen Annahmen. Welches Konzept von Geschichte hatten die Polynesier vor Cook oder setzt Geschichte im Pazifik erst mit Cook ein? Handelt es sich um Strukturgeschichte ohne Wandel, ohne aktive Subjekte in historischen Prozessen? Haben Hawaiianer pragmatisch oder rituell gehandelt, oder ist diese Unterscheidung eine westliche? (Kumoll 2007, 304). Die Interpretation der Quellen hängt ganz davon ab, welche Vorannahmen hier getroffen werden.

Bezogen auf Religionsgeschichte ist dementsprechend nicht nur zu fragen, wie man Religionsgeschichte rekonstruiert, das ist das methodische Problem. Vielmehr ist vorab zu klären, was Religionsgeschichte von Profangeschichte trennt oder nicht trennt, wie sie mit politischer Herrschaft verbunden ist, ob und welche Wandelfaktoren eine Rolle spielen, welches Verhältnis zwischen Religion und praktischer Vernunft (Max Weber) in Polynesien existiert, ob polynesische Religion ohne materielle Götter-Figuren existenzfähig (gewesen) wäre, ob Ku dem westlichen Verständnis von einem ‚Gott' entspricht, usw.?

Aussagen, dass ein museales Objekt namens Ku den hawaiianischen Kriegsgott repräsentiert, oder dass heutige Hawaiianer mit Ku verwandtschaftlich verbunden sind, erweisen sich als theoretisch folgenreich. Kulturrelativismus und die Repräsentationsproblematik sind sofort im Spiel, ebenso die Schwierigkeiten fremdkulturelle Konzepte (z. B. Verwandtschaft, Selbst) angemessen zu übersetzen. Um welche Art von Zeremonie handelt es sich, wenn in einem deutschen Museum für ein Objekt Tänze aufgeführt werden und Politiker in dessen Angesicht Reden halten? Wird ein Gott geehrt, oder handelt es sich um ein Spiel, ein tun-als-ob, das ein anderes Spiel – um Prestige, Einfluss und Finanzmittel – kaschiert? Oder haben wir es mit einer eigenständigen Ritualkategorie zu tun, die bislang noch gar nicht als solche erkannt wurde: Das Museumsritual?

Ku steht für ...

Wenn die heuristische Perspektive der ‚Illustration' für die Sachkulturforschung stark gemacht wird, dann auf zwei Ebenen. Zum einen muss darauf hingewiesen werden, dass im wissenschaftlichen Diskurs kein Objekt nackt und ‚für sich' steht, sondern stets an Forschungsinteressen und Darstellungsstrategien angepasst wird. Der Forschungsgegenstand steht für etwas anderes, für eine Theorie, eine politische Aussage, für Kritik. Objekte im Museum illustrieren fremde Kulturen (Afrikas oder Asiens) oder sie illustrieren ‚den' Buddhismus oder ‚das' Judentum. Dinge haben, ganz allgemein, die Eigenschaft, Reichtum und Armut, Geschmack und Geschmacklosigkeit, soziale Zugehörigkeit und hierarchische Ordnungen u. dgl. m. zu illustrieren.

Zum anderen findet sich der Aspekt ‚Illustration' bei unserem Beispiel auf allen genannten Analyseebenen. Ku illustriert das tragische Ende des James Cook, ein mythisches Weltbild im alten Hawaii oder auch ‚Krieg' in einer ansonsten paradiesischen Südsee (Krüger 2003). Ku als Bestandteil der Cook-Forster-Sammlung illustriert wissenschaftliche Neugier und Entdeckergeist. Die weiten Reisen Kus illustrieren Ambitionen einer deutschen Universität, als ‚global player' wahrgenommen zu werden. Das Werben mit und um Ku illustriert Wahlkampfeifer und Konkurrenzwettkampf im Hinblick auf die nächste universitäre Exzellenzinitiative. Der in Honolulu ausgestellte Ku illustriert das Ringen um Hawaiianische Identität, usw. Die Beispiele ließen sich problemlos vervielfachen. Die Funktion des Objektes im Sinne von Illustration scheint unvermeidlich und betrifft wissenschaftliche wie außerwissenschaftliche Diskurse.

Dieses Zusammenspiel gilt es zunächst wahrzunehmen und für die eigene Forschung zu reflektieren. Ob es primäres Ziel sein muss, eine Theorie oder eine Hypothese zu illustrieren, ist eine durchaus offene Frage. Je nachdem, ob man Menschen und ihr Handeln mit Dingen zum Ausgangspunkt nimmt, oder ob man bei Dingen in ihrer Materialität, statisch oder mobil, selten oder alltäglich, beginnt (hierzu Tilley 2006), oder ob man mit einer Theorie (z. B. Polytheismus oder Fetischismus) einsetzt, werden sich die Forschungs- und Darstellungsstrategien verändern. Vertreter der neuen ‚material culture studies' positionieren sich hier eindeutig und stellen die Reduktion von Dingen zur Illustration von Konzepten radikal in Frage.

„Rather than accepting that meanings are fundamentally separate from their material manifestations (signifier v. signified, word v. referent, etc.) the aim is to explore the consequences of an apparently counter-intuitive possibility: that *things might be treated as* sui generis *meanings*. [...] The starting-point [...] is to treat meaning and thing as identity [...]", so entwerfen Amiria Henare, Martin Holbraad und Sari Wastell ihr Programm ‚thinking through things' und versprechen dabei nicht weniger als einen neuen Weg, die Trennung von empirischer Forschung und Analyse zu überwinden. Enthalten ist hier ‚the germ of a new methodology' (Henare, Holbraad und Wastell 2007, 2, 3).

Setzt man die Analyse von Objekten, also materialisierte Religion an den Anfang und nimmt das Programm ‚thinking through things' ernst, wird ein deutlich anderer Weg der Religionsforschung und der Systematisierung der Ergebnisse beschritten als bislang üblich. Die Maxime Multiperspektivität verlangt von der Religionswissenschaft zwangsläufig die Öffnung zu anderen Wissenschaften und ihren Methoden. Der Dialog mit Kultur- und Sozialwissenschaften muss selbstverständlich werden, zumal die Religionswissenschaft selbst über kein Methodenmonopol verfügt. Grundsätzlich gilt, dass es „nicht methodologische Erwägungen als solche [sind], die Wissenschaft vorantreiben, sondern das Erkennen und Lösen sachlicher Probleme" (Kippenberg und von Stuckrad 2003, 20). Über das Befragen von Gegenständen und die Identifizierung von Problemen zeigt die Religionswissenschaft ihre Originalität. Von Vorteil ist dabei eine universitäre Verankerung der Religionswissenschaft in interdisziplinären Studiengängen. Vorentscheidungen über das Selbstverständnis des Faches sind unvermeidlich, ebenso wie die Ablösung von der Theologie.

4. Potentiale für die Religionswissenschaft

Beginnt man sich religionswissenschaftlich motiviert mit Zeugnissen materialer Kultur zu befassen, liegt die ‚Tücke des Objekts' unter anderem darin, dass der vorgeblich schlichte Ding-Charakter, Materialität und Funktionalität, alles andere als selbsterklärend ist. Bei unserer Beschäftigung mit einem Artefakt aus Weidengeflecht, Federn, Perlmutt und Hundezähnen drängt sich abschließend die Frage auf, ob das Ganze überhaupt noch als Gegenstand betrachtet werden kann. Ist Ku ein Zeugnis materialer Kultur? Ohne Frage ist er materiell präsent, geht aber nicht in Materialität auf. Das Besondere an solchen Dingen ist, wie Hartmut Böhme schreibt, „dass sie Materie sind, die etwas ‚anderes' eingekörpert hat: Bedeutungen, Symbole, Kräfte, Energien, Macht, Geister, Götter" (Böhme 2006, 35). Wir sind dem hypnotischen Sog eines Denkzwanges verpflichtet, der rabiat zwischen einem bedeutungslosen Substrat und freischwebenden Ideen und Konzepten scheidet, die formend auf das Material einwirkten (Küchler 2009). Die dahinter liegende abendländische Unterscheidung von Geist und Materie prägt unsere Vorannahmen, verlängert sich in den religionshistorisch so folgenreichen Streit über die (Un-)Möglichkeit Gott darzustellen, und sie findet sich schließlich in der Debatte um den Fetisch-Begriff.

Nicht nur Religionswissenschaftler, auch Soziologen, Ethnologen oder Volkskundler sind in aller Regel bestrebt die Vielfalt materieller Phänomene in ideelle Einförmigkeit zu verwandeln. Dinge sind demzufolge vergängliche Medien von unvergänglichen Ideen. Nicht Vielfalt und Materialität des Einzelstücks interessieren, sondern die formgebende *Idee*: Das Kreuz steht für Christentum, eine afrikanische Maske illustriert Ahnenkult, Michelangelos David ist Ausdruck klassischer Schönheit.

Die grundlegenden Ding- und Tauschtheorien, die mit Marcel Mauss' Werk über *Die Gabe* (*Essai sur le don*, 1924) einsetzen, überführen die Vielfalt von Dingen in gesellschaftliche, kulturelle und geschichtliche Systeme. Beziehungsgeflechte von Personen, Dingen und Ideen werden dabei modellhaft entworfen (Küchler 2009, 234). Neuere Dingtheorien, die im Übrigen weitgehend an Beispielen pazifischer Kulturen entwickelt werden, zielen darauf ab, die Unterscheidung zwischen Vorstellung und Gegenstand zu unterlaufen. Die Vernetzung von Dingen und Menschen ist nicht die einer symbolischen Repräsentation, sondern ein konstitutives Verhältnis. „Die Idee von Beziehung und ihre oft sehr spezifisch örtliche Logik ist daher nicht den Dingen vorgegeben, *sondern wird den Dingen abgeschaut*" (Küchler 2009, 238). Methodisch folgt daraus die Rückkehr zu den Dingen in ihrer Vielfalt und die Untersuchung ihrer Beziehungsfähigkeit.

Am Beispiel Ku wurde vorgeschlagen, Dinge mit ‚fremdem Blick' zu betrachten, sie zu historisieren, und ihre Analyse über empirische Untersuchungen von Ding-Praktiken und vielstimmigen Deutungen zu ‚erden'.

Eingangs wurden drei theoretische Zugänge der kulturwissenschaftlichen Sachkulturforschung skizziert: Das Ding als Geschichtsspeicher, als Bedeutungsträger, und als ‚agens', das Menschen bewegt und nicht nur von Menschen bewegt wird. Der analytische Zugriff auf materielle Kultur lässt sich in fünf heuristische Perspektiven entfalten: Sammelaspekt, Geschichte, Ethnographie, Theorie, Illustration. Genannte Theoriemuster sind als Angebot zu verstehen, aus dem man sich wie aus einem Werkzeugkasten bedienen darf und entsprechendes gilt für die Methodik. Materialkundliche, kunsthistorische, historische, vergleichende, ethnologische, diskursanalytische, sozial- und kommunikationswissenschaftliche Methoden sind je nach Erkenntnisinteresse zu nutzen.

Am Themenbereich ‚material culture' zeigen sich in ganz besonderer Weise kulturwissenschaftliche Herausforderungen an eine Wissenschaft, die über lange Phasen ihrer Fachgeschichte auf dem Unsichtbaren und Ungreifbaren ihres Ge-

genstands beharrte. Somit gilt es vorab und grundsätzlich zu klären, ob und mit welchem Selbstverständnis und Erkenntnisinteresse die Religionswissenschaft bereit ist, sich materieller Kultur zuzuwenden.

5. Kommentierte Auswahlbibliographie

- In dem von Christopher Tilley (2006) herausgegebenen *Handbook of Material Culture* findet man u. a. Artikel zu „Theoretical Perspectives“, „Agency, Biography and Objects“, „Scent, Sound and Synaesthesia“, „Cultural memory“, „Performance“ und „Museums and Museums Displays“.
- *The Oxford handbook of material culture studies*, hg. Dan Hicks und Mary C. Beaudry (2010), bietet u. a. Beiträge zu Themenfeldern wie „Magical things: on fetishes, commodities, and Computers“, „Materiality and embodiment“, „thinking through material“, „Material culture and the dance of agency“.
- Für das Themenfeld von „*Dinge in Aktion*“ kann die Untersuchung des Ethnologen Sidney Mintz (1995) zur Bedeutung des Zuckers für die Moderne als klassisch gelten.
- Wegweisend sind die Forschungen von Nicholas Thomas über das kolonialen Zusammentreffen zwischen Europäern und Bewohnern des Pazifik. Tausch, materielle Kultur und Kolonialismus lassen sich an „entangled objects“ ablesen (Thomas 1991).
- Karl-Heinz Kohl bietet eine materialreiche und gut lesbare Kulturgeschichte sakraler Objekte und des Sammelns im christlichen Abendland (2003).
- Hartmut Böhme (2006) denkt, ausgehend vom Begriff Fetischismus, über Vernunft und Magie, Massenkultur und Konsum, Sexualität und Politik nach und entwirft eine „andere Theorie der Moderne“.
- Die Monographie von Webb Keane (2007) über die holländische Calvinisten-Mission in Indonesien führt Ansätze der Ethnologie, Kultursemiotik und *material studies* zusammen. Moralität, Moderne, Geld und Christentum sind hier Themen dichter Beschreibung und theoretischer Ambition.
- Die Mittelalterhistorikerin Caroline Walker Bynum hat in ihrer neuesten Studie *Christian Materiality* (2011) Wundererscheinungen und Wallfahrten zwischen 1150 und 1550 untersucht. Im Mittelpunkt stehen hier Statuen, Reliquien, Erde, Steine, Holz, Oblaten und die wechselnden Diskurse von Gelehrten wie Laien über Gott, Geist und Materie. Das Leben von Bildern ebenso wie der ikonoklastische Hass auf sie werden daraus ersichtlich.
- In der Ausgabe 4 (2, 2008) der Zeitschrift *Material Religion* findet eine eigene Debatte über Ziele und Möglichkeiten eines „materializing religion“

statt. Zu Wort melden sich auf Anfrage von Birgit Meyer, David Morgan (Kunstgeschichte), Webb Keane (Ethnologie), David Chidester (Religionswissenschaft).

- Für das Themenfeld Religion und Museum sind die von Jens Kugele und Katharina Wilkens (2011) herausgegebenen Beiträge zum religionsästhetischen Schlüsselbegriff *Musealität* weiterführend. Bei diesem Schlüsselbegriff geht es um kulturelle Konstellationen und Praktiken des Verortens, Präsentierens und Kontextualisierens von Objekten in musealen Räumen.
- David Morgan hat jüngst einen Band zu *Religion and Material Culture* ediert. Neben diversen Fallbeispielen sind Beiträge zur Theoriebildung enthalten. Zusammengeführt werden die Dimensionen Körper, Wahrnehmung, Materialität, Raum und religiöses Handeln (Morgan 2010).

6. Literatur

Appadurai, Arjun, Hg. 1986. *The Social Life of Things: Commodities in Cultural Perspective*. Cambridge: Cambridge University Press.

Auffarth, Christoph et al., Hg. 1999-2002. *Metzler Lexikon Religion. Gegenwart – Alltag – Medien*. 4 Bde.. Stuttgart: Metzler.

Bachmann-Medick, Doris. 2007. *Cultural Turns. Neuorientierungen in den Kulturwissenschaften*. Reinbek: Rowohlt.

Barringer, Tim und Tom Flynn, Hg. 1998. *Colonialism and the Object. Empire, Material Culture and the Museum*. London: Routledge.

Böhme, Hartmut, 2006. *Fetischismus und Kultur. Eine andere Theorie der Moderne*. Reinbek: Rowohlt.

Bräunlein, Peter J., Hg. 2004. *Religion & Museum. Zur visuellen Repräsentation von Religion/en im öffentlichen Raum*. Bielefeld: transcript.

Bräunlein, Peter J. 2004a. „Zurück zu den Sachen!“ - Religionswissenschaft vor dem Objekt: Zur Einleitung. In *Religion & Museum. Zur visuellen Repräsentation von Religion/en im öffentlichen Raum*, hg. von Peter J. Bräunlein, 1-54. Bielefeld: transcript.

Bräunlein, Peter J. 2004b. Shiva und der Teufel. Museale Vermittlung von Religion als religionswissenschaftliche Herausforderung. In *Religion & Museum. Zur visuellen Repräsentation von Religion/en im öffentlichen Raum*, 55-76. hg. von Peter J. Bräunlein. Bielefeld: transcript.

Bräunlein, Peter J. 2004c. Bildakte. Religionswissenschaft im Dialog mit einer neuen Bildwissenschaft. In *Religion im kulturellen Diskurs. Festschrift für Hans G. Kippenberg zu seinem 65. Geburtstag*, hg. Brigitte Luchesi und Kocku von Stuckrad, 195-233. Berlin: de Gruyter.

Bräunlein, Peter J. 2005. The Marburg Museum of Religions. *Material Religion* 1: 177-180.

Bräunlein, Peter J. 2006. Religion in „kultlichen und rituellen Ausdrucksmitteln". Die Religionskundliche Sammlung der Philipps-Universität Marburg. *Berliner Theologische Zeitschrift* 23(2): 263-270.

Bräunlein, Peter J. 2008. Ausstellungen und Museen. In *Praktische Religionswissenschaft. Ein Handbuch für Studium und Beruf*, hg. Michael Klöcker und Udo Tworuschka, 162-176. Köln: Böhlau.

Bräunlein, Peter J. 2009. Ikonische Repräsentation von Religion. In *Europäische Religionsgeschichte. Ein mehrfacher Pluralismus. Bd.2*, hg. von Hans G. Kippenberg, Jörg Rüpke und Kocku von Stuckrad, 771-810. Göttingen: Vandenhoeck & Rupprecht.

Bynum, Caroline. 2011. *Christian Materiality. An Essay on Religion in Late Medieval Europe*. New York: Zone Books.

Claußen, Susanne. 2009. *Anschauungssache Religion. Zur musealen Repräsentation religiöser Artefakte*. Bielefeld: transcript.

Daniel, Ute. 2001. *Kompendium Kulturgeschichte. Theorien, Praxis, Schlüsselwörter*. Frankfurt am Main: Suhrkamp.

Daston, Lorraine und Peter Galison. 2007. *Objektivität*. Frankfurt am Main: Suhrkamp.

Gizycki, Renate von. 1995. „...Our own Visions of Oceania and Earth" – Zeitgenössische Schriftsteller im Südpazifik (Polynesien) und Probleme kultureller Identität. In *Ethnologie und Literatur*, hg. Thomas Hauschild, 95-114. Bremen: kea-edition.

Hahn, Hans Peter. 2005. *Materielle Kultur. Eine Einführung*. Berlin: Reimer.

Harrasser, Karin, Helmut Lethen und Elisabeth Timm, Hg. 2009. *Sehnsucht nach Evidenz*. Bielefeld: transcript.

Hauser-Schäublin, Brigitta. 1998. Getauschter Wert – Die verschlungenen Pfade der Objekte. In *James Cook: Gifts and Treasures from the South Seas = Gaben und Schätze aus der Südsee; The Cook/Forster Collection Göttingen*, hg. Brigitta Hauser-Schäublin und Gundolf Krüger, 11-29. München: Prestel.

Hauser-Schäublin, Brigitta. 2006. Witnesses of Encounters and Interactions. In *Life in the Pacific of the 1700s. The Cook/Forster Collection of the Georg August University of Göttingen. Vol.2*, hg. Stephen Little and Peter Ruthenberg, 21-35. Honolulu: Honolulu Academy of Arts.

Henare, Amiria. 2009. *Museums, Anthropology and Imperial Exchange*. Cambridge: Cambridge University Press.

Henare, Amiria, Martin Holbraad und Sari Wastell. 2007. Introduction. In *Thinking Through Things*, hg. Amiria Henare, Martin Holbraad und Sari Wastell, 1-31. London: Routledge.

Hicks, Dan and Mary C. Beaudry, Hg. 2010. *The Oxford Handbook of Material Culture Studies*. Oxford: Oxford University Press.

Kaeppler, Adrienne L. 1978. *„Artificial Curiosities" being an exposition of native manufactures collected on the three Pacific voyages of Captain James Cook*, R.N. Honolulu: Bishop museum Press.

Kaeppler, Adrienne L. 1982. Geneaology and Disrespect. A Study of Symbolism in Hawaiian Images. *Res* 3: 82-107.

Kaeppler, Adrienne L., 1994. Polynesien und Mikronesien. In *Ozeanien. Kunst und Kultur*, hg. Adrienne L. Kaeppler, Christian Kaufmann und Douglas Newton, 19-152. Freiburg: Herder.
Kaeppler, Adrienne L. 1998a. Die Göttinger Sammlung im internationalen Kontext. In *James Cook: Gifts and Treasures from the South Seas = Gaben und Schätze aus der Südsee; The Cook/Forster collection Göttingen*, hg. Brigitta Hauser-Schäublin und Gundolf Krüger, 86-94. München: Prestel.
Kaeppler, Adrienne L. 1998b. Hawai'i - Die Begegnung als Ritus. In *James Cook: gifts and treasures from the South Seas = Gaben und Schätze aus der Südsee; the Cook/Forster collection Göttingen*, hg. Brigitta Hauser-Schäublin und Gundolf Krüger, 234-248. München: Prestel.
Kaeppler, Adrienne L. 2006. The Göttingen Collection: A Cook-Voyage Treasure. In *Life in the Pacific of the 1700s. The Cook/Forster Collection of the Georg August University of Göttingen. Vol.2*, hg. Stephen Little and Peter Ruthenberg, 49-53. Honolulu: Honolulu Academy of Arts.
Karp, Ivan und Lavine, Stephen D. (Hg.). 1991. *Exhibiting Cultures. The Poetics and Politics of Museum Display*. Washington: Smithsonian Inst. Press.
Kaschuba, Wolfgang. 2003. *Einführung in die Europäische Ethnologie*. München: C.H. Beck.
Kaufmann, Doris. 1995. Die „Wilden" in Geschichtsschreibung und Anthropologie der „Zivilisierten". Historische und aktuelle Kontroverse um Cooks Südseereisen und seinen Tod auf Hawaii 1779. *Historische Zeitschrift* 260(1): 49-73.
Keane, Webb. 2007. *Christian Moderns: Freedom and Fetish in the Mission Encounter*. Berkeley: University of California Press.
Kippenberg, Hans G. und Kocku von Stuckrad. 2003. *Einführung in die Religionswissenschaft*. München: C.H. Beck.
Köhler, Inken. 1998. Hawai'i. In *James Cook: Gifts and Treasures from the South Seas = Gaben und Schätze aus der Südsee; The Cook/Forster collection*, hg. Brigitta Hauser-Schäublin und Gundolf Krüger, 326-333. Göttingen/München: Prestel.
König, Gudrun M. 2003. Auf dem Rücken der Dinge. Materielle Kultur und Kulturwissenschaft. In *Unterwelten der Kultur. Themen und Theorien der volkskundlichen Kulturwissenschaft*, hg. Kaspar Maase und Bernd Jürgen Warneken, 95-118. Köln: Böhlau.
Kohl, Karl-Heinz. 2003. *Die Macht der Dinge. Geschichte und Theorie sakraler Objekte*. München: C.H. Beck.
Korff, Gottfried. 1997. Antisymbolik und Symbolanalytik in der Volkskunde. In *Symbole. Zur Bedeutung der Zeichen in der Kultur*, hg. Rolf-Wilhelm Brednich und Heinz Schmitt, 11-33. Münster: Waxmann.
Krauss, Werner. 2006. Bruno Latour: Making Things Public. In *Kultur. Theorien der Gegenwart*, hg. Stephan Moebius und Dirk Quadflieg, 430-444. Wiesbaden: VS Verlag.
Krüger, Gundolf. 2006. "Rarities from the New Discovered Islands of the South Seas" and the Way to Göttingen. In *Life in the Pacific of the 1700s. The Cook/Forster Collection of the Georg August University of Göttingen. Vol.2.*, hg. Stephen Little and Peter Ruthenberg, 36-48. Honolulu: Honolulu Academy of Arts.

Krüger, Gundolf. 2003. „Wozu die Leute eine solche Menge Waffen haben? Ist bey ihrem gutherzigen und verträglichen Charakter nicht leicht abzusehen“: Reflexionen über Krieg und Gewalt in der Südsee (1772-1775). In *Georg-Forster-Studien*, 8: 1-18.

Küchler, Susanne. 2009. Was Dinge tun: Eine anthropologische Kritik medialer Dingtheorie. In *‚Die Tücke des Objekts'. Vom Umgang mit Dingen*, hg. Katharina Ferus und Dietmar Rübel, 230-249. Berlin: Reimer.

Kugele Jens und Katharina Wilkens (Hg.). 2011. *Relocating Religion(s) – Museality as a Critical Term for the Aesthetics of Religion*. Journal of Religion in Europe, 4(1).

Kumoll, Karsten. 2007. Kultur, Geschichte und die Indigenisierung der Moderne: eine Analyse des Gesamtwerks von Marshall Sahlins. Bielefeld: transcript.

Linnekin, Jocelyn, 1997. The Ideological World Remade. In *The Cambridge History of the Pacific Islanders*, hg. Donald Denoon, 397-438. Cambridge: Cambridge University Press.

Luchesi, Brigitte, 2001. „Auch gut zum Beten“. Zur Verwendung populärer Farbdrucke hinduistischer Gottheiten. In *Geist, Bild und Narr. Zu einer Ethnologie kultureller Konversionen. Festschrift für Fritz Kramer*, hg. Heike Behrend, 242-251. Frankfurt: Philo.

Luchesi, Brigitte. 2003. Hinduistische Sakralarchitektur und Tempelgestaltung in Hamm-Uentrop. In *Tempel und Tamilen in zweiter Heimat: Hindus aus Sri Lanka im deutschsprachigen und skandinavischen Raum*, hg. Martin Baumann, Brigitte Luchesi und Annette Wilke, 223-274. Würzburg: Ergon.

Luchesi, Brigitte. 2004. Jetzt auch Siva in Vaishishti. Zur Entstehung und Legitimierung eines neuen Tempels in Kullu, Nordindien. In *Religion im kulturellen Diskurs. Festschrift für Hans G. Kippenberg zu seinem 65. Geburtstag*, hg. Brigitte Luchesi und Kocku von Stuckrad, 455-478. Berlin: de Gruyter.

Luchesi, Brigitte. 2011. Looking Different: Images of Hindu Deities in Temple and Museum Spaces. *Journal of Religion in Europe*, 4(1): 184-203.

Marcus, George F. 1995. Ethnography in/of the World System: The Emergence of Multi-Sited Ethnography. *Annual Review of Anthropology* 24: 95-117.

Mazusawa, Tomoko. 2008. Troubles with Materiality. The Ghost of Fetishism in the Nineteenth Century. In *Religion – Beyond a Concept*, hg. Hent de Vries, 647-667. New York : Fordham University Press.

McDannell, Colleen. 1991. Interpreting Things: Material Culture Studies and American Religion. *Religion* 21: 371-387.

McDannell, Colleen, 1995. *Material Christianity. Religion and Popular Culture in America*. New Haven: Yale University Press.

Miller, Daniel (ed.). 1998. *Material Cultures: Why some things matter*. London: UCL Press.

Mintz, Sidney W. 1985. *Sweetness and Power: The Place of Sugar in Modern History*. New York: Viking.

Mohr, Hubert und Hubert Cancik. 1988. Religionsästhetik. In *Handbuch religionswissenschaftlicher Grundbegriffe. Bd. 1*, hg. Hubert Cancik, Burkhard Gladigow und Karl Heinz Kohl, 121-156. Stuttgart: Kohlhammer.

Morgan, David. 2005. *The Sacred Gaze. Religious Visual Culture in Theory and Practice*. Berkeley: University of California Press.

Morgan, David (Hg.). 2010. *Religion and Material Culture. The Matter of Belief.* London: Routledge.
Newell, Jennifer. 2007. Collecting from the Collectors: Pacific Islanders and the Spoils of Europe. www.nma.gov.au/cook/background.php?background=Collectors [letzter Zugriff 28.08.09].
Nietzsche, Friedrich. 1999. Zur Genealogie der Moral. Eine Streitschrift. In *Sämtliche Werke*. Bd. 5, hg. Giorgio Colli und Mazzino Montinari, 245-412. Berlin: dtv.
Obeyesekere, Gananath. 1992. *The Apotheosis of Captain Cook: European Mythmaking in the Pacific*. Princeton: Princeton University Press.
Pels, Peter. 2008. The Modern Fear of Matter: Reflections on the Protestantism of Victorian Science. *Material Religion* 4(3): 264-283.
Petermann, Werner. 2004. *Die Geschichte der Ethnologie*. Wuppertal: Peter Hammer.
Ruppert, Wolfgang. 1997. Plädoyer für den Begriff der industriellen Massenkultur. www.kulturgeschichte.udk-berlin.de/forsch_plaed.php_[besucht am 2.5.2011].
Sahlins, Marshall. 1981. *Historical Metaphors and Mythical Realities*. Ann Arbor: University of Michigan Press.
Sahlins, Marshall, 1985. *Islands of History*. Chicago: University of Chicago.
Schulz, Martin. 2005. *Ordnungen der Bilder. Eine Einführung in die Bildwissenschaft*. München: Fink.
Spittler, Gerd. 1993. Materielle Kultur – Plädoyer für eine Handlungsperspektive. *Zeitschrift für Ethnologie* 118: 178-181.
Spittler, Gerd. 2002. Globale Waren – lokale Aneignungen. In *Ethnologie und Globalisierung. Perspektiven kultureller Verflechtungen*, hg. Brigitta Hauser-Schäublin und Ulrich Braukämper, 15-30. Berlin: Reimer.
Thomas, Nicholas. 1991. *Entangled Objects. Exchange, Material Culture and Colonialism in the Pacific*. Cambridge: Harvard University Press.
Tilley, Christopher. 2006. Introduction. In *Handbook of Material Culture*, hg. Christopher Tilley, 1-6. London: Sage.
Uehlinger, Christoph. 2006. Visible Religion und die Sichtbarkeit von Religion(en). Voraussetzungen, Anknüpfungsprobleme, Wiederaufnahme eines religionswissenschaftlichen Forschungsprogrammes. *Berliner Theologische Zeitschrift* 23,2: 165–184.
Urban, Manfred, 1998. Die Erwerbungsgeschichte der Göttinger Sammlung. In *James Cook: Gifts and Treasures from the South Seas = Gaben und Schätze aus der Südsee; the Cook/Forster Collection Göttingen*, hg. Brigitta Hauser-Schäublin und Gundolf Krüger, 56-85. München: Prestel.
Wilke, Annette und Esther-Maria Guggenmos (Hg.). 2008. *Im Netz des Indra. Das Museum of World Religions, sein buddhistisches Dialogkonzept und die neue Disziplin Religionsästhetik*. Münster: Lit.

Statistische Analysen quantitativer Daten und ihr Potential für die Religionswissenschaft
Selbst gewählte Mitgliedschaft in Neuen Religiösen Bewegungen

Franziska Dambacher, Sebastian Murken & Karsten Lehmann

1. Quantitative Zugänge zu religiösen Phänomenen und statistische Analysen

Lange Tradition des Umgangs mit Massendaten

Immer wieder haben Menschen – zumeist aus ökonomischen, fiskalischen oder verwaltungspraktischen Gründen – versucht, große Datenmengen zu erheben und auszuwerten. Nur einige Beispiele: Bereits im alten Ägypten sollen zwischen 2700 und 2200 v. Chr. alle zwei Jahre Gold und Felder gezählt worden sein. Erste Hinweise auf detaillierte Volkszählungen lassen sich in Quellen des alten China (2300 v. Chr.) und des persischen Reichs (500 v. Chr.) finden (Menges 1968). Ein religionsgeschichtlich besonders prominentes Beispiel für die frühe Erhebung von quantitativen Daten ist schließlich natürlich die römische Volkszählung, die durchgeführt wurde, als Quirinius Statthalter in Syrien war (Lk 2,1).

Seitdem haben sich die Methoden, die auf die Analyse von Massendaten zurückgreifen, stetig weiter entwickelt. Als Meilensteine dieses Trends werden gemeinhin die Entstehung der europäischen Nationalstaaten sowie die damit einhergehende Rationalisierung von Verwaltungsprozessen genannt. Vor allem die merkantilistische Forderung nach besseren Kenntnissen über die Lebenssituation der ‚Untertanen' führte dazu, dass Erhebungsprozesse immer weiter professionalisiert und Erhebungsinstrumente weiter verfeinert wurden. Ein bislang letzter Meilenstein ist die Entwicklung computergestützter Hilfsmittel, durch die sich die Analyse von numerischen Daten seit den 1970er Jahren nochmals grundlegend verändert hat. Immer größere Datenmengen können seitdem mit immer komplexeren Methoden analysiert werden.

So ist eine Forschungstradition mit hoher methodologischer Kohärenz und einem differenzierten Set an Erhebungs- und Auswertungsverfahren entstanden.

Vielfalt statistischer Datensätze

Quantitative Methoden umfassen sowohl alle Verfahren zur numerischen Darstellung empirischer Sachverhalte als auch Verfahren zur Unterstützung der Schlussfolgerungen aus empirischen Befunden mit Mitteln der Statistik. Quantitative Methoden betreffen unter anderem Stichprobenauswahl, Datenerhebung und -analyse und können damit sowohl Hypothesen generieren als auch zuvor aufgestellte Hypothesen prüfen. Ein wichtiges Instrument, dessen sich quantitative Ansätze bedienen, ist die statistische Analyse, welche bei weitem nicht nur im Zusammenhang mit Experimental- oder Survey-Daten, sondern auch für historisches Material sinnvoll sein kann.

Inzwischen ist eine ganze Reihe von Datensätzen entwickelt worden, deren jeweilige Grundlagen Gegenstand anhaltender Debatten sind. In ihrer Gesamtheit stellt dieser Pool an Daten und Hypothesen einen höchst interessanten Referenzpunkt für religionswissenschaftliche Studien dar. Die für die Religionsforschung bedeutsamsten Datensätze sollen deshalb kurz – gegliedert nach den verantwortenden Institutionen – vorgestellt werden:

- Religiöse Institutionen
  - Evangelische Mitgliedererhebungen: Seit 1972 hat das Kirchenamt derEvangelischen Kirche in Deutschland viermal repräsentative Erhebungen zur Situation ihrer Mitglieder in Auftrag gegeben, wobei neben einem Satz weitgehend gleichbleibender Fragen jeweils Informationen zu spezifischen Bereichen erhoben werden (www.ekd.de, 14.12.2010).
  - Katholische Mitgliedererhebung: Eine vergleichbare Tradition besteht auch in der katholischen Kirche. Exemplarisch sei auf die statistischen Arbeiten der Deutschen Bischofskonferenz verwiesen (www.dbk.de, 14.12.2010). Jüngst wurde außerdem der MDG-Trendmonitor Religiöse Kommunikation 2010 publiziert (www.mdg-online.de, 14.12.2010), der sich ebenfalls mit der Situation der Katholikinnen und Katholiken in Deutschland beschäftigt.

- Staatliche Institutionen
  Von Seiten des Statistischen Bundesamtes werden unterschiedlichste statistische Informationen gesammelt und bereitgestellt. Am leichtesten zugänglich sind dabei die Statistischen Jahrbücher, die neben eigens vom Bundes-

amt und den Landesämtern erhobenen Statistiken auch Daten präsentieren, die von anderen Institutionen zur Verfügung gestellt werden (www.destatis.de, 14.12.2010). Eine Volkszählung ist in Deutschland das letzte Mal im Jahr 1987 durchgeführt worden. Die nächste ist für 2011 geplant. Jedes Jahr wird 1% der Bevölkerung im Rahmen des sog. Microzensus erfasst. Auch diese Daten stehen für Sekundäranalysen bereit (www.statistikportal.de/, 14.12.2010).

- Wissenschaftliche Institutionen
  - Das GESIS-Leibniz-Institut für Sozialwissenschaften führt seit 1980 alle zwei Jahre die Allgemeine Bevölkerungsumfrage der Sozialwissenschaften durch, die einem möglichst großen Kreis interessierter Personen einen kostengünstigen Zugang zu sozialwissenschaftlichen Primärdaten ermöglichen soll. Im Rahmen des sog. ALLBUS wurde in den Jahren 1982 und 1992 jeweils ein Themenschwerpunkt Religion und Weltanschauung erfasst (www.gesis.org, 14.12.2010).
  - Das Eurobarometer liefert einen europaweiten Datenpool, der seit den frühen 1970er Jahren im Auftrag der Europäischen Kommission erhoben wird und welcher Daten zur sozialen und politischen Situation in den EU-Mitgliedsstaaten sowie den Ländern Zentral- und Ost-Europas beinhaltet (www.gesis.org, 14.12.2010).
  - Die World Values Surveys (zusammen mit der European Values Study), werden in weltweit etwa 80 Ländern durchgeführt und gehen der Frage nach, was Menschen sich in ihrem Leben wünschen. Sie wurden bislang für die Jahre 1981-84, 1990-1993, 1995-1997 sowie 1999-2000 von einem Netzwerk unterschiedlicher Sozialwissenschaftler erhoben (www.worldvaluessurvey.com, 14.12.2010).
  - Seit 1985 werden im Rahmen des International Social Survey Programme (ISSP) jährlich internationale, akademische Umfragen mit unterschiedlichen inhaltlichen Schwerpunkten zusammengeführt. Dreimal ist in diesem Zusammenhang Religion thematisch geworden: 1991, 1998 und 2008 (www.issp.org, 14.12.2010).
  - Der religionswissenschaftliche Medien- und Informationsdienst e. V. (REMID) macht es sich seit 1989 zur Aufgabe, die Perspektive der Religionswissenschaft in der Öffentlichkeit zu vermitteln und stellt umfangreiche Daten – beispielsweise zu den Mitgliederzahlen aller religiösen Gemeinschaften in Deutschland – zur Verfügung (www.remid.de, 14.12.2010).

- Die Bertelsmann Stiftung setzt sich in ihrem Religionsmonitor mit der Rolle von Religion in der modernen Gesellschaft auseinander und sammelt umfangreiche Daten zu Religiosität sowohl auf nationaler wie auch auf internationaler Ebene (www.religionsmonitor.com, 14.12.2010).

Vor diesem Hintergrund muss nun der Frage nachgegangen werden, wie statistische Verfahren in der Religionswissenschaft verwendet werden können. Hierfür – sowie für das weitere Verständnis dieses Beitrags – ist eine Auseinandersetzung mit einigen Grundkonzepten statistischen Arbeitens notwendig.

Einige Grundkonzepte statistischen Arbeitens

Nehmen wir an, wir wollten die religiösen Einstellungen von Besucherinnen und Besuchern eines Gottesdienstes untersuchen. Die Gesamtheit der Gottesdienstbesucherinnen und Gottesdienstbesucher ist in diesem Fall dann die *Population*, über deren Eigenschaften Aussagen getroffen werden sollen. Die einzelnen Besucherinnen und Besucher sind *Merkmalsträger*, von denen einzelne Eigenschaften erfragt werden – wie etwa Alter, Geschlecht, Konfessionszugehörigkeit und Grad der Religiosität. Das sind die *Variablen* der Untersuchung. Jede Variable nimmt pro Untersuchungseinheit eine spezifische *Ausprägung* an. Dabei liegen die möglichen Ausprägungen einer Variable entweder auf einem Kontinuum (z. B. für die Variable ‚Alter', Messung in Jahren) oder sie bilden bestimmte Kategorien (z. B. für die Variable ‚Konfessionszugehörigkeit', Messung in den Kategorien ‚evangelisch', ‚katholisch' oder ‚russisch-orthodox'). Im ersten Fall sprechen wir von intervallskalierten Daten, im zweiten Fall von nominalskalierten Daten. Das jeweilige *Skalenniveau* bestimmt, welche spezifischen Analysemethoden auf die Daten angewandt werden können. Die einzelnen Untersuchungseinheiten einer statistischen Erhebung an Personen heißen *Versuchspersonen*.

Meist werden Daten im sozial- und religionswissenschaftlichen Kontext mittels Fragebögen erhoben. Bei der Konstruktion eines Fragebogens können die zu messenden Variablen in unterschiedliche *Items* ‚übersetzt' werden. Dieser Prozess wird als Messbarmachung oder *Operationalisierung* bezeichnet. Bei Merkmalen wie Alter oder Konfessionszugehörigkeit liegt die Formulierung dieser Items weitgehend auf der Hand. Sehr viel komplexer gestaltet sich die Operationalisierung theoretischer Konstrukte (wie etwa des Grades der Religiosität). Hier stellt sich das Problem, wie ein solches Konstrukt in Fragen oder Fragekomplexe umgesetzt werden kann. Dazu stehen Sozialwissenschaftlerinnen und Sozialwissenschaftlern umfangreiche methodische Instrumente zur Verfügung, die eine optimale Abbildung eines theoretischen Konstrukts über mehrere Items in einem Fragebogen gewährleisten sollen (vgl.: Moosbrugger/Kelava 2007).

Im Regelfall können in einer statistischen Untersuchung nicht alle Merkmalsträger einer Population befragt werden. In diesen Fällen muss *eine Stichprobe / ein Sample* ausgewählter Merkmalsträger gezogen werden. Arbeitet man mit solchen Stichproben, ist vor allem die *Repräsentativität* – d. h. die möglichst gute Abbildung der Population in der Stichprobe – entscheidend. Können also nicht alle Gottestdienstbesucher und Gottesdienstbesucherinnen untersucht werden, so sollte der prozentuale Anteil etwa von Männern und Frauen, Personen verschiedener Altersklassen und verschiedenem sozioökonomischen Status in der tatsächlich untersuchten Stichprobe genauso hoch sein wie in der gesamten Population. Zudem muss jeder Merkmalsträger die gleiche Chance haben, in die Stichprobe aufgenommen zu werden. So wird eine *repräsentative Zufallsstichprobe* gebildet.

Aus der Datenerhebung resultiert ein Datensatz, in dem jeder Versuchsperson bezüglich jeder erhobenen Variable genau ein Zahlenwert zugeordnet ist. Für die Analyse sind zum einen die *Verteilung* der einzelnen Merkmalsausprägungen sowie zum anderen die Beziehungen der erhobenen Variablen untereinander – die *Korrelationen* – von Interesse. Dabei unterscheidet man grundsätzlich zwischen *abhängigen und unabhängigen Variablen*, also solchen Merkmalen, die erklärt werden sollen (abhängig), und solchen, die erklären sollen (unabhängig). Beispielsweise kann das Alter (als unabhängige Variable) dazu herangezogen werden, den Grad der Religiosität (als abhängige Variable) zu erklären (eine Hypothese könnte lauten: Je älter eine Person ist, desto religiöser ist sie). Wird nur eine abhängige Variable untersucht, so spricht man von einer *univariaten* Fragestellung. Sind es mehrere, so spricht man von einer *multivariaten* Fragestellung. Werden bestimmte Variablen zu verschiedenen Zeitpunkten gemessen, so ergeben sich *Längsschnittdaten*. Werden die Variablen zu verschiedenen Zeitpunkten an derselben Stichprobe erhoben, so spricht man zusätzlich von *Messwiederholung*.

Mit den bisher eingeführten Begriffen lässt sich eine Untersuchung planen und beschreiben. Im Folgenden soll nun auf die eigentliche Analyse – also das Rechnen mit den erhobenen Daten – näher eingegangen werden. Grundsätzlich wird dabei zwischen *Primär- und Sekundäranalysen* unterschieden – also zwischen Analysen von Daten, die zu einem *spezifischen Analysezweck* erhoben wurden (Primäranalysen) und Analysen, die auf Daten zurückgreifen, die unabhängig vom jeweiligen Analyseziel erhoben wurden (Sekundäranalysen). Die Grenzen zwischen diesen Analysearten sind fließend, denn Datensätze, die für einen bestimmten Analysezweck erhoben wurden, können häufig für Sekundäranalysen genutzt werden.

Analysiert man einen Datensatz, so betrachtet man immer zuerst deskriptivstatistische Kennwerte. *Deskriptivstatistiken* sind alle Methoden der *beschreibenden* Statistik. Ihr Ziel ist es, empirische Daten durch Tabellen und Grafiken übersichtlich darzustellen und zu ordnen, sowie durch geeignete grundlegende Kenngrößen zu beschreiben. Vor allem bei umfangreichem Datenmaterial ist es sinnvoll, sich einen ersten Überblick zu verschaffen. Die wichtigsten Kennwerte zur Beschreibung einer Stichprobe sind *Mittelwert* (arithmetisches Mittel der Werte einer Variablen über alle Versuchspersonen, wie man es von dem Notenspiegel einer Klasse in der Schule kennt), und *Varianz* (Maß für die Streuung der einzelnen Werte, welche die jeweiligen Variablen, um den entsprechenden Variablen-Mittelwert annehmen).

Anschließend kann man inferenzstatistische Analysen durchführen. Sie umfassen alle Methoden der *schließenden* Statistik, also solche, die logische Schlüsse zulassen. Typischerweise werden die vorhandenen Daten einer Stichprobe als Realisationen von unabhängigen Zufallsvariablen interpretiert, so dass wahrscheinlichkeitstheoretische Methoden zur Untersuchung der Beobachtungen anwendbar sind. Bestimmte Schätzverfahren, die sich an mathematischen Verteilungen orientieren, werden dazu verwendet, zu bestimmen, mit welcher Wahrscheinlichkeit eine bestimmte Hypothese – bei vorliegender Datenstruktur in der Stichprobe – in einer Population zutrifft. Ist diese Wahrscheinlichkeit niedrig, so muss die Hypothese verworfen werden. Ist die Wahrscheinlichkeit hoch, so kann sie als empirisch untermauert angesehen werden und man spricht von einem *signifikanten* Ergebnis.

Die Fehler, die bei solchen Einschätzungen unterlaufen können (nämlich eine Hypothese anzunehmen, obwohl sie nicht zutrifft bzw. eine Hypothese abzulehnen, obwohl sie zutrifft), werden möglichst klein gehalten. Es ist wichtig festzuhalten, dass durch diese Analysen niemals etwas ‚bewiesen' werden kann. Es werden hingegen Aussagen darüber getroffen, mit welcher Wahrscheinlichkeit ein bestimmtes Ergebnis auch wirklich zutrifft. Beispielsweise kann das Polit-Barometer durch Befragung einer begrenzten Stichprobe von wahlmündigen Personen aus der gesamtdeutschen Bevölkerung feststellen, mit welcher Wahrscheinlichkeit die Partei XY ein bestimmtes Wahlergebnis erzielen würde, wenn morgen Bundestagswahl wäre. In einem religionswissenschaftlichen Kontext kann z. B. durch Befragungen einer repräsentativen Stichprobe evangelischer und katholischer Christen in Deutschland ermittelt werden, wie wahrscheinlich es – aufgrund der in der Stichprobe ermittelten Datenstruktur – ist, dass die Hypothese „katholische Christen besuchen den Gottesdienst öfter als evangelische" für die gesamtdeutsche Bevölkerung zutrifft.

Eine statistische Analyse kann *Hypothesen überprüfend* oder *Hypothesen generierend* (also explorativ) sein. Grundsätzlich können in der Inferenzstatistik zwei Denkweisen unterschieden werden. Zum einen gibt es Methoden, die darauf ausgelegt sind, *Unterschiede* in der Variablenausprägung zwischen mehreren Gruppen innerhalb einer Stichprobe festzustellen (eine Hypothese könnte sein: Katholische und evangelische Bürger nehmen unterschiedlich häufig am Gottesdienst teil – katholische Christen gehen öfter zur Messe). Eine zweite Gruppe von Verfahren beschäftigt sich damit, *Zusammenhänge* zwischen Variablen aufzudecken (eine Hypothese könnte lauten: Ich sage durch die Variablen ‚Alter' und ‚Konfessionszugehörigkeit' die Häufigkeit des Gottesdienstbesuchs vorher). Letztendlich kann jede Hypothese über einen Unterschied in eine Hypothese über einen Zusammenhang umformuliert werden und auch die verschiedenen statistischen Verfahren können zumeist durch aufwendige Rechenschritte ineinander überführt werden. Eine dritte Gruppe von Verfahren dient der *Datenreduktion* und fasst Variabeln zu sinnvollen Gruppen zusammen (eine Hypothese könnte lauten: Die Variablen ‚Gefühle gegenüber Gott', ‚Einstellung gegenüber religiösen Ritualen' und ‚Religiöse Sozialisation' beschreiben alle ein einziges theoretisches Konstrukt – nämlich ‚Religiosität'). Beispielhaft sind in der abgebildeten Tabelle (Tabelle 1) gängige statistische Analyseverfahren aufgeführt. Jedes einzelne erfordert eine eingehende Auseinandersetzung mit Verfahrensstruktur, Voraussetzungen und Vorgehensweise im Falle einer Anwendung.[1]

Unterschiede	**Zusammenhänge**	**Datenreduktion**
• T-Test • Varianzanalyse • χ^2-Test • Mann-Whitney-U-Test • Hotellings-T-Test • Multivariate Varianzanalyse	• Korrelation • Bivariate Lineare Regression • Multiple Regression (mit Spezialfällen) • Kanonische Korrelation • Diskriminanzanalyse • Pfadanalysen • Lineare Strukturgleichungsmodelle	• Faktorenanalyse • Clusteranalyse • Multidimensionale Skalierung

Tabelle 1: Gängige inferenzstatistische Analysemethoden – eine Auswahl

[1] Für Details zu den einzelnen Verfahren, vgl. Bortz (2005).

Welche Bedeutung man diesen Verfahren nun für die religionswissenschaftliche Forschung zuschreibt, hängt vom Fachverständnis der jeweiligen Autorin bzw. des jeweiligen Autors ab.

2. Statische Verfahren im religionswissenschaftlichen Methodenkanon

Vereinzelte Ansatzpunkten bei den Klassikern

Wie in der Einleitung dieses Sammelbandes bereits angedeutet, hat die Frage nach den Grenzen der Religionswissenschaft mit der kulturwissenschaftlichen Wende eine neue Dynamik gewonnen, so dass disziplinäre Zuordnungen nicht immer einfach sind. Versteht man unter Religionswissenschaft ganz allgemein „eine bekenntnisunabhängige Disziplin zum Studium von Religionen“ (Bochinger 2004: 181), so hat bereits eine ganze Reihe klassischer Studien der Religionsforschung Massendaten für ihre Analysen genutzt.

Am Bekanntesten sind in diesem Zusammenhang wohl die religionsbezogenen Passagen in Emile Durkheims Arbeiten zum Selbstmord (Durkheim 2008) sowie die ersten Passagen in Max Webers Protestantismus-Studie, in denen Weber seine Fragestellung anhand statistischer Beobachtungen einführt (Weber 1988). Als weitere religionswissenschaftliche Klassiker können bspw. -die beiden Studien von Wilhelm Mannhardt genannt werden, welche dieser in ‚Wald- und Feldkulte‘ veröffentlichte (zuerst publiziert: 1875/76) und in denen Mannhardt insgesamt 2100 Antwortschreiben auf einen Fragebogen auswertete (Mannhardt 2004).

Die Mehrzahl der religionsbezogenen Analysen von Massendaten wurde bislang aber von Wissenschaftlerinnen und Wissenschaftlern vorgelegt, die sich selbst der Soziologie oder der Psychologie zuschreiben, so dass man bislang nur bedingt von einer eigenen religionswissenschaftlichen Forschungstradition sprechen kann. Dies beginnt sich in der aktuellen Forschung langsam zu ändern.

Schwerpunkte in der aktuellen Forschung

In den vergangenen 10 bis 20 Jahren hat die Anzahl der Studien merklich zugenommen, die Fragestellungen nachgehen, welche als religionswissenschaftlich verstanden werden können und dabei auf statistische Methoden zurückgreifen.[2] Exemplarisch seien an dieser Stelle fünf Forschungsschwerpunkte genannt:

[2] Besonders deutlich wird dies im Kontext der Debatten um Religion und Politik: Vogel (2003).

- Kritik am Säkularisierungsparadigma:
  Die Religionswissenschaft blickt auf eine lange und kritische Auseinandersetzung mit dem Säkularisierungsparadigma zurück, welches über mehrere Jahrzehnte vor allem durch sozialwissenschaftliche Analysen und theologische Zeitdiagnosen geprägt wurde. Unter dem Label eines ‚new paradigm' ist in den vergangenen Jahren eine Vielzahl von kritischen Untersuchungen durchgeführt und publiziert worden, welche diese Debatten neu belebt haben und dabei auf statistische Daten zurückgreifen (Iannaccone 1992; Warner 1993). Diese Arbeiten stehen vor dem Hintergrund eines markttheoretischen Zugangs zu Religionen, welcher die individuelle Entscheidung für oder gegen eine ‚religiöse Ware' ebenso in den Mittelpunkt rückt wie das Angebot von Seiten der ‚Religionsproduzenten'.[3] Ganz besonders sind hier die Arbeiten von Rodney Stark zu nennen, in denen mit erstaunlichem Erfolg historische Daten zusammengestellt werden, um Starks Thesen zu untermauern (Stark 2007).
- Untersuchung von Pluralisierungs- und Individualisierungstendenzen:
  Parallel zur Auseinandersetzung um das Säkularisierungsparadigma haben sich Religionswissenschaftlerinnen und Religionswissenschaftler immer wieder darum bemüht, individualisierte Formen von Religionen in den Blick zu nehmen. Statistische Verfahren sind dabei mit zwei strukturellen Problemen konfrontiert: Einerseits sind viele dieser neuen religiösen Phänomene so klein, dass sich anhand allgemeiner Surveydaten keine validen Aussagen formulieren lassen. Andererseits werden in den großen statistischen Erhebungen zumeist Items verwendet, die an den klassischen Formen kirchlicher Religiosität orientiert sind und neben der Selbsteinschätzung nur die Teilnahme an religiösen Riten oder die Zustimmung zu religiösen Dogmen abfragen.[4] Dies reicht besonders für gegenwartsbezogene Fragestellungen nicht aus. Jüngst waren es der Religionsethnologe Paul Heelas und die Religionswissenschaftlerin Linda Woodhead, die in einer Gemeindestudie über die Gemeinde Kendal in Nordengland versucht haben, diese Probleme erneut anzugehen und dazu neue Methoden der Datenerhebung zu individualisierten Formen von Religionen entwickelt und angewandt haben (Heelas/Woodhead 2005).[5]
- Religiositäts- und Religionsmodelle:
  In der sozialwissenschaftlichen Religionsforschung liegt statistischen Erhebungs- und Auswertungsverfahren zumeist ein Dimensionenmodell zugrun-

[3] Kritik an diesem Zugang formulierte im Besonderen: Bruce (2002), Bruce (1999).
[4] Zur Problematik des Umgangs mit diesen Daten: Pollack (2003), Pollack (2009)
[5] In eine ähnliche Richtung gehen die beiden Schweizer Arbeiten: Krüggeler/Voll/Bovay/Dubach/Campiche (1993), Campiche/Mainberger-Ruh (2004).

de, welches von Charles Y. Glock entwickelt und immer weiter differenziert wurde. In seiner bekanntesten Fassung unterscheidet Glock dabei die ideologische, ritualisierte und intellektuelle Dimension sowie die der Erfahrung und schließlich die handlungspraktische Dimension (Glock 1962). In der deutschsprachigen Religionsforschung ist es in den vergangenen Jahren vor allem der Religionspsychologe und -wissenschaftler Stefan Huber, der kontinuierlich an einer Modifikation dieses Modells arbeitet. Huber hat dabei u. a. den Begriff der ‚Zentralität' als Ergänzung der Glockschen Dimensionen eingeführt. Dieses Projekt konnte Huber mit dem ‚Religionsmonitor' in den vergangenen Jahren weiter vorantreiben (Huber 2003, Bertelsmann-Stiftung 2008).

- Global vergleichende Perspektiven:
  Von besonderem Interesse für religionsvergleichende Fragestellungen sind jüngere Arbeiten, die dezidiert einen globalen Anspruch vertreten und dabei vor allem auf die Daten des World Values-Survey zurückgreifen. Den umfassendsten und anspruchsvollsten Vorstoß in diese Richtung stellt gegenwärtig die Studie ‚Sacred and the Secular' von Pippa Norris und Ronald Inglehart dar. Norris/Inglehart (2004) geht es dabei nicht nur darum, den allgemeinen Zusammenhang zwischen einem Mangel an existentieller Sicherheit und der weltweiten Verbreitung von Religiosität herauszuarbeiten, sondern – auf dieser Basis – aktuelle Theorien (z. B. Huntingtons These vom ‚Clash of Civilizations' oder Putnams Konzept des Sozialkapitals) neu zu diskutieren.
- Etablierung eines Methodenmix:
  Vor allem in der Soziologie lassen sich in den vergangenen Jahren immer wieder Tendenzen hin zu einer Kombination unterschiedlicher Erhebungs- und Auswertungsmethoden beobachten. Diese Überlegungen finden auch in der Religionssoziologie Anklang und haben dazu geführt, dass statistische und texthermeneutische Verfahren inzwischen stärker miteinander verbunden werden. Einer der differenziertesten Vorstöße in diese Richtung wurde in den jüngsten Mitgliederstudien der EKD vorgenommen (Kirchenamt der Evangelischen Kirche in Deutschland 2003). Ein weiteres Beispiel liefern die Projekte am Observatoire des Religions en Suisse, in denen der schweizer Religionssoziologe Jörg Stolz mit seinen Mitarbeiterinnen und Mitarbeitern immer wieder qualitative und quantitative Methoden miterinander verbindet (Stolz 2008; 2009).

Religion bzw. Religiosität kann in diesen Forschungszusammenhängen sowohl als abhängige als auch als unabhängige Variable Gegenstand von Untersuchungen sein. Als unabhängige Variable dient sie dazu, andere Merkmale vorherzusagen, als abhängige Variable ist es die Religiosität selbst, die durch ein anderes Merkmal beeinflusst wird. In jedem Fall ist eine statistische Herangehensweise darauf angewiesen, die zu messenden Konstrukte genau zu definieren und leistet somit einen Beitrag zur Begriffsklärung. Entscheidend für die religionswissenschaftliche Anwendung statistischer Methodik ist die adäquate Operationalisierung von Grundbegriffen und Konstrukten wie ‚Religion', ‚Ethik' oder ‚Atheismus'. Dabei stellt sich sowohl die Frage nach ihren definitorischen Elementen als auch nach ihrer Messbarkeit. Implizite theoretische Konzeptionen, die in die Konstruktion von zur Datenerhebung verwendeten Fragebögen mit eingehen, müssen für wissenschaftliche Schlussfolgerungen immer berücksichtigt werden.

Das bislang Gesagte sollte bereits deutlich gemacht haben, in welchem Umfang quantitative Daten und statistische Analysemethoden neue und vielversprechende Möglichkeiten bieten, religionswissenschaftliche Fragestellungen zu bearbeiten. Im Folgenden soll nun ein Teilaspekt einer groß angelegten Untersuchung vereinfacht dargestellt werden, um auch mit statistischer Methodik unvertrauten Leserinnen und Lesern ein Beispiel für die Anwendung statistischer Verfahren zu präsentieren. Zuerst werden die theoretischen Überlegungen dargelegt, die Hypothesen-Herleitung verdeutlicht und die Stichprobe beschrieben. Anschließend wird auf die deskriptive Analyse der Daten und die inferenzstatistische Analyse via t-Test und einfaktorieller messwiederholter Varianzanalyse eingegangen. Abschließend folgen eine inhaltliche Interpretation der Daten und einige kritische Anmerkungen.

3. Ein Beispiel aus der Forschung

Die vorzustellende Studie entstand als Teil eines seit 1997 entwickelten Forschungsprogramms zum Thema ‚neue religiöse Bewegungen' (NRB) in Deutschland und beschäftigte sich mit der ‚selbstgewählten Mitgliedschaft in Neuen Religiösen Bewegungen' (vgl.: Murken 2009; Namini 2009).[6] Über einen Zeitraum von 2,5 Jahren wurden zu vier Untersuchungszeitpunkten Daten an drei Neuen Religiösen Bewegungen – einer freikirchlichen Pfingstgemeinde, der Neuapostolischen Kirche und den Zeugen Jehovas – erhoben. Dabei wurden quantitative (z. B. Fragebogen mit Skalen) und qualitative (z. B. offene Interviews) Methoden kombiniert, wobei für alle zu bearbeitenden Themenbereiche eine große Zahl an Variablen erhoben und sowohl die Motive, die zu einem Beitritt führten, als auch dic Konsequenzen, die eine Mitgliedschaft für den Einzelnen hatte, untersucht wurden (Abbildung 1).

---

[6] Gefördert wurde das Projekt von 2002 bis 2007 durch die Volkswagen-Stiftung.

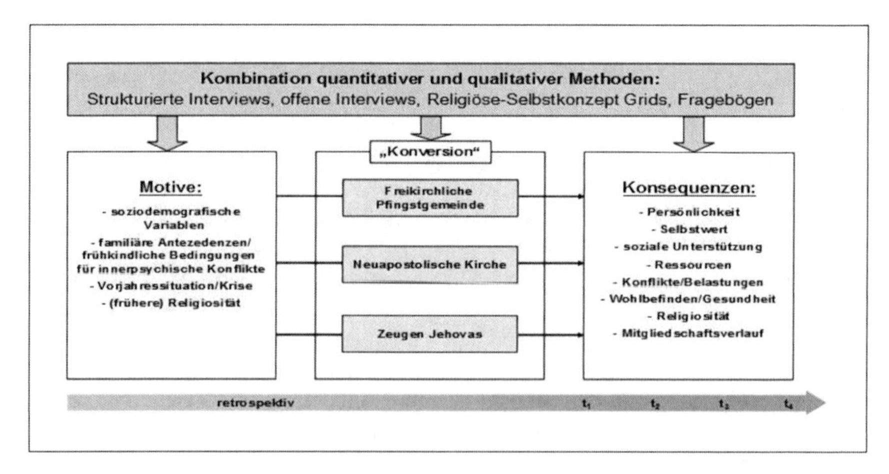

Abbildung 1: Forschungsdesign Projekt ‚Selbst gewählte Mitgliedschaft in neuen religiösen Bewegungen‘.

Neben Daten zur empirischen Überprüfung von theoretisch hergeleiteten Hypothesen wurden auch Daten für explorative Analysen gesammelt. Die Untersuchung zu vier Messzeitpunkten, die Kombination von verschiedenen Messmethoden und Interviews sowie die Fülle der potentiellen Fragestellungen eröffnen eine Vielzahl von Auswertungsmöglichkeiten.

Fragestellung

Eine Besonderheit des Projektes bestand darin, dass es im Rahmen einer heftigen gesellschaftlichen Kontroverse um ‚so genannte Sekten und Psychogruppen‘ konzipiert wurde. Das Ziel des Forschungsprogramms bestand somit nicht nur darin, Religionswissenschaft und Religionspsychologie zu verbinden und das Phänomen der Neuen Religiösen Bewegungen und ihrer Mitglieder besser zu verstehen, sondern sollte darüber hinaus auch dazu beitragen, die öffentliche Diskussion um Neue Religionen in Deutschland zu objektivieren und durch erste empirische Ergebnisse zu bereichern.

Den Ausgangspunkt der hier vorgestellten Arbeit stellte dabei die Überzeugung dar, dass die insbesondere in der öffentlichen Wahrnehmung vertretene Auffassung, die Konversion eines Individuums zu einer Neuen Religiösen Bewegung könne nicht aus freiem Willen stattfinden, empirisch nicht haltbar ist (Murken 1998). Eine Grundannahme, die nicht in jedem Fall auf Zustimmung gestoßen ist, die das Team der Forscherinnen und Forscher aber zu den folgenden Projektfragestellungen angeregt hat (Murken 2009: 53f.):

Was sind die Motive für die Hinwendung zu einer neuen religiösen Gemeinschaft? Gibt es bestimmte individuelle Faktoren, d. h. lebensgeschichtliche Bedingungen, soziodemographische Merkmale, Persönlichkeitsmerkmale und/oder Merkmale von Religiosität, die zu einem Beitritt zu einer bestimmten religiösen Gemeinschaft prädisponieren? Schließen sich Individuen mit unterschiedlichen Profilen unterschiedlichen religiösen Gruppen mit verschiedenen Gruppenstrukturen und Lehren etc. an?

Was sind die Konsequenzen einer Hinwendung zu einer Neuen Religiösen Bewegung? Welche psychosozialen und religiösen Konsequenzen ergeben sich aus einer (vorübergehenden oder dauerhaften) Mitgliedschaft für das Individuum? Wie verändern sich beispielsweise das soziale Umfeld, die wahrgenommene soziale Unterstützung, das Wohlbefinden, die seelische Gesundheit und die Religiosität? Wie sind diese Veränderungen ggf. zu erklären? Lassen sich Indikatoren finden, die erklären, wie eine Mitgliedschaft die psychosoziale Anpassung beeinflusst? Was sind die Nutzen und Kosten einer Mitgliedschaft?

Welche Prozesse finden im Zuge der Hinwendung zu einer neuen religiösen Bewegung statt? Gibt es Persönlichkeitsmerkmale, die Vorhersagen bezüglich der Dauerhaftigkeit einer Mitgliedschaft erlauben? Welche Rolle spielt dabei möglicherweise die ‚Passung' zwischen Individuum und religiöser Gemeinschaft? Unterscheiden sich die Entwicklungsprozesse der Individuen, die in einer neuen religiösen Gemeinschaft verbleiben, von den Entwicklungsprozessen der Personen, welche die Gemeinschaft nach einiger Zeit wieder verlassen?

Schließlich einige religionsvergleichende, systematische Fragen: Unterscheiden sich verschiedene Religionsgemeinschaften in ihrer Attraktivität und Wirkung auf verschiedene Personen? Können psychologische Effekte spezifischer Theologien benannt werden? Lassen sich Wechselwirkungen zwischen Personen und Gemeinschaften (bzw. religiösen Inhalten und Praktiken) systematisch beschreiben?

In Auseinandersetzung mit diesen Fragen wurden die Untersuchungen zur ‚selbstgewählten Mitgliedschaft in Neuen Religiösen Bewegungen' in einen umfassenden theoretischen Rahmen eingebettet, der verschiedene psychologische, religionswissenschaftliche und religionspsychologische Überlegungen integriert. Besonders wichtig war dabei die Erkenntnis, dass neuere Strömungen in der Konversionsforschung den Konvertiten nicht mehr als passives, sondern als aktiv suchendes und handelndes Wesen begreifen (Vgl.: Richardson 1985). Im Folgenden wird nun ein Aspekt dieses Forschungsstrangs herausgegriffen, welcher in verschiedenen Modellen und Konzeptionen von Konversion immer wieder auftaucht.

Häufig scheinen einer Mitgliedschaft in Neuen Religiösen Bewegungen *krisenhafte Lebensphasen* und eine emotionale Labilisierung vorauszugehen. Durch den Beitritt werden – so die These – religiöse Bewältigungsmechanismen gesucht (Lofland/Stark 1965; Rambo 1993). Erste Studien legen nahe, dass diese Krisen von höchst unterschiedlicher Dauer und Natur sein können und nicht akut vor der Konversion auftreten müssen, sondern bisweilen weit in die Kindheit zurückreichen können. Emotionale Probleme, kritische Lebensereignisse, geringe soziale Unterstützung und Probleme in Kindheit und Jugend sind nur einige Aspekte, die eine krisenhafte Lebenssituation konstituieren können.[7] Diese theoretischen Überlegungen haben zur Herleitung einer ersten Hypothese geführt.

Hypothese 1
Die Konversion zu einer Neuen Religiösen Bewegung hängt mit einer Lebenskrise oder psychischer Instabilität zusammen.

Im Anschluss stellt sich die Frage, welche Konsequenzen die Mitgliedschaft in einer Neuen Religiösen Bewegung für das neue Mitglied hat. Im Gegensatz zum populären (Vor)Urteil findet sich empirische Evidenz für eine stabilisierende und positive Auswirkung einer Mitgliedschaft. Stabilisierung des Selbsterlebens, Erleichterung von Sorgen und psychischen Problemen, Reduktion von Angst und Depression, gesteigertes Wohlbefinden sowie ein Gefühl von Geborgenheit und Zugehörigkeit werden im Zusammenhang mit Konversion berichtet. Der Psychiater Marc Galanter spricht sogar von „psychotherapeutischen Effekten“ im Zusammenhang mit Mitgliedschaften in Neuen Religiösen Bewegungen (Galanter/Buckley 1978). Daraus lässt sich die zweite Hypothese herleiten:

Hypothese 2
Die Mitgliedschaft in einer Neuen Religiösen Bewegung wirkt sich positiv auf die psychische Stabilität des konvertierten Individuums aus.

Als Maß für psychische Stabilität bzw. krisenhafte Lebenssituationen hat die Forschungsgruppe vereinfachend die ‚allgemeine Lebenszufriedenheit‘ eingesetzt. Unter Bezugnahme auf diese Operationalisierung konnten die Hypothesen noch weiter konkretisiert werden:

[7] Für eine lückenlose Beschreibung der zu Konversion führenden Krisenerfahrungen, eine Übersicht über die positiven psychosozialen Konsequenzen einer Konversion und einen Review der gegenwärtigen Forschungsliteratur vgl.: Murken/Namini (2004)

Hypothese 1
Die allgemeine Lebenszufriedenheit späterer Mitglieder Neuer Religiöser Bewegungen ist zum Zeitpunkt vor der Konversion deutlich geringer als die der Durchschnittsbevölkerung.

Hypothese 2
Die allgemeine Lebenszufriedenheit von Mitgliedern Neuer Religiöser Bewegungen steigt nach der Konversion an und bleibt dann stabil.

Auf der Grundlage dieser Vorüberlegungen kann nun erläutert werden, wie diese beiden Hypothesen unter Verwendung statistischer Instrumente überprüft worden sind.

Datenerhebung und -auswertung

Der spezifische Forschungskontext führte u. a. dazu, dass für das vorgestellte Projekt eigens Daten erhoben werden konnten, so dass es sich um eine Primäranalyse handelt. Von 50 Studienteilnehmerinnen und Studienteilnehmern liegen Werte für alle 4 Messzeitpunkte vor. 7 standen in Verbindung mit der Freikirchlichen Pfingstgemeinde, 22 mit der Neuapostolischen Kirche und 21 mit den Zeugen Jehovas. Zum ersten Messzeitpunkt war durchschnittlich ca. 1 Jahr seit der Taufe bzw. Versiegelung (Fachbegriff der Neuapostolischen Kirche) vergangen und der Zeitraum des Kontakts zur Neuen Religiösen Bewegung betrug im Durchschnitt 5 Jahre. Das Alter der Versuchspersonen lag zwischen 18 und 66 Jahren und bei durchschnittlich 41 Jahren. 64% waren Frauen und 70% hatten einen Partner. 32% hatten einen Volks- oder Hauptschulabschluss, 26% Mittlere Reife und 32% Allgemeine Hochschulreife.

Die drei untersuchten religiösen Gemeinschaften wurden aufgrund theoretischer Überlegungen ausgewählt. Gesucht wurden zunächst Gemeinschaften, die in der gesellschaftlichen Debatte als konfliktträchtig, kritisch oder als ‚Sekte' angesehen werden. Die ausgewählten Gemeinschaften sollten dabei zwei Kriterien erfüllen. Einerseits mussten sie hinreichend ähnlich sein, um parallele Forschungsinstrumente einsetzen zu können und um vergleichbare Erfahrungen und Prozesse auf der Basis ähnlicher Theologien erfassen zu können. Auf der anderen Seite sollten sie hinreichend verschieden sein, um Spezifika der Person-Umwelt-Interaktion greifen zu können. Beide Kriterien sind in den ausgewählten Fällen erfüllt: Den drei Gruppen ist gemeinsam, dass es sich um christliche Gemeinschaften auf biblischer Grundlage mit explizitem Anspruch der Anknüpfung an das Urchristentum und mit endzeitlicher Ausrichtung handelt, so dass eine generelle Vergleichbarkeit der Gruppen gegeben ist. Die Gruppen unterscheiden sich jedoch in zentralen Punkten hinsichtlich Lehre, ritueller Ausgestaltung und Struktur, was sie im Hinblick auf die Untersuchung von Gruppenunterschieden der ‚Einsteiger' und Neumitglieder geeignet erscheinen lässt.

Im nächsten Arbeitsschritt wurde das Projektteam mit einer interessanten Problemstellung konfrontiert: Die Mitglieder der einzelnen Gruppen waren nur bedingt zur Teilnahme an einer wissenschaftlichen Untersuchung zu bewegen. Der ‚Zugang zum Feld' stellte sich also als problematisch dar. – Ein Problem mit dem typischerweise ethnographische Verfahren konfrontiert werden und das in diesem Projekt zu einem enormen zeitlichen und personellen Aufwand führte. Es bedurfte mehrerer erfolgloser Anläufe, um zu der Erkenntnis zu kommen, dass sowohl die Kontaktaufnahme als auch die weiteren Kooperationsverhandlungen dann am erfolgreichsten waren, wenn der Erstkontakt über die oberste Hierarchieebene von Forschungseinrichtung und Neuen Religiösen Bewegungen[8] erfolgte. Erst nachdem auf dieser Ebene grundsätzliche Bereitschaft signalisiert worden war, mit uns als Forschergruppe das Gespräch aufzunehmen, erwiesen sich nähere Verhandlungen über Art und Umfang der Zusammenarbeit als erfolgreich.

Bei diesen Bemühungen wurden v.a. folgende Punkte angesprochen:

- Wir erläuterten unseren eigenen Anspruch als Wissenschaftler, ergebnisoffene wissenschaftliche Arbeit zu leisten, die – unbeeindruckt von gesellschaftlichen Vorurteilen – an einer tatsächlichen Erforschung verschiedener Sachverhalte interessiert ist.
- Vor diesem Hintergrund skizzierten wir unsere Fragestellungen und unser geplantes Vorgehen und erläuterten, an welcher spezifischen Personengruppe (Neueinsteiger) wir interessiert sind.
- Wir benannten zudem den möglichen Nutzen für die Gruppen: Dass nämlich eine sachlich neutrale Forschung und deren Publikation zu einer Verbesserung der gesellschaftlichen Situation neuer religiöser Bewegungen beitragen könne, indem sie helfe, Vorurteile durch Faktenwissen zu ersetzen. Zudem wurde den Gruppen zugesagt, sie über die Ergebnisse der Studie zu informieren.

Einer der schwierigsten Punkte in den Verhandlungen mit den Gruppen war die Frage, welche Personen genau befragt werden könnten. Ursprünglich war vorgesehen, Neueinsteiger bzw. Interessenten möglichst kurz nach dem ersten Kontakt

---

[8] Diese muss ggf. bei den Gemeinschaften selbst erfragt werden.

mit der Gemeinschaft zu befragen und dann in ihrem weiteren Mitgliedschaftsverlauf zu untersuchen. Dies war nicht immer möglich. Die Bedenken der Gruppen gingen v.a. dahin, dass der individuelle Prozess der Annäherung an die Gemeinschaft und den (neuen) Glauben durch eine zu frühe Befragung gestört werden könne. Dies führte zu der Entscheidung, das anfängliche Forschungsdesign abzuändern und Gesprächspartnerinnen und Gesprächspartner auszuwählen, die bereits ein Jahr in den Gruppen aktiv waren.

An allen Probanden wurden Werte zur Lebenszufriedenheit gemessen. Sie ist also die abhängige Variable in dieser Studie. Die gegenwärtige allgemeine Lebenszufriedenheit der Befragten wurde zu allen Messzeitpunkten (t1, t2, t3, t4) durch das Item ‚Was meinen Sie, wie zufrieden sind Sie – alles in allem – mit Ihrem Leben?' abgefragt, womit wir uns für eine Operationalisierung über eine einzelne Variable entschlossen, die einen Vergleich mit dem Wohlfahrts-Survey erlaubt.[9] Dabei hatten alle Versuchspersonen die Möglichkeit, einen Wert zwischen 0 und 10 (0 bedeutet ‚ganz und gar unzufrieden', 10 ‚ganz und gar zufrieden') anzugeben. Zusätzlich wurden die Probanden zum ersten Messzeitpunkt retrospektiv danach gefragt, wie sich ihre Lebenszufriedenheit vor ihrem Kontakt zur entsprechenden Neuen Religiösen Bewegung dargestellt hat („Wenn Sie einmal an das Jahr denken, bevor Sie in näheren Kontakt mit Ihrer Glaubensgemeinschaft kamen: Was meinen Sie, wie zufrieden waren Sie damals – alles in allem – mit Ihrem Leben?").

Auf diesem Wege haben wir für alle Versuchspersonen zu jedem Messzeitpunkt einen Lebenszufriedenheitswert auf einem Kontinuum zwischen 0 und 10 erhalten, das Proportionalität abbildet, und somit einen intervallskalierten Wert liefert. Addieren wir alle Werte je Messzeitpunkt über alle Versuchspersonen auf und teilen sie durch die Anzahl der Versuchspersonen, so erhalten wir fünf Mittelwerte (M_{retro}=5.43; M_{t1}=7.69; M_{t2}=7.74; M_{t3}=7.80; M_{t4}=7.98). Die Werte der Studienteilnehmer, die alle Mitglieder einer NRB waren, wurden mit denen der westdeutschen Bevölkerung verglichen. Hierfür wurde auf eine repräsentative Stichprobe aus Daten des Deutschen Wohlfahrtssurvey von 1998 (s. o.) zurückgegriffen, in der ebenfalls Lebenszufriedenheit (ein Item: „Was meinen Sie, wie zufrieden sind Sie – alles in allem – mit Ihrem Leben?") gemessen wurde ($M_{west-bev}$=7.7).[10] Im folgenden Balkendiagramm (Abbildung 2) sind alle Werte dargestellt:

[9] Erhoben in Wohlfahrtssurvey 1998 – Fragebogen vom 12.10.1998, Abteilung Sozialstruktur und Sozialberichterstattung, Wissenschaftszentrum Berlin für Sozialforschung (WZB), Berlin 1998.

[10] Wohlfahrtssurvey 1998 – Fragebogen vom 12.10.1998, Abteilung Sozialstruktur und Sozialberichterstattung, Wissenschaftszentrum Berlin für Sozialforschung (WZB), Berlin 1998.

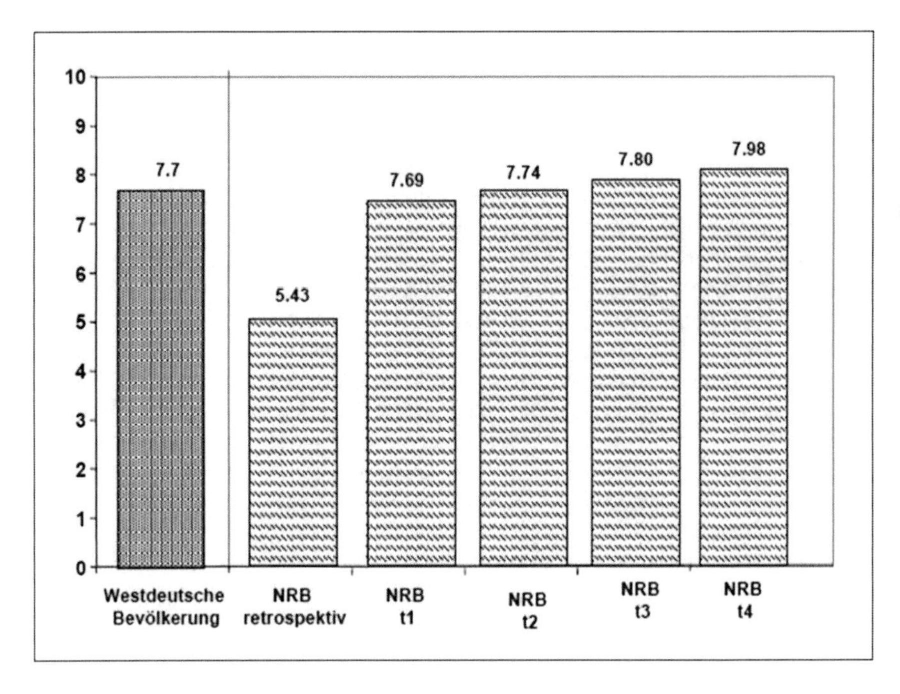

Abbildung 2: Durchschnittliche Lebenszufriedenheit der Westdeutschen Bevölkerung sowie der Mitglieder der NRBen vor der Konversion und zu den vier Messzeitpunkten.

Deskriptive Analysen

Betrachten wir die Mittelwerte anhand ihrer deskriptiven Kennwerte, so fällt intuitiv auf, dass die mittlere Lebenszufriedenheit vor dem Kontakt zur Neuen Religiösen Bewegung für die Untersuchungsgruppe geringer zu sein scheint als die für alle anderen Gruppen. Alle anderen Werte – also die der Westdeutschen Bevölkerung und der Untersuchungsteilnehmer zum ersten, zweiten, dritten und vierten Messzeitpunkt (zu denen sie also bereits im Kontakt zur Bewegung standen) – scheinen sehr ähnlich zu sein und etwas über dem Skalendurchschnitt (Werte von 0 bis 10, also beträgt der Mittelwert 5) zu liegen. Diese Beobachtungen deuten – inhaltlich gesehen – darauf hin, dass sich die Untersuchungsteilnehmer vor ihrer Konversion zur Neuen Religiösen Bewegung in einer Art Lebenskrise befunden haben könnten, dass aber die Mitgliedschaft in der Bewegung das Niveau ihrer allgemeinen Lebenszufriedenheit derart beeinflusst haben könnte, dass es sich dem der Durchschnittsbevölkerung anglich.

Um wissenschaftliche Schlüsse zu ziehen, wollten wir uns an dieser Stelle aber nicht auf die bloße Datenbeschreibung, also unseren Eindruck – wenngleich dieser immer mit berücksichtigt werden sollte – verlassen, sondern inferenzstatistisch untersuchen, wie wahrscheinlich es ist, dass unsere Datenstruktur in der Realität auch wirklich zutrifft. Auf diesem Wege wollten wir weitergehende Aussagen zu unseren beiden Hypothesen erhalten. Im Zentrum der Überlegungen steht dabei zunächst der Vergleich zwischen den Mittelwerten zweier Variablen (M_{retro} und $M_{westbev}$).

Inferenzstatistische Analysen

Die erste Hypothese besagt, dass die allgemeine Lebenszufriedenheit zukünftiger Mitglieder Neuer Religiöser Bewegungen vor Kontakt zur Bewegung (M_{retro}=5.43) deutlich unter der der Durchschnittsbevölkerung ($M_{westbev}$=7.7) liegt. Deskriptivstatistisch hat sich diese Annahme bezüglich der vorliegenden Daten bestätigt. Inferenzstatistisch sollte nun ermittelt werden, inwieweit sich die intervallskalierten Werte für die mittlere Lebenszufriedenheit der Untersuchungsgruppe von einem Vergleichswert, nämlich der durchschnittlichen Lebenszufriedenheit der westdeutschen Bevölkerung, unterscheiden. Das Analyseverfahren der Wahl ist für diese Fragestellung der t-Test bei einer Stichprobe.

Der t-Test ist das einfachste inferenzstatistische Verfahren und findet in sozialwissenschaftlichen Kontexten häufig Anwendung. Er gibt Auskunft darüber, ob sich zwei Mittelwerte systematisch voneinander unterscheiden, bzw. ob die *Differenz der Mittelwerte* systematisch von Null abweicht (im Beispiel: $M_{westbev} - M_{retro}$). Dazu wird ein *empirischer t-Wert* berechnet – ein Maß zur Beschreibung der vorliegenden Mittelwertsdifferenz. Zudem wird ein *kritischer t-Wert* festgelegt, der die Grenze markiert, über der ein empirischer t-Wert mindestens liegen muss, um mit hoher Wahrscheinlichkeit (per Konvention mindestens 95%) durch eine tatsächlich in der Population vorhandene Mittelwertsdifferenz zustande gekommen zu sein. Die t-Werte folgen der t-Verteilung, einer standardisierten Wahrscheinlichkeitsverteilung. Der empirisch errechnete t-Wert wird mit dem kritischen t-Wert verglichen. Ein t-Test ist dann signifikant, wenn die empirische Mittelwertsdifferenz in der erwarteten Richtung liegt (wenn im vorliegenden Fall beispielsweise von vornherein die mittlere Lebenszufriedenheit vor Kontakt zur Neuen Religiösen Bewegung über der der Durchschnittsbevölkerung läge, wäre jede weitere Rechnung sinnlos) und der Betrag des empirischen t-Werts größer ist als der des kritischen. Der Wert, der darüber Auskunft gibt, ist der *Signifi-*

kanz-Wert. Er beschreibt die Wahrscheinlichkeit, mit dem die Hypothese bei vorliegender Datenstruktur angenommen werden würde, obwohl sie falsch ist. Ist dieser Wert möglichst klein (per Konvention kleiner als 0.05), so kann die Hypothese angenommen werden.

Für die Auswertung der Daten muss ein Computerprogramm verwendet werden. Die hier vorgestellten Analysen wurden alle mit dem wohl gängigsten Statistikprogramm für Sozialwissenschaftler, SPSS bzw. PASW Statistics (Version 17), durchgeführt.[11] Die folgende Tabelle (Tabelle 2) fasst die SPSS-Analysen zusammen und veranschaulicht die Ergebnisse.

	t-Wert	Signifikanz	Mittlere Differenz
t1: Zufriedenheit mit dem Leben im Jahr vor Kontakt zur NRB	-5,822	,000	-2,2714

Tabelle 2: t-Statistik für die mittlere retrospektive Lebenszufriedenheit M_{retro}=5.43 gegen einen Testwert von $M_{westbev}$=7.7 via SPSS

In der zweiten Spalte wird der t-Wert (t=-5.822) und in der dritten Spalte der dazugehörige sehr kleine Signifikanz-Wert (α=0.000) berichtet. Somit ist es sehr wahrscheinlich, dass sich die mittlere Lebenszufriedenheit der Untersuchungsgruppe vor Kontakt zur Neuen Religiösen Bewegung systematisch von der der westdeutschen Durchschnittsbevölkerung unterscheidet. Die Hypothese kann angenommen werden.

Die zweite Hypothese besagt, dass die Lebenszufriedenheit nach der Konversion ansteigt und stabil bleibt. Im Unterschied zur ersten Hypothese wurden wir nun also mit dem Problem konfrontiert, dass wir uns nun mit mehreren Messzeitpunkten auseinandersetzen. Deskriptiv weisen die Daten eine solche Datenstruktur auf, wie auch die Abbildung (Abbildung 3) verdeutlicht. Die eingezogene graue Linie zeigt, auf welcher Höhe sich die mittlere Lebenszufriedenheit der Durchschnittsbevölkerung befindet ($M_{westbev}$=7.7).

[11] Beispielhaft seien die gängigsten Statistik-Software-Programme wie SPSS bzw. PASW, Stata, SAS, RATS und die Programmiersprache R genannt.

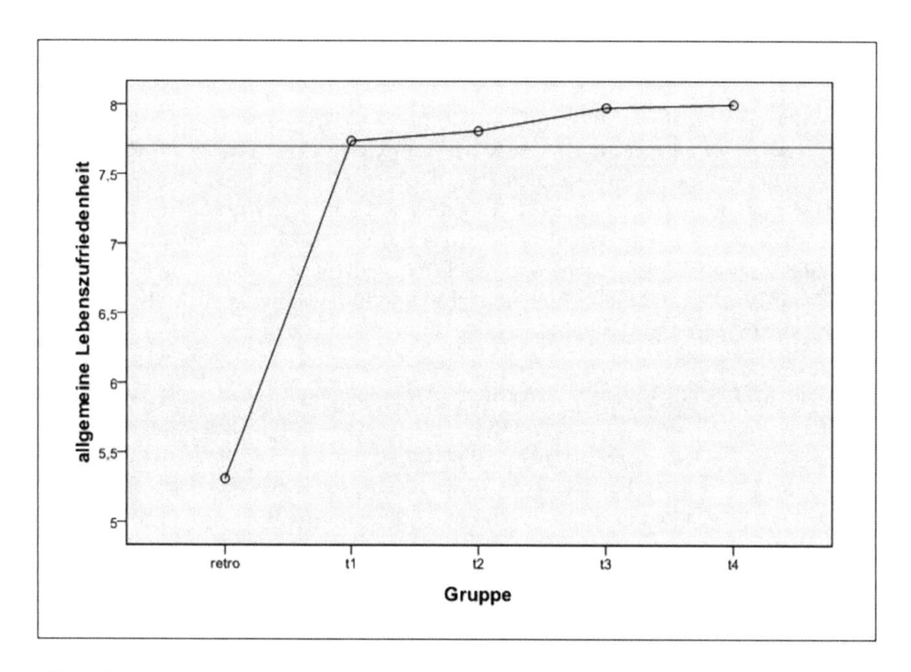

Abbildung 3: Entwicklung der Lebenszufriedenheit der Untersuchungsgruppe vor der Konversion (retro) über Zeitpunkt 2 (t1), Zeitpunkt 3 (t2), Zeitpunkt 4 (t3) bis Zeitpunkt 5 (t4).

Hier operieren wir mit einer abhängigen Variable ‚Lebenszufriedenheit' (univariat), die intervallskaliert gemessen wurde, einer unabhängigen Variable ‚Messzeitpunkt' mit fünf Stufen ‚retro' ‚t1' ‚t2' ‚t3' ‚t4' (einfaktoriell) und setzen uns mit Daten auseinander, die zu vier Zeitpunkten an jeweils den gleichen Versuchspersonen erhoben wurden (messwiederholt). Somit ist das Analyseverfahren der Wahl die *univariate einfaktorielle messwiederholte Varianzanalyse* – auch ANOVA (ANalysis Of VArianz) genannt (vgl.: Bortz 2005).

Die ANOVA liefert ein statistisches Maß dafür, wie wahrscheinlich es ist, dass zwischen den Stufen des Faktors, mit dem gerechnet wird, irgendwelche Unterschiede bestehen. Wird sie signifikant, so wissen wir, dass sich die Werte für die Lebenszufriedenheit zwischen den fünf Messzeitpunkten unterscheiden. Zusatztests (sog. *Post-Hoc-Tests*) geben Auskunft darüber, welche Faktorstufen sich genau von welchen unterscheiden – also zu welchen Messzeitpunkten sich die Werte für die Lebenszufriedenheit genau von welchen der übrigen Messzeitpunkten unterscheiden. Varianzanalytische Verfahren basieren auf dem Prinzip der *Varianzzerlegung*. Die Varianz beschreibt die ‚Variation' von Messwerten in Bezug auf einen Mittelwert. Bestehen zwischen mehreren Gruppen ernst zu nehmende Unterschiede, so darf die Varianz aller Messwerte weniger auf die Varianz der Werte innerhalb der einzelnen Gruppen, als vielmehr auf die Varianz zwischen den Gruppen zurückgehen.

Das bedeutet konkret: Die Messwerte zu einem Messzeitpunkt sollen sich relativ ähnlich sein, sich aber insgesamt stark von den Messwerten zu den übrigen Messzeitpunkten unterscheiden (In Bezug auf unser Projekt bedeutet dies: Die Werte für die allgemeine Lebenszufriedenheit der einzelnen Studienteilnehmer zu einem Zeitpunkt sollen sich eher ähnlich sein, während sich die mittlere Lebenszufriedenheit zu den verschiedenen Messzeitpunkten sehr stark unterscheiden soll). Die ANOVA berechnet einen sogenannten *F-Wert*, der dieses Varianzverhältnis für die vorliegenden Daten beschreibt und bestimmt, wie wahrscheinlich es ist, dass dieser F-Wert unter einer Verteilung liegt, die annimmt, dass zwischen den Gruppen wirklich Unterschiede bestehen. Der Wert, der darüber Auskunft gibt, ist hier ebenfalls der *Signifikanz*-Wert. Er beschreibt die Wahrscheinlichkeit, mit der die Hypothese bei vorliegender Datenstruktur angenommen werden würde, obwohl sie falsch ist. Ist dieser Wert möglichst klein (per Konvention kleiner als 0.05), so kann die Hypothese angenommen werden.

Die folgenden Tabellen (Tabelle 3 und 4) fassen die in SPSS gerechneten Algorithmen zusammen und veranschaulichen die Ergebnisse. Für unseren Faktor, der die verschiedenen Messzeitpunkte abbildet (Faktor 1) berichtet Tabelle 3 in der dritten Spalte den F-Wert ($F=10.369$) und in der vierten Spalte den zugehörigen Signifikanz-Wert ($\alpha=0.000$). Somit ist es vollkommen unwahrscheinlich, dass das empirische Varianzverhältnis auftritt, obwohl eigentlich keine Unterschiede zwischen den Faktorstufen, also den verschiedenen Messzeitpunkten, bestehen. Es kann also angenommen werden, dass grundsätzlich Unterschiede bestehen.[12]

[12] Nur am Rande soll darauf hingewiesen werden, dass sich SPSS im Falle einer messwiederholten ANOVA immer mehrerer Rechenverfahren bedient. Es werden Werte für die Pillai-Spur, Wilks-Lamda, die Hotelling-Spur und die größte Wurzel nach Roy ausgegeben, die sich hauptsächlich dahingehend unterscheiden, wie konservativ sie sind und auf welche Algorithmen sie zurückgreifen. Im vorliegenden Fall ist diese Differenzierung allerdings zu vernachlässigen, wie unschwer an den identischen F-Werten für alle Maße zu erkennen ist. Für ausführliche Informationen zu den einzelnen Maßen (vgl.: Bortz 2005)

Effekt		Wert	F-Wert	Sig.
Faktor1	Pillai-Spur	,523	10,396	,000
	Wilks-Lambda	,477	10,396	,000
	Hotelling-Spur	1,094	10,396	,000
	Größte crakteristische Wurzel nach Roy	1,094	10,396	,000

Tabelle 3: F-Statistik für die einfaktorielle messwiederholte ANOVA via SPSS

Anders als beim vorherigen t-Test reichen zur Überprüfung der Hypothese 2 Informationen über das grundsätzliche Vorhandensein von Unterschieden zwischen den Stufen nicht aus, da wir es mit mehr als zwei Stufen zu tun haben. Es muss differenziert werden, welche Stufe sich genau von welcher unterscheidet. Im vorliegenden Fall wäre die Hypothese dann bestätigt, wenn sich die Lebenszufriedenheit vor Kontakt zur Neuen Religiösen Bewegung von den Maßen zu den vier Messzeitpunkten unterscheidet. Klarheit darüber bringt die Berechnung entsprechender Post-Hoc-Tests. Tabelle 4 berichtet in der zweiten Spalte die mittlere Differenz der Werte zwischen je zwei Faktorstufen und in der dritten Spalte die zugehörigen Signifikanz-Werte. Es fällt auf, dass sich jeweils die Stufe 1 – also die retrospektive Lebenszufriedenheit – von den vier anderen Stufen – also den vier Messzeitpunkten – unterscheidet, sich die vier anderen Stufen aber nicht untereinander unterscheiden (α retrospektiv=0.000; α für die Unterschiede zwischen den Messzeitpunkten =1.000). Somit kann die Hypothese, dass sich die Lebenszufriedenheit nach dem Kontakt zur Neuen Religiösen Bewegung signifikant verbessert und dann stabil bleibt, angenommen werden.[13]

[13] Das Konfidenzintervall ist ein zusätzliches Maß zur Beschreibung der einzelnen Gruppenunterschiede. Es beschreibt in welchem Wertebereich die errechnete mittlere Differenz mit einer Wahrscheinlichkeit von 95% liegt. Umschließt dieser Wertebereich die Null, so nimmt der mittlere Differenzwert zu einer hohen Wahrscheinlichkeit den Wert Null an und somit besteht keine statistisch signifikante systematische Differenz.

(I)Faktor1	(J)Faktor1	Mittlere Differenz (I-J)	Sig.	95% Konfidenzintervall für die Differenz	
				Untergrenze	Obergrenze
1	2	-2,429	,000	-3,774	-1,083
	3	-2,500	,000	-3,780	-1,220
	4	-2,667	,000	-3,862	-1,472
	5	-2,690	,000	-3,995	-1,386
2	1	2,429	,000	1,083	3,774
	3	-,071	1,000	-,932	,789
	4	-,238	1,000	-,930	,454
	5	-,262	1,000	-,977	,454
3	1	2,500	,000	1,220	3,780
	2	,071	1,000	-,789	,932
	4	-,167	1,000	-,756	,422
	5	-,190	1,000	-,863	,482
4	1	2,667	,000	1,472	3,862
	2	,238	1,000	-,454	,930
	3	,167	1,000	-,422	,756
	5	-,024	1,000	-,600	,553
5	1	2,690	,000	1,386	3,995
	2	,262	1,000	-,454	,977
	3	,190	1,000	-,482	,863
	4	,024	1,000	-,553	,600

Tabelle 4: Bonferroni Post-Hoc-Statistik für die einfaktorielle messwiederholte ANOVA via SPSS

Zusammenfassend kann festgestellt werden, dass die unter Punkt 3.1. formulierten Hypothesen, aufgrund der Struktur, die wir in unseren Daten gefunden haben, mit hoher Wahrscheinlichkeit zutreffen. Deskriptivstatistische sowie inferenzstatistische Maße weisen darauf hin. Die Konversion zu einer Neuen Religiösen Bewegung hängt mit einer krisenhaften Lebensphase zusammen und die Mitgliedschaft wirkt sich auf das psychische Wohlbefinden des Mitglieds positiv aus. Wir können noch hinzufügen, dass sich die Mitglieder nach ihrer Konversion dem Lebenszufriedenheits-Niveau der Gesamtbevölkerung angleichen.

Darüber hinaus lassen sich - in Bezug auf den gesamten Projektverlauf –aus der Retrospektive noch weitere Punkte festhalten:

Praktische Probleme und Lösungsansätze

Zunächst muss festgehalten werden, dass statistische Verfahren trotz all der Stärken und der Chancen, die sie bieten, nie mehr können als die, die sie anwenden. Die richtige und gewinnbringende inhaltliche Interpretation von Daten, also letztendlich Zahlen, setzt immer *sowohl* ein umfassendes Verständnis der zugrunde liegenden mathematischen Prozeduren *als auch* ein tief greifendes theoretisches Wissen über die untersuchten Inhalte voraus. Ein *kritischer Blick*, gesunder Menschenverstand und Hintergrundwissen sind unverzichtbar. Statistische Methoden sind weder einfache Zahlenspiele noch stehen sie in Konkurrenz zu anderen Formen wissenschaftlichen Arbeitens. Sie ermöglichen es, Theorien und Hypothesen in einer empirischen Wirklichkeit abzubilden und so zu überprüfen. Dabei lässt sich mit Sicherheit jede Untersuchung auch kritisieren, jedoch ist es oft gerade die Möglichkeit zur kritischen Auseinandersetzung mit wissenschaftlichen Fragestellungen, die Denkprozesse weiterbringt.

Auch zu den vorgestellten empirischen Ergebnissen sind einige Kritikpunkte anzubringen, wobei im Kontext dieses Studienbuchs nochmals erwähnt werden soll, dass hier im Dienste der Verständlichkeit eine vereinfachte Darstellung gewählt wurde. Im konkreten Fall wurden Konzepte wie Teststärke, Effektmaße, mathematische Robustheit und Freiheitsgrade in die Analysen mit einbezogen, auf die in diesem Beitrag nicht weiter eingegangen werden konnte.[14] Außerdem wurden die Daten, weitaus komplexeren Analysen unterzogen, die in diesem Beitrag ebenfalls nicht weiter ausgeführt werden konnten: So wurde etwa die allgemeine Lebenszufriedenheit innerhalb und zwischen den einzelnen der drei untersuchten Neuen Religiösen Bewegungen verglichen (so waren zukünftige Mitglieder der Freikirchlichen Pfingstgemeinde vor ihrer Konversion besonders unzufrieden mit ihrem Leben und zukünftige Zeugen Jehovas vergleichsweise zufrieden) und auch die Lebenszufriedenheit derjenigen mit analysiert, die aus der Gruppierung wieder ausgetreten sind. Die Daten der neuen Mitglieder wurden mit Daten von in der Gruppe sozialisierten Mitgliedern verglichen. Ebenso wurden zahlreiche weitere Variablen zur Messung von psychischem Wohlbefinden und Gesundheit erhoben und in die Auswertung miteinbezogen.[15]

[14] Für ausführliche Erklärungen vgl. die in der Auswahlbibliographie erwähnten Lehrbücher.

[15] Für eine umfassende Darstellung von Ergebnissen zu Wohlbefinden und psychischer Gesundheit im Zusammenhang mit selbstgewählter Mitgliedschaft in Neuen Religiösen Bewegungen vgl: Namini/Murken (2009); Namini/Appel/Jürgensen/Murken (2010); Murken/Namini (2004).

Ganz besonders mussten wir uns im vorgestellten Projekt mit folgenden Problemen auseinandersetzen:

1. Ein erstes Problem hing mit der Konzeptionalisierung der Studie als messwiederholter Langzeit-Datenerhebung zusammen. Die Finanzierung von umfangreichen Langzeit-Projekten gestaltet sich oft schwierig. Zudem ist es – wie bereits oben ausgeführt – verhältnismäßig aufwendig, Mitglieder Neuer Religiöser Bewegungen in größerem Umfang zu untersuchen. Dies resultierte in einer vergleichsweise kleinen Stichprobengröße, die dann ein Problem darstellt, wenn statistische Verfahren eine Mindeststichprobengröße fordern. Da diese nicht gewährleistet werden konnte, mussten andere Verfahren zur Anwendung kommen bzw. Korrekturen durchgeführt werden, um aussagekräftige Schlüsse ziehen zu können. Die vorgestellte Arbeit greift auf genau solche Methoden zurück.
2. Im Fall der Rekrutierung von Neuzugängen zu Neuen Religiösen Bewegungen hat sich ebenfalls ein spezielles Problem ergeben. Neuzugänge treten in der Regel nicht zeitlich geballt auf, sondern einzeln. Um ausreichend große Stichproben zu rekrutieren muss dementsprechend das Forschungsdesign angepasst werden. Im Rahmen des vorgestellten Projekts hat sich das Forschungsteam dazu entschlossen, die einzelnen Messungen zu strecken und zu mehreren Zeitpunkten t1-Messungen durchzuführen. Hier wird deutlich, wie sich Forschungsdesign und Methodik wechselseitig beeinflussen und auf auftretende Probleme adäquat reagiert werden muss.
3. Zudem gilt es die Operationalisierung der einzelnen Variablen zu hinterfragen: So ist die Frage berechtigt, ob die Messung der Variable ‚Lebenszufriedenheit' mit einem einzigen Item das zugrunde liegende Konzept vollständig abbilden kann. Außerdem muss man damit rechnen, dass die retrospektive Ermittlung der Lebenszufriedenheit vor Kontakt mit der Neuen Religiösen Bewegung durch Antworttendenzen, falsche Erinnerungen oder soziale Erwünschtheit verfälscht wurde. Wir haben uns dennoch für dieses Verfahren entschieden, um die erhobenen Daten mit den Daten des Wohlfahrts-Survey vergleichen zu können. Die genannten Einschränkungen müssen deshalb bei der Interpretation der Daten berücksichtigt werden.
4. Schließlich gelten die Ergebnisse natürlich nur für die tatsächlich untersuchten Gruppen. Die Übertragbarkeit auf andere Gruppierungen müsste erst überprüft werden. Auch hier gilt, dass die vorliegenden Ergebnisse nicht ohne kritische Prüfung auf neue religiöse Bewegungen ‚im Allgemeinen' übertragen werden können. Die theoriegeleitete Auswahl des Samples sowie die Explikation dieser Kriterien helfen dabei, diesen Generalisierungsschritt methodisch zu kontrollieren.

Letztendlich kann aus einer statistischen Analyse nie mehr ‚herauskommen' als man ‚hineinsteckt'. Es sei jedoch darauf verwiesen, dass Forschungsarbeit in der Praxis leider nicht nur von theoretischen Überlegungen und ausgeklügelter Methodik, sondern auch von personellen und materiellen Voraussetzungen, Umsetzbarkeit und vielfältigen Interessenslagen beeinflusst wird. Auch der quanitativ arbeitende Forscher bewegt sich zumeist in einem solchen Spannungsfeld.

Besonders lehrreich waren außerdem der Prozess der Kontaktaufnahme zu den Gruppen:[16] Im Projektverlauf wurde immer wieder vor Augen geführt, dass der *Kontakt* zu den zu untersuchenden Gruppen und die *Kooperation* mit ihnen erfolgreich aufgebaut und erhalten werden müssen, damit ein Forschungsprojekt (möglichst reibungslos) durchgeführt werden kann – unabhängig davon, um welche Art von Forschung es sich handelt, ob um eine Fragebogenuntersuchung an Mitgliedern oder eine teilnehmende Beobachtung in der religiösen Gemeinschaft. Ebenso wie ein Forschungsprojekt konzeptualisiert und geplant werden muss, bevor mit seiner Verwirklichung begonnen werden kann, sollte auch die Kontaktaufnahme mit Neuen Religiösen Bewegungen bereits im Vorfeld gut vorbereitet werden. Je besser man sich vorab informiert und über die eigene Zielsetzung klar wird, desto größer ist die Chance, mit den Kooperationsbemühungen Erfolg zu haben.

Auf Grundlage der vorhandenen Informationen ist dann zu entscheiden, wie am besten mit einer Gruppe Kontakt aufgenommen wird. Grundsätzlich empfiehlt es sich, von keiner Gruppe von vornherein anzunehmen, sie sei zur Kooperation nicht bereit. In Bezug auf strikt hierarchisch aufgebaute Gemeinschaften, ist die Unterstützung der Leitungsgremien bei der Probanden-Rekrutierung zentral. In weniger formal strukturierten Gruppen ist der Forscher hingegen gefragt, sich nicht über die Leitungsebene an die potentiellen Studienteilnehmer zu wenden, sondern es ist seine Aufgabe, sich auf die Gemeinde intensiv einzulassen, stärker am Gemeindeleben teilzunehmen (eher im Sinne einer teilnehmenden Beobachtung) und mangels formeller Strukturen informelle Kontakte zu knüpfen, die ihn schließlich zu den in Frage kommenden Personen führen.

Dieser Balanceakt zwischen Nähe und Distanz betrifft nicht nur den Kontakt mit den Leitungsgremien, sondern auch den Kontakt mit den Auskunftspersonen selbst. Nähe und Vertrauen müssen auch hier hergestellt und aufrechterhalten werden, damit sich die Interessenten auf das Projekt einlassen und öffnen können. Offenheit gegenüber dem Interviewer ist notwendig, da dieser ja auch ‚schwierige' Themen wie eventuelle Konflikte oder sehr persönliche Dinge ansprechen möchte. Eine kritische Distanz muss behalten werden, um z. B. das

[16] Für eine ausführliche Schilderung der forschungspraktischen Probleme vgl. Murken (2009), Kap. 9.

Gefühl für die tatsächliche Offenheit und Auskunftsbereitschaft des Gesprächspartners nicht zu verlieren und sich gegen eventuelle Missionierungsversuche abgrenzen zu können. Insgesamt sind die Erfahrungen der Zusammenarbeit mit den drei Neuen Religiösen Bewegungen positiv. Bei der Probandenrekrutierung haben wir viel Unterstützung von den Gruppen erfahren und auch in anderer Hinsicht erwiesen sich alle Gruppen als sehr kooperativ.

4. Potentiale für Religionswissenschaft

Mit Blick auf die Zielsetzung dieses Studienbuches kann schließlich festgehalten werden: Die Anwendung quantitativer Methodik birgt viel Potential für religionswissenschaftliche Forschung. Wenn die Religionswissenschaft den Anspruch vertritt, sich sowohl auf historisch als auch aktuell gesellschaftlich relevante Fragen zu beziehen, so darf sie sich der durch die quantitative Forschung eröffneten Perspektive nicht verschließen. Sie würde sich sonst Gegenstandsbereiche verschließen, die nach der Auffassung der Autorin und der Autoren dieses Beitrags unbedingt in ihren Fragehorizont fallen.

Die rasanten Veränderungen der religiösen Landschaft und die Differenzierung und Individualisierung religiöser Phänomene stellen die Religionswissenschaft vor neue Herausforderungen und erfordern alternative wissenschaftliche Zugangsweisen. Quantitative Verfahren können wertvolle Beiträge dazu leisten, die Religiosität des Einzelnen ebenso wie neue Formen der Spiritualität zu beschreiben und zu verstehen. Trotz aller methodischen Probleme können sie außerdem bspw. dafür genutzt werden, fluidere Formen religiöser Organisationen zu untersuchen. Eine empirische Ausrichtung auf quantitative Methodik bietet Möglichkeiten, religionswissenschaftlich generierte und zunächst qualitativ formulierte Hypothesen zu testen und vice versa. Es steht zu hoffen, dass hier in Zukunft eine adäquate Integration gelingt, um so adäquatere Analyseinstrumente zu entwickeln. Besonders Religions- und Kulturvergleichende Studien stellen hier eine Herausforderung dar, die bislang noch nicht zufriedenstellend gemeistert wurde.

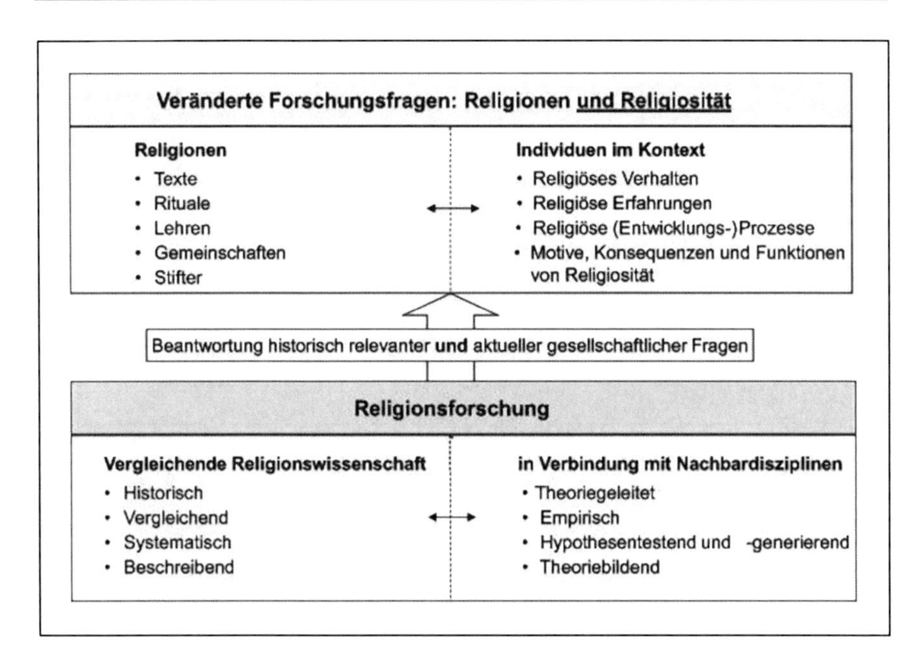

Abbildung 4: Forschungsfragen in der Religionswissenschaft

Bislang stellt sich für die Religionswissenschaft vor allem das Problem dass sich nur vergleichsweise wenige quantitativ arbeitende Untersuchungen finden lassen. Empirische Ergebnisse sind dabei nicht nur intellektuelles Spiel des einzelnen Forschers, sondern oft unbedingte Voraussetzung für eine konstruktive Form der öffentlichen und politischen Diskussion, der sich die Religionswissenschaft durch ihre zunehmende Auseinandersetzung mit religionsbezogener Gegenwartsproblematik nicht mehr entziehen kann. Es wäre wünschenswert, dass in Zukunft vermehrt quantitative Zugänge zu religionswissenschaftlichen Fragestellungen gefunden werden. Voraussetzungen dafür sind in erster Linie ein offenes Diskussionsklima und Interesse für verschiedene wissenschaftliche Arbeitsweisen sowie das Vorhandensein gut ausgebildeter Fachkräfte, die sowohl auf umfassendes religionswissenschaftliches Wissen als auch auf eine fundierte Methodenausbildung zurückgreifen können. Hierzu wäre es erstrebenswert, grundlegende fachbezogene Statistikkenntnisse im universitären Fächerkanon der Religionswissenschaften zu etablieren.

Die bisweilen fälschlicherweise als gegensätzlich beschriebenen Ausrichtungen der geisteswissenschaftlichen und empirischen Wissenschaft können sich nur gegenseitig ergänzen und befruchten. Sie schlagen den Bogen zwischen historisch-gesellschaftswissenschaftlicher Bildung von Theorien und deren Abbildung und Überprüfung in der empirischen Wirklichkeit. Ohne den Einbezug eben dieser gesellschaftlichen Realität bleibt eine Wissenschaft, deren Stärke ja gerade ihre Vielfalt ist, einseitig.

5. Kommentierte Auswahlbibliographie

Lehrbücher:

- Standardwerk:
  Bortz, Jürgen. 2005. *Statistik für Sozialwissenschaftler.* Heidelberg: Springer.
- Standardwerk:
  Tabachnik, Barabra G., und Linda S. Fidell. 2006. *Using Multivariate Statistics.* Boston: Pearson Education.
- Univariate Methoden für Studenten:
  Rasch, Björn, Malte Friese, Wilhelm Hofmann, und Ewald Naumann. 2009. *Quantitative Methoden (Band 1 & 2).* Heidelberg: Springer.
- Kurzweilig, umfassend, gut zu verstehen und praxisnah:
  Field, Andy. 2009. *Discovering statistics using SPSS.* Thousand Oaks (CA): Sage Publications.

Exemplarische Studien:

- Murken, Sebastian. 2009. Neue religiöse Bewegungen aus religionspsychologischer Perspektive. Marburg: Diagonal.
  Umfassende Darstellung und Ergebnisauswertung der oben geschilderten Längsschnittuntersuchung an Neuen Religiösen Bewegungen.
- Namini, Sussan. 2009. Selbst gewählte Mitgliedschaft in neuen religiösen Bewegungen - eine Frage der Passung? Empirische Befunde und kritische Überlegungen. Marburg: Diagonal.
  Untersuchung an Neuen Religiösen Bewegungen zur Überprüfung des Modells der Kult-Bedürfnis-Passung.
- Campiche, Roland J., und Elisabeth Mainberger-Ruh, Hg. 2004. *Die zwei Gesichter der Religion. Faszination und Entzauberung.* Zürich: TVZ Theologischer Verlag.

Religionssoziologische Untersuchung religiösen Wandels. Erhebung an Schweizer Stichproben zu Themen wie ‚Säkularisierung', ‚Privatisierung' und ‚institutionellen' vs. ‚universalen' Religion.

- Bertelsmann-Stiftung, Hg. 2008. *Religionsmonitor 2008*. Gütersloh: Gütersloher Verlagshaus und Bertelsmann-Stiftung, Hg. 2008. *Woran glaubt die Welt? Analysen und Kommentare zum Religionsmonitor 2008*. Gütersloh: Gütersloher Verlagshaus.
  Quantitative Erhebung, bei der 21.000 Menschen aller Kontinente und Weltreligionen repräsentativ befragt wurden, ob und auf welche Art und Weise sie religiös sind.
- Stolz, Jörg. 2009. Explaining religiosity. Towards a unified theoretical model. *British Journal of Sociology* 60(2): 345-376.
  Vereinheitlichendes Model, das Unterschiede zwischen christlicher und ‚alternativer' Religiosität auf individuellem und kollektivem Level erklärt.
- Stolz, Jörg, Hg. 2008. Salvation goods and religious markets. theory and applications. Bern: Peter Lang.
  Diskussion und empirische Überprüfung der Begriffe ‚religiöse Güter' und ‚religiöser Markt' im Sinne einer Ökonomie-orientierten Herangehensweise unter Berücksichtigung einschlägiger soziologischer Theorien.
- Huber, Stefan. 2003. Zentralität und Inhalt. Ein multidimensionales Messmodell der Religiosität. Opladen: Leske + Budrich.
  Entwicklung eines neuen, sehr ökonomischen Modells zur Messung der Religiosität im Sinne einer empirischen Religionsforschung.
- Stark, Rodney. 1997. Der Aufstieg des Christentums. Neue Erkenntnisse aus soziologischer Sicht. Weinheim: Beltz Athenäum.
  Gutes Beispiel einer Studie, die historische Sachverhalte mittels quantitativer Analysen untersucht.
- Pollack, Detlef. 2003. Säkularisierung – ein moderner Mythos? Studien zum religiösen Wandel in Deutschland. Tübingen: Mohr Siebeck.
  Untersuchung der kirchlichen Mitgliedschaftsentwicklungen in modernen Gesellschaften unter den Bedingungen religiösen Wandels und der gesellschaftlichen Wirkung von Religion und Kirche.
- Pollack, Detlef. 2009. Rückkehr des Religiösen? Studien zum religiösen Wandel in Deutschland und in Europa II. Tübingen: Mohr Siebeck.
  Alternative Modelle abseits der klassischen Säkularisierungsthese zur Erklärung religiöser Wandlungsprozesse in modernen Gesellschaften und ihre empirische Überprüfung.

6. Literatur

Barker, Eileen. 1990. New religious movements. A practical introduction. London: Bernan Press.

Bertelsmann-Stiftung, Hg. 2008. *Religionsmonitor 2008*. Gütersloh: Gütersloher Verlagshaus.

Bochinger, Christoph. 2004. Religionswissenschaft. In *Leitfaden Theologie*, Hg. Michael Roth, 183-216 (hier 181). Göttingen: UTB.

Bortz, Jürgen. 2005. *Statistik für Sozialwissenschaftler*. Heidelberg: Springer.

Bruce, Steve. 1999. Choice and religion. A critique of rational choice theory. Oxford / New York: Mcgraw Hill Book.

Bruce, Steve. 2002. *God is dead. Secularization in the West*. Malden / Oxford / Carlton: Blackwell.

Campiche, Roland J., und Elisabeth Mainberger-Ruh, Hg. 2004. *Die zwei Gesichter der Religion. Faszination und Entzauberung*. Zürich: TVZ Theologischer Verlag.

Durkheim, Emile. 2008. *Der Selbstmord*. Frankfurt am Main: Suhrkamp.

Galanter, Marc, und Peter Buckley. 1978. Evangelical religion and meditation. Psychotherapeutic effects. *Journal of Nervous and Mental Disease* 166(10): 685-691.

Glock, Charles Y. 1962. On the study of religious commitment. *Review of recent research bearing on religious and character formation:* 98-110 (Research supplement to *Religious Education* 57).

Heelas, Paul, und Linda Woodhead. 2005. *The spiritual revolution. Why religion is giving way to spirituality*. Malden / Oxford / Carlton: Blackwell.

Huber, Stefan. 2003. Zentralität und Inhalt. Ein multidimensionales Messmodell der Religiosität. Opladen: Leske + Budrich.

Iannaccone, Laurence R. 1992. Religious markets and the economics of religion. *Social Compass* 39 (1): 123-131.

Kirchenamt der Evangelischen Kirche in Deutschland, Hg. 2003. Weltsichten, Kirchenbindung, Lebensstile. Vierte EKD-Erhebung über Kirchenmitgliedschaft. Hannover: EKD.

Krüggeler, Michael, Peter Voll, Claude Bovay, Alfred Dubach, und Roland J. Campiche. 1993. *Jede(r) ein Sonderfall. Religion in der Schweiz - Ergebnisse einer Repräsentativbefragung*. Basel: Friedrich Reinhardt Verlag

Lofland, John, und Rodney Stark. 1965. Becoming a world-saver. A theory of conversion to a deviant perspective. *American Sociological Review* 30: 862-875

Mannhardt, Wilhelm. 2004. *Wald- und Feldkulte. Bd 1 & 2*. Berlin: Adamant Media Corporation.

Menges, Günter. 1968. *Grundriss der Statistik. Theorie*. Köln: Westdeutscher Verlag.

Moosbrugger, Helfried, und Augustin Kelava. 2007. *Testtheorie und Fragebogenkonstruktion*. Heidelberg: Springer.

Murken, Sebastian, und Sussan Namini. 2004. Selbst gewählte Mitgliedschaft in religiösen Gemeinschaften. Ein Versuch der Lebensbewältigung? In *Religiosität: Messverfahren und Studien zu Gesundheit und Lebensbewältigung. Neue Beiträge zur Reli-*

gionspsychologie, Hg. Christian Zwingmann und Helfried Moosbrugger, 299-316. Münster: Waxmann.

Murken, Sebastian. 1998. Soziale und psychische Auswirkungen der Mitgliedschaft in neuen religiösen Bewegungen unter besonderer Berücksichtigung der sozialen Integration und psychischen Gesundheit. In *Neue religiöse und ideologische Gemeinschaften und Psychogruppen. Forschungsprojekte und Gutachten der Enquete-Kommission ‚Sogenannte Sekten und Psychogruppen'*, Hg. Deutscher Bundestag Enquete-Kommission ‚Sogenannte Sekten und Psychogruppen', 297-354. Hamm: Hoheneck.

Murken, Sebastian. 2009. Neue religiöse Bewegungen aus religionspsychologischer Perspektive. Marburg: Diagonal, S.53f.

Namini, Sussan, Claudia Appel, Ralph Jürgensen, und Sebastian Murken. 2010. How is well-being related to membership in new religious movements? An application of person-environment fit theory. *Applied Psychology: An International Review* 59: 181-201.

Namini, Sussan, und Sebastian Murken. 2009. Self-chosen involvement in new religious movements (NRMs). Well-being and mental health from a longitudinal perspective. *Mental Health, Religion & Culture* 12: 561-585.

Namini, Sussan. 2009. Selbst gewählte Mitgliedschaft in neuen religiösen Bewegungen – eine Frage der Passung? Empirische Befunde und kritische Überlegungen. Marburg: Diagonal.

Norris, Pippa, und Roland Inglehart. 2004. *Sacred and secular. Religion and politics worldwide.* Cambridge / New York: Cambridge University Press (Cambridge Studies in Social Theory, Religion and Politics).

Pollack, Detlef. 2003. *Säkularisierung – ein moderner Mythos?* Tübingen: Mohr Siebeck.

Pollack, Detlef. 2009. Rückkehr des Religiösen? Studien zum religiösen Wandel in Deutschland und Europa. Tübingen: Mohr Siebeck.

Rambo, Lewis R. 1993. *Understanding religious conversion.* New Haven (CT): Yale University Press.

Richardson, James T. 1985. The active vs. passive convert. Paradigm conflict in conversion / recruitment research. *Journal for the Scientific Study of Religion* 24: 163-179.

Stark, Rodney. 2007. Discovering God. The origins of the great religions and the evolution of belief. New York: HarperOne.

Stolz, Jörg, Hg. 2008. Salvation goods and religious markets. Theory and applications. Bern: Peter Lang.

Stolz, Jörg. 2009. Explaining religiosity. Towards a unified theoretical model. *British Journal of Sociology* 60(2): 345-376.

Vogel, Bernhard. 2003. Religion und Politik. Ergebnisse und Analysen einer Umfrage. Freiburg im Breisgau: Herder.

Warner, R. Stephen. 1993. Work in progress toward a new paradigm for the sociological study of religion in the United States. *American Journal of Sociology* 98 (5): 1044-93.

Weber, Max. 1988. Gesammelte Aufsätze zur Religionssoziologie I. Stuttgart: UTB.

Teilnehmende Beobachtung als Verfahren der Religionsforschung
Der Verein ,Muslimische Jugend in Deutschland e.V.'

Edith Franke & Verena Maske

1. Genese der Methode der teilnehmenden Beobachtung

Beobachtungen sind ein wesentlicher Bestandteil des alltäglichen Lebens. Menschen beobachten, um Alltagstheorien über sich selbst und ihre Umwelt zu konstruieren und Sinn und Bedeutungen zu generieren (Berger und Luckmann 1972). Ein Übergang von der alltäglichen, „naiven" zur wissenschaftlichen Beobachtung erfolgt dadurch, dass das Verfahren der Beobachtung kontrolliert, systematisch und intersubjektiv nachvollziehbar abläuft – mit dem Ziel der „Beschreibung und Rekonstruktion sozialer Wirklichkeit vor dem Hintergrund einer leitenden Forschungsfrage" (Atteslander 2003, 79). Beobachtung im Sinne einer wissenschaftlichen Methode bezeichnet demnach „das systematische Erfassen, Festhalten und Deuten sinnlich wahrnehmbaren Verhaltens zum Zeitpunkt seines Geschehens" (Atteslander 2003, 79; König 1972).

Unter teilnehmender Beobachtung kann die längerfristige Teilnahme an der (religiösen) Alltagspraxis verstanden werden, um mit dieser vertraut zu werden (Knoblauch 2003, 72; Lüders 2007, 384ff). Sie beinhaltet eine direkte Beobachtung menschlicher Handlungen, sprachlicher Äußerungen, nonverbaler Reaktionen und sozialer Merkmale, beispielsweise der Kleidung, Symbole und Gebräuche der Untersuchten. Die Aufmerksamkeit richtet sich darauf, den Ablauf und die individuelle wie soziale Bedeutung einzelner Handlungen, deren Handlungszusammenhänge und den Sinn von Beziehungsgefügen zu erfassen. Keine andere Form der Datenerhebung erlaubt den Forschenden einen ähnlich tiefen Einblick in die Alltagsereignisse einer sozialen Gemeinschaft, in die vielfältigen Wertvorstellungen und Interessen der Erforschten sowie in ihren jeweiligen sozialen Kontext.

Die teilnehmende Beobachtung wird zuweilen auch als Feldforschung bezeichnet, wobei mit diesem Begriff unterschiedliche Akzentsetzungen einhergehen (Lüders 2007, 384ff). Der Begriff des Feldes verweist auf den räumlichen und/oder sozialen Bereich, in dem beobachtet werden soll (Friedrichs und Lüdtke 1973, 42; Knoblauch 2003, 57). Er bezeichnet ein natürliches soziales Handlungsfeld, also beispielsweise öffentliche Orte, Gruppen, soziale Milieus, Szenen, Organisationen, Stammesgruppen und mittlerweile darüber hinaus auch virtuelle Netzwerke. Ein Feld hat keine fixe Grenze, die überschritten werden kann, um es ungehindert und komplett überblicken zu können. Vielmehr konstruieren die Forschenden das Feld, zu dem sie Zugang suchen, erst im Forschungsprozess, da es sich angesichts der faktischen Vernetzung nur scheinbar um eine isolierte, eigenständige soziale Einheit handelt (Wolff 2007, 334ff). Mit seinen Strukturen liefert das Beobachtungsfeld wichtige Kontextvariablen und Interpretationshilfen für das in ihm ablaufende Geschehen, weshalb seine möglichst detaillierte Beschreibung im Forschungsbericht unverzichtbar ist (Lamnek 2005, 584ff).

Die teilnehmende Beobachtung ist ein Verfahren, das seit der Entstehung der qualitativen Sozialforschung zu einem zentralen Bestandteil ihres methodischen Repertoires wurde. Ihre historischen Wurzeln liegen sowohl in der Ethnologie als auch in der Soziologie.

Zunächst einmal ist die Methode der teilnehmenden Beobachtung eng mit dem Namen Bronislaw Malinowski verbunden (Stolz 2004, 247-263).[1] In seinem 1922 erschienen Klassiker *Argonauten des westlichen Pazifik* beschreibt Malinowski ausführlich, wie er mit der Methode der teilnehmenden Beobachtung zu seinen Erkenntnissen über Sinn und Funktion des Kula-Tausches bei den Trobriandern gekommen ist (Malinowski 1979, bes. 24f; vgl. auch Malinowski 1985). Malinowski geht davon aus, dass mit Hilfe dieser Methode Aspekte des Denkens und Handelns von Menschen nachvollzogen werden können, die durch reines Dokumentenstudium oder Interviews nicht erfahrbar sind. Für ein unerlässliches Kennzeichen teilnehmender Beobachtung hält er die vollständige Integration des Forschers in die zu untersuchende Gesellschaft, also eine aktive Teilnahme am Alltagsleben der Menschen über einen längeren Zeitraum hinweg, wozu selbstverständlich auch das Erlernen ihrer Sprache gehört. Ziel der Forschung sei es, „den Standpunkt des Eingeborenen, seinen Bezug zum Leben zu verstehen und sich seine Sicht seiner Welt vor Augen zu führen“ (Malinowski 1979, 49). Die teilnehmende Beobachtung wird in der Ethnologie seitdem mit Erfolg eingesetzt. In der Erforschung fremder Kulturen und Völker erweist sie sich oft als einzig möglicher methodischer Zugang zur Erschließung der jeweiligen Lebenswelten (Lamnek 2005, 547).

Eine weitere historische Wurzel hat die teilnehmende Beobachtung in der Soziologie in den USA und Großbritannien. In den 1920er und 1930er Jahren

[1] Auch wenn er nicht der erste war, der mit dieser Methode gearbeitet hat (Vgl. Dewalt und Dewalt 2002, 5), gilt Malinowski mit seiner systematischen Beschreibung ihrer grundlegenden Techniken als Begründer der ethnographischen Feldforschung.

entstand vor allem in Chicago eine eigene Tradition der Stadtsoziologie und mit ihr eine andere Tradition der Feldforschung: die der „social surveys". Hier ging es nun nicht darum, eine Gesellschaft als Ganzes zu erforschen, sondern im Rahmen von Minderheiten- und Subkulturstudien unterschiedliche Auffassungen von Realität nachzuvollziehen. Vor dem Hintergrund gesellschaftlichen Wandels und den damit zusammenhängenden sozialen Problemen war von besonderem Interesse, wie es unter den Bedingungen unterschiedlicher städtischer Lebensräume, Subkulturen und Milieus zu abweichendem Verhalten kommt. Zentral war das Thema sozialer Desintegration – es ging um Scheidungen, Selbstmord, Jugendbanden, Obdachlose oder Prostitution. Erforscht wurde dies in qualitativ-empirischen, ethnographischen Studien, bei denen die Forschenden direkten Kontakt zu den Menschen suchten (siehe Lüders 2007, 385f). Auch wenn einige Studien zum Klassiker avancierten (Jahoda, Lazarsfeld und Zeisel 1975; Whyte 1996; Girtler 1994), kommt der teilnehmenden Beobachtung als eigenständiger Methode in der Soziologie bis heute eine vergleichsweise marginale Bedeutung zu.

Forschungsmethodische Diskussionen zur Etablierung der teilnehmenden Beobachtung in den Kultur- und Sozialwissenschaften konzentrierten sich Anfang der 1960er Jahre auf die systematische Begründung und Ausarbeitung des Verfahrens sowie auf die Ausformulierung eines Sets an methodischen Regeln. Dabei wurden unterschiedliche Aufgaben und Schwierigkeiten der Forschenden klassifiziert und methodisch reflektiert, etwa der Feldeinstieg, die Etablierung einer Feldrolle, das Protokollieren von Daten, der Ausstieg aus dem Feld sowie die Auswertung und die Publikation der Ergebnisse. Heute wird die teilnehmende Beobachtung überwiegend im Sinn der Ethnographie als flexible, methodenplurale, kontextbezogene Strategie verstanden, in der eine situations- und fallangemessene Forschungspragmatik vorherrscht. Von einer Standardisierung und Formalisierung des Verfahrens wird dabei abgesehen.

Den Entstehungskontext resümierend kann festgehalten werden, dass es sich bei der teilnehmenden Beobachtung um ein methodisch kontrolliertes Fremdverstehen handelt, das die Sinnstrukturen der Feldsubjekte situativ erschließen soll. Dahinter steht die Annahme, dass soziale Wirklichkeiten auf eine gesellschaftlich-intersubjektive Welt verweisen, die symbolisch vermittelt und kommunikativ bedingt ist und von den Handelnden aktiv hergestellt wird. Teilnehmende Beobachtung wird als Methode dort eingesetzt, wo es unter spezifischen theoretischen Perspektiven um die Erfassung der sozialen Konstituierung von Wirklichkeit, um Prozesse des Aushandelns von Situationsdefinitionen oder um das Eindringen in ansonsten nur schwer zugängliche Forschungsfelder beziehungsweise in Forschungsneuland geht. Angewendet werden kann sie auch bei Personen, die nicht anhand klassischer Interviewtechniken befragt werden können, etwa bei Kindern, oder wo zu große Verzerrungen beispielsweise durch Verdrängung oder Rationalisierung zu erwarten sind (Lamnek 2005, 547ff).

2. Rezeption der teilnehmenden Beobachtung in der Religionswissenschaft

Entsprechend ihrer Fokussierung auf die Erschließung der Geschichte und Glaubensvorstellungen fremder und historischer religiöser Traditionen stand die Übersetzung und Interpretation „heiliger" Texte bis in die 1990er Jahre hinein im Vordergrund religionswissenschaftlichen Arbeitens. Folglich bildeten historisch-philologische Vorgehensweisen das maßgebliche methodische Handwerkszeug der Religionswissenschaft. Mit dieser Ausrichtung grenzte sie sich von religionsphänomenologischen Zugangsweisen ab, die mittels einer einfühlenden Innenperspektive das „Wesen" von Religion erfassen oder nach einer alle Religionen verbindenden Wahrheit suchen wollten. Es ist möglicherweise dieser Traditionsgeschichte (vgl. dazu Kohl 1988) geschuldet, dass die teilnehmende Beobachtung schnell mit der zu recht kritisierten einfühlenden Innenperspektive als methodischer Voraussetzung für religionswissenschaftliches Arbeiten in Verbindung gebracht wurde und wird – und es deshalb entsprechend schwer hat, sich als Methode empirischer Religionsforschung in der Religionswissenschaft zu etablieren. Denn während philologische und historische Verfahrensweisen seit der Etablierung der Religionswissenschaft als akademische Disziplin im 19. Jahrhundert explizit und selbstverständlich als Methoden der Religionsforschung angewandt, akzeptiert und reflektiert wurden und auch weiterhin werden, spielte die Beobachtung und Teilnahme an religiösen Handlungsvollzügen und Abläufen lange Zeit die Rolle einer sich vor allem zufällig ergebenden, quasi natürlichen Begleiterscheinung der Forschung oder geriet in den Verdacht, die als notwendig erachtete Distanz im Forschungsprozess zu verlassen. Es ist jedoch davon auszugehen, dass sowohl Beobachtung als auch Teilnahme an religiösen Ritualen religionshistorische und philologische Forschungsprozesse häufig begleiteten und ergänzten. Die damit verbundenen Erkenntnisse und Erfahrungen werden für die Umgangsweise mit religiösem Schrifttum und zur Einordnung und Strukturierung der untersuchten Quellen, ob in Gestalt von Texten, Ikonographien oder archäologischen Artefakten zumindest im Hintergrund eine Rolle gespielt haben.

Seit sich die Religionswissenschaft die Erfassung und Analyse schriftloser Traditionen sowie der religiösen Gegenwartskultur und der damit verbundenen Wandlungsprozesse von Religionen zu ihren Anliegen gemacht hat, ist die Anwendung von und Auseinandersetzung mit Methoden der qualitativen Sozialforschung eine feste Größe geworden. Mit einem zunehmenden Interesse an gegenwärtigen religiösen Entwicklungen auch in Europa, an Säkularisierungs-, Individualisierungs- und Revitalisierungsprozessen von Religionen sowie einem steigenden Bewusstsein für kulturell, sozial und geschlechtsspezifisch unterschiedliche Aneignungs- und Interpretationsmuster von Religionen vollzog sich innerhalb der Religionswissenschaft ein radikaler thematischer wie methodischer Wandel (siehe bspw. Gabriel 1996; Franke 1998; Baumann und Behloul 2005). Im Zuge dessen gewann die teilnehmende Beobachtung als Methode in einem qualitativen Forschungssetting an Bedeutung. Perspektiven bislang wenig oder gar nicht gehörter Mitglieder von Religionsgemeinschaften, wie etwa feministisch und christlich engagierte Frauen (Franke 2002), Anhänger neuer religiöser Gemeinschaften und Bewegungen (Karow 1990; Bochinger 1995; Maske 2006), deutsche Buddhisten (Bitter 1988; Baumann 1993) oder junge Musliminnen und Muslime der zweiten und dritten Generation in Deutschland (Klinkhammer 2000; Frese 2002; Maske 2010 a, b) hätten mit Methoden der Textanalyse offizieller Schriften oder historischen Perspektiven nicht erfasst werden können. Mit der thematischen Erweiterung des Forschungsspektrums erfolgte deshalb eine Integration von kultur- und sozialwissenschaftlichen Methoden – und damit auch von Beobachtungsverfahren – in das religionswissenschaftliche Methodenrepertoire (Baumann 1998; Franke, Matthiae und Sommer 2001; Knoblauch 2003).

Die teilnehmende Beobachtung hat vor allem als Methode des ersten Zugangs neben anderen qualitativen und quantitativen Verfahrensweisen eine besondere Bedeutung gewonnen: ohne die reale Präsenz der Forschenden im Feld ist ein Zugang zu den eben genannten Themenfeldern und religiösen Akteuren nicht möglich. Allerdings bleibt sie in religionswissenschaftlichen Untersuchungen gegenüber anderen methodischen Herangehensweisen überwiegend im Hintergrund. Sie wird als eigenständige Methode kaum genutzt, sondern häufig in ein methodenplurales Forschungskonzept integriert.

Knoblauch versteht die teilnehmende Beobachtung als entscheidendes Instrumentarium einer Ethnographie von Religionen, die er als ein multimethodisches Verfahren der Beschreibung und Analyse (in diesem Falle: religiöser) Lebenswelten aus der Binnenperspektive beschreibt (Knoblauch 2003, 12f). Teilnehmende Beobachtung bilde das Zentrum jeder Ethnographie und habe als Methode zur Erforschung von Religionen in der eigenen Gesellschaft eine mittlerweile recht etablierte Tradition entwickelt (Knoblauch 2003, 58).

Darüber hinaus begleitet teilnehmende Beobachtung als ergänzende Zugangsweise auch quantitative oder philologische Vorgehensweisen.

Problematisch ist, dass bei der Darstellung wissenschaftlicher Ergebnisse oft unklar bleibt, welche Forschungsergebnisse der Beobachtung zu verdanken sind und in welcher Form diese angewendet wurde (Lüders 2007, 151f). Eine zukünftig deutlichere Konturierung dieser Methode, auch in Hinblick auf eine explizite Reflexion ihrer Anwendung und Bedeutung für religionswissenschaftliche Studien ist deshalb unbedingt notwendig. Denn während Theorien etwa von Malinowski und Geertz in der Religionswissenschaft breit rezipiert und schließlich sogar zum Bestandteil der eigenen Forschungstradition wurden, hat eine intensive Auseinandersetzung mit ihren methodischen Repertoires nicht stattgefunden. Obwohl Ergebnisse der teilnehmenden Beobachtung in Theoriedebatten der Religionswissenschaft mit Sicherheit eingeflossen sind, muss es nach wie vor als ein Desiderat bezeichnet werden, dass die Konsequenzen für das eigene methodische Vorgehen systematisch reflektiert werden.

Als Zwischenfazit kann festgehalten werden, dass der teilnehmenden Beobachtung für die Erforschung religiöser Gegenwartskultur im europäischen wie außereuropäischen Kontext eine entscheidende Bedeutung zukommt. In der Beobachtung und Beschreibung gegenwärtiger religiöser Phänomene liegt eine der zentralen Aufgaben religionswissenschaftlicher Forschung, um religiöse Rituale, Verhaltensweisen und Glaubensäußerungen in ihrer gelebten Ausprägung und Vielfalt zu erfassen. Eine „dichte Beschreibung" religiöser Traditionen zu erstellen und damit deren Sinnzusammenhänge und Strukturen zu verdeutlichen gilt in einer kulturwissenschaftlich verstandenen Religionswissenschaft als ein wesentliches, erstrebenswertes Ziel (Gladigow 1988). Dabei liefern Forschungsergebnisse, die vor dem Hintergrund teilnehmender Beobachtung gewonnen wurden, nicht nur einen wichtigen Bestandteil des Quellenmaterials, sondern sind zugleich Ausgangspunkt und Voraussetzung für theoretische Überlegungen zur gesellschaftlichen und individuellen Wirkung und Funktion von Religionen. Für die Rekonstruktion und das Verständnis religiöser Systeme bedeutet eine Integration von Verfahren der teilnehmenden Beobachtung, dass bis dahin weitgehend unbeachtete, weil nicht in den großen Texttraditionen abgebildete Glaubensvorstellungen und -handlungen als Perspektiven auf und Bestandteile von religiösen Systemen zugänglich gemacht und somit auch in theoretische Überlegungen einbezogen werden können. Religionswissenschaftliche Theoriebildung, die sich auf gegenwartskulturelle Phänomene richtet, kann deshalb auf die Integration von Beobachtungsverfahren als methodisches Handwerkszeug im Rahmen qualitativer Forschungssettings nicht verzichten.

Formen teilnehmender Beobachtung

Während in der sozial- und religionswissenschaftlichen Literatur unterschiedliche Varianten von teilnehmender Beobachtung idealtypisch gegenübergestellt werden, ist in der Forschungspraxis von graduellen Unterschieden und Nuancierungen entlang eines Kontinuums auszugehen, die sich im Laufe des Forschungsprozesses verschieben können (Baumann 1998, 21ff; Knoblauch 2003, 78ff; Flick 2006, 200):

Strukturiert vs. unstrukturiert

Eine strukturierte unterscheidet sich von einer unstrukturierten Beobachtung in der Art des Vorgehens bzw. durch den Grad an Standardisierung der Untersuchung. So folgt die systematische Beobachtung einem standardisierten Schema mit vorab festgelegten Beobachtungskriterien, die auf Hypothesen über den Untersuchungsgegenstand basieren. Eine unstrukturierte Beobachtung folgt dagegen eher impressionistisch dem spontanen Interesse der Beobachtenden.

Die Strukturierung bietet den Vorteil eines hohen Grades an Kontrollierbarkeit; Verzerrungen werden minimiert und Intersubjektivität wie Wiederholbarkeit erhöht. Allerdings müssen die Forschenden bereits einen Überblick über das Feld gewonnen haben, um derartige Kategorien und Dimensionen vorab formulieren zu können. Dagegen hat die unstrukturierte Beobachtung den Vorteil, offener für Neues sowie für unbekannte Relevanzstrukturen im Untersuchungsfeld zu sein. Worauf sich die Beobachtung im Feld richtet, ist flexibel und während des Forschungsprozesses modifizierbar (Lamnek 2005, 587ff). Entsprechend dient unstrukturierte Beobachtung in erster Linie der Informationsgewinnung und Hypothesenkonstruktion in einem noch unbekannten Forschungsfeld. Die Frage, ob unstrukturiert oder strukturiert beobachtet wird, hängt auch von der Phase des Forschungsprozesses ab, denn je weiter dieser fortgeschritten ist, desto fokussierter und selektiver kann beobachtet werden. Die zunehmende Vertrautheit mit dem Feld geht außerdem mit einer Modifikation der Forschungsfragen einher (Flick 2006, 199ff).

Offen vs. verdeckt

Bei einer offenen Beobachtung sind der Status der Forschenden sowie ihr Forschungsinteresse den Beobachteten bekannt. Dies muss nicht bedeuten, dass die Beobachteten die eigentlichen Ziele der Forschung kennen, zumal theoretische Aspekte oft schwierig mitzuteilen sind und dies auch zu einer Verfälschung der Ergebnisse führen könnte. Im Rahmen einer verdeckten Beobachtung geben die Beobachtenden ihre Identität als Forschende nicht zu erkennen, um Störungen im Feld zu vermeiden oder Zugang zu Gruppen zu erhalten, die Untersuchungen von Außenstehenden ablehnen (Lamnek 2005, 560f). Verdeckte Beobachtung kann auch bei großen öffentlichen Veranstaltungen eingesetzt werden, bei denen eine Offenlegung des Status als Forschende zumindest nicht bei allen Teilnehmerinnen und Teilnehmern möglich wäre, etwa bei einer Andacht oder größeren religiösen Veranstaltungen und Festen (Baumann 1998, 18). In der Sozial- wie Religionsforschung ist diese Variante der Beobachtung jedoch insgesamt relativ selten, nicht zuletzt angesichts der ethischen Vorbehalte gegenüber verdeckten Beobachtungen, die dem ‚Prinzip der freiwilligen Einwilligung (informed consent)' widersprechen. Verdeckte Beobachtung ist besonders prekär, wenn der Status des Forschenden auffliegt – dann ist der Zugang zum Feld vermutlich verloren (Lamnek 2005, 610ff).

Gegenüber der verdeckten Beobachtung weist die offene folgende Vorteile auf: Es ist den Forschenden möglich, Aufzeichnungsgeräte einzusetzen, sie können sich weitgehend authentisch und aufrichtig verhalten und müssen deshalb seltener und auch weniger heftige Rollenkonflikte bewältigen. Angesichts des geringeren sozialen Drucks im Feld kann die eigene Rolle stärker selbst beeinflusst werden und es besteht die Möglichkeit, offen nachzufragen oder sich zurückzuziehen.

Teilnehmende vs. nicht-teilnehmende Beobachtung

Hinsichtlich der Rolle der Beobachtenden bestehen unterschiedliche Konzeptionen – entweder als aktiv im Feld teilnehmende oder als nicht-teilnehmende Beobachtende (Flick 2006, 199). Bei einer teilnehmenden Beobachtung werden Religionswissenschaftlerinnen und Religionswissenschaftler selbst Teil des untersuchten Feldes und treten mit ihm in Interaktion. Dadurch werden neben der sprachlichen Dimension religiösen Lebens auch die Handlungsebene sowie die sinnliche Ebene von Religionen erfahrbar. Wesentliche Aspekte der Forschung sind darüber hinaus so genannte ero-epische Gespräche (Girtler 2001, bes. 147ff).

Bei einer teilnehmenden Beobachtung besteht die Gefahr des Verlusts der analytisch-kritischen Distanz. Diese gilt wiederum als wesentlicher Vorteil nicht-teilnehmender Beobachtung, bei der von einer Außenperspektive her beobachtet wird, ohne das Beobachtungsfeld zu beeinflussen. Der Nachteil ist hier jedoch, dass die Binnenperspektive und die Relevanzstrukturen des untersuchten Feldes nicht erfasst werden und Fehlinterpretationen die Folge sein können.[2] Die Entscheidung für eine teilnehmende oder nicht-teilnehmende Beobachtung ist auch

[2] Etwa in der Psychologie und Pädagogik angewandte Beobachtungsverfahren, die eher einer quantitativen Logik folgen und im Labor mit Hilfe von Videogeräten durchgeführt werden, finden in der Religionswissenschaft bislang kaum Verwendung. Vgl. Lamnek 2003, 563f.

abhängig von praktischen Möglichkeiten des Zugangs zu relevanten Situationen und von bereits vorhandenem Wissen über das zu untersuchende Feld. So wird der Grad der Teilnahme im Laufe des Forschungsprozesses vermutlich zunehmen, da sich die Beobachtenden sicherer und selbstverständlicher im Feld bewegen und stärker in Interaktionsprozesse einbezogen werden (Lamnek 2005, 561f).

Der Grad der Teilnahme hängt von der Aushandlung der Rolle der teilnehmend Beobachtenden ab: Zum einen versuchen Forschende, sich selbst im Feld zu positionieren, zum anderen wird ihnen aber auch eine Rolle zugewiesen. Eine Beobachtung im qualitativen Setting ist idealerweise eher unstrukturiert, offen und teilnehmend.

Formale Anforderungen an die Datenfixierung

Ein obligatorischer Bestandteil jeder Beobachtung ist die Aufzeichnung der Beobachtungsdaten. Grundsätzliche Fragen hinsichtlich der Datenfixierung sind: Wann und wie soll das Beobachtete als empirisches Material gesichert werden und was ist überhaupt relevant?

Generell wird in der bestehenden Forschungsliteratur dazu geraten, möglichst direkt im Anschluss an die teilnehmende Beobachtung mit einem *Gedächtnisprotokoll* zu beginnen oder bereits auf dem Nachhauseweg mit einem Diktiergerät alle gewonnen Eindrücke festzuhalten, da die Erinnerungsfähigkeit nachlässt. Das Protokoll soll spätestens einen Tag nach der Beobachtung verfasst werden (Lamnek 2005, 613ff). Aufzeichnungen im Feld sind in der Regel zu vermeiden, da sie als störend empfunden werden und Misstrauen wecken können. Eine Ausnahme bilden beispielsweise Vorträge religiöser Gruppen, bei denen auch Mitglieder Mitschriften anfertigen (Baumann 1998, 18). Hilfreich sind *Stichpunkte und Notizen*, die in unbeobachteten Situationen gemacht werden und unter anderem spezifisches Vokabular festhalten (Lamnek 2005, 616f).

Das Protokollieren sollte als ein ‚Schreiben ohne Hemmungen' aufgefasst werden, zumal Protokolle nicht zuletzt angesichts forschungsethischer Standards der Anonymisierung nicht veröffentlicht werden dürfen. Sinnvoll ist hinsichtlich der späteren Auswertung, sie gleich digital zu verfassen. Es sollte möglichst alles aufgezeichnet werden, was im Feld aufgefallen ist, so dass neben den Notizen zur engeren Forschungsfrage auch genaue Beschreibungen zu den Akteuren und ihren Rollen, zu den Räumen, Orten und Handlungsmustern – in ihren Regelmäßigkeiten, aber auch in ihren Abweichungen, Widersprüchlichkeiten und Konsequenzen – sowie zu Zielen, Motivationen, Glaubensvorstellungen und Lebensstilen der Beobachteten entstehen. Auch die Wahrnehmung gesellschaftlicher

Schranken, die eigenen Gefühle, Analyseansätze und offene Fragen werden protokolliert, denn für die Auswertung ist die Selbstreflexion der eigenen Rolle und Befindlichkeiten unverzichtbar (Lamnek 2005, 618ff). Einfälle, Assoziationen und religionswissenschaftliche Einordnungen sollten im Bericht sofort festgehalten werden (Baumann 1998, 25ff). Sinnvoll ist es, eigene Deutungen, Interpretationen und Reflexionen optisch vom deskriptiven Teil des Protokolls abzusetzen. Forschungsprotokolle sollten so ausführlich wie möglich sein, da sich erst im Laufe des Forschungsprozesses herauskristallisiert, was mit Blick auf das Ergebnis bedeutsam ist (Lamnek 2005, 616f).

Die Protokolle sind umso genauer, je stärker das Beobachtungsschema vorstrukturiert ist – auch wenn damit unter Umständen Erkenntnischancen verbaut werden können. Grob können zwei Varianten von Protokollen unterschieden werden: *chronologische Protokolle* sind gemäß dem beobachteten Handlungsablauf strukturiert, *systematische Protokolle* entlang bestimmter Aspekte und Beobachtungsschwerpunkte. Systematische Protokolle treiben die Auswertung bereits ein Stück weit voran, zumal hier schon Typisierungen entwickelt und Regelmäßigkeiten ermittelt werden. Es fließen bereits Interpretationen ein, weshalb klarer zwischen beobachteten Sachverhalten und Interpretationen getrennt werden muss. Das chronologische System erhält dagegen den zeitlichen Ablauf und Kontext, in dem die Beobachtung stattgefunden hat (Lamnek 2005, 620f).

Aufnahmegeräte, beispielsweise Fotoapparate, Video- und Diktiergeräte bieten neben dem Gedächtnisprotokoll weitere Möglichkeiten der Datenfixierung, die jedoch häufig auf Seiten der Beobachteten zu Misstrauen führen und den üblichen Handlungsablauf stören können (Lamnek 2005, 613ff). Im natürlichen Feld können sie deshalb häufig nicht eingesetzt werden (Girtler 2001, 168ff.).

Ein *Forschungstagebuch* begleitet teilnehmend Beobachtende während des ganzen Forschungsprozesses und wird beispielsweise mit Adressen, Telefonnummern, Verweisen, Anregungen und persönlichen Gedanken bestückt. Es unterstützt die Selbstreflexion und die Organisation des Forschungsprozesses. Auch das Sammeln von Dokumenten, etwa von Aushängen, Flyern, Liedertexten, Primärliteratur u. v. m. ist ein wichtiger Bestandteil der Beobachtung (Baumann 1998, 25f).

Das gewonnene Material wird ganz im Sinne des *zyklischen Forschungsverlaufs* qualitativer Forschung bei teilnehmender Beobachtung gleichzeitig mit dessen Erhebung analysiert (Lamnek 2005, 590). Auf diese Weise wirken gewonnene Erkenntnisse und entwickelte Thesen auf die Beobachtung zurück, indem sie sie zunehmend strukturieren und fokussieren.

Auswertungsverfahren

Ziel der Auswertung ist es, „die sozialen Regeln sowie die hinter den Handlungsprozessen stehenden Alltagswirklichkeiten“ zu erfassen und auf diese Weise Hypothesen und Theorien über den Objektbereich zu entwickeln (Girtler 2001, 146). Für die Auswertung kommen sowohl *kodierende als auch sequentielle Methoden* (Flick 2006, 257ff) infrage, wobei Knoblauch zu kodierenden Verfahren rät (Knoblauch 2003, 98ff). Insgesamt besteht eine relative Regellosigkeit in der konkreten Auswertungsarbeit, die sich deshalb dem Vorwurf des Impressionistischen ausgesetzt sieht. Es besteht außerdem kein Konsens darüber, wie Daten, die mittels verschiedener methodischer Herangehensweisen erhoben wurden, aufeinander bezogen werden sollten. Notwendig wäre eine Intensivierung der Forschung zu Auswertungsverfahren und eine gründlichere Reflexion und Diskussion der gemachten Erfahrungen (Lüders 2007, 400f). Als Gebot für den Auswertungsprozess kann gelten, dass einzelne Auswertungsschritte und Ergebnisse systematisch festgehalten und expliziert werden, um eine intersubjektive Nachvollziehbarkeit zu gewährleisten.

Eine offene Frage ist darüber hinaus, wie die Forschungsergebnisse in einer *Publikation* optimal dargestellt werden können, sodass diese beim Leser Verständnis für die Untersuchten erzeugt und die beschriebenen Lebensumstände deutlich vor Augen geführt werden (Lamnek 2005, 618).

3. Forschungsbeispiel: Die Muslimische Jugend in Deutschland e.V. (MJD)

Es sind insbesondere vier Schwierigkeiten, die den Phasenverlauf einer teilnehmenden Beobachtung „vom Eindringling zum Mitglied und schließlich zum Deserteur“ kennzeichnen (Lamnek 2005, 600):

- Die Zugangsproblemtik zu Beginn der Forschung,
- der prekäre Mitgliedschaftsstatus der teilnehmend Beobachtenden während der Erhebung,
- die Schwierigkeit der Herstellung einer Balance von Nähe und Distanz im Forschungsprozess,
- das Problem des Ausstiegs aus dem Feld am Ende der Beobachtungsphase.

Neben Erläuterungen zur Entwicklung von Zielsetzung und Fragestellung sowie zu Verfahren der Datenerhebung und Auswertung werden im Folgenden Umgangsweisen mit diesen Grundproblemen exemplarisch anhand eines Forschungsprojekts von Verena Maske zur Muslimischen Jugend in Deutschland e.V. erläutert. Da die Studie noch nicht abgeschlossen ist, wird das Problem des Aussteigens nur kurz angesprochen. Das Beispiel soll vor allem verdeutlichen, welche Fragestellungen zur Entscheidung für die Methode einer ethnographisch verstandenen teilnehmenden Beobachtung geführt haben, wie die notwendigen Daten erhoben und analysiert werden und welche Ergebnisse sich daraus formulieren lassen.

Fragestellung und Zielsetzung der Studie

Mit der von Verena Maske bearbeiteten Studie zur Muslimischen Jugend in Deutschland e.V. (MJD) soll eine empirisch bislang weitgehend unerforschte Facette religiöser Gegenwartskultur ins Zentrum der Fragestellung gerückt werden. Die MJD ist ein 1994 gegründeter Verein, der mittlerweile zur zweitgrößten muslimischen Jugendorganisation in Deutschland herangewachsen ist und für die neue Sichtbarkeit des Islam in Deutschland steht. Er verfolgt das Ziel, Jugendlichen eine „gefestigte muslimische Identität" im Rahmen einer modernen Jugendkultur zu vermitteln. Neben der Vermittlung islamischen Wissens spielen in der MJD deshalb auch Freizeitaktivitäten, Sport, Reisen und erlebnisorientierte Events eine entscheidende Rolle. Jugendliche Mitglieder im Alter von 13 bis 30 Jahren gestalten die lokalen, regionalen und überregionalen Aktivitäten weitgehend selbst. Deutschlandweit befinden sich vorwiegend in größeren Städten nach Geschlechtern getrennte Lokalkreise, die wöchentliche Treffen anbieten. Eine Besonderheit ist die multinationale und –konfessionelle Zusammensetzung des Vereins: Die Mitglieder stammen überwiegend aus arabischen Herkunftsländern oder binationalen Familien, in den letzten Jahren sind auch vermehrt Jugendliche türkischer Herkunft und Konvertiten hinzugekommen. Es sind überwiegend Sunniten, aber auch Schiiten in der MJD vertreten. Die Auseinandersetzung mit dem Islam findet in deutscher Sprache statt; Fragen, wie der Islam in Deutschland gelebt werden kann, spielen eine zentrale Rolle. Die Jugendlichen sollen sich als deutsche Musliminnen und Muslime verstehen und sich selbstbewusst und aktiv in die Gesellschaft einbringen. Die Gemeinschaft – beziehungsweise die „Geschwisterlichkeit" – dient als Rückhalt, um einen eigenwilligen Mix aus wertkonservativer Frömmigkeit, Bildungs- und Karriereorientierung sowie moderner Jugendkultur zu kreieren. Der Verein sieht sich mit Vorwürfen des Verfassungsschutzes, der islamistischen Muslimbruderschaft nahe zu stehen, konfrontiert, bestreitet aber selbst solche Verbindungen.

Die Studie macht es sich zur Aufgabe, neben einer Beschreibung des Vereins im Kontext islamisch-jugendkultureller Lebenswelten sowie im Spannungsfeld von Selbstdarstellung und Fremdwahrnehmung die Bedeutung von Vergemeinschaftung für die Identitätskonstruktionen junger Musliminnen der MJD zu erfassen. Ein solcher Fokus verspricht angesichts der Beobachtung, dass junge Musliminnen und Muslime selbst der Gemeinschaftsbildung eine sehr große Bedeutung beimessen, eine vielversprechende empirische wie theoretische Perspektiverweiterung. Nicht nur das rasante Wachstum der MJD und die Entstehung einer islamisch-jugendkulturellen Szene insgesamt, sondern auch neue Bezüge zum Konzept der Umma liefern empirische Belege für die individuelle Relevanz religiöser Vergemeinschaftung bei religiös engagierten jungen Musliminnen und Muslimen. Da ein umfassender Zugang zu den männlichen Vereinsmitgliedern nicht möglich war, stehen die jungen Musliminnen als Teilnehmerinnen und Funktionsträgerinnen der MJD im Mittelpunkt der Untersuchung.

Die MJD als neue Form der Vergemeinschaftung bietet, so die zentrale These der Studie, Raum zur Entwicklung islamischer Identitätskonstruktionen und Religiositätsstile jenseits traditioneller nationaler und konfessioneller Grenzziehungen. Sie scheint insbesondere jungen Musliminnen die Möglichkeit zu geben, eine eigene Positionierung zwischen muslimisch, weiblich-emanzipiert und deutsch sein zu entwickeln und somit Identifikationen und Distinktionen jenseits verbreiteter Dichotomien religiös und sozial abzusichern. Ziel der Untersuchung ist die Analyse der vielschichtigen Aspekte und Spannungsfelder der Identitätsbildung junger Muslimminnen zwischen dem Anspruch auf Integration in die sozialen Strukturen der deutschen Gesellschaft, einer selbstbewussten Teilhabe an moderner Jugendkultur und dem Bedürfnis nach einer klaren islamisch-religiösen Lebensweise. Auf diese Weise soll eine „dichte Beschreibung“ weiblicher, islamisch-jugendkultureller Lebenswelten, Lebensstile und Einstellungsmuster entstehen. Dabei wird an den subjektiven Deutungsmustern und Sinnstrukturen junger Musliminnen angesetzt. Ihre Sichtweisen, Selbst- und Weltbilder sollen in einem subjektorientierten Ansatz mit dem Fokus auf gewählte Zugehörigkeiten und Vergemeinschaftungsprozesse rekonstruiert werden.

Verfahren der Datenerhebung und –auswertung

Mit Knoblauch wird davon ausgegangen, dass für noch kaum erforschte Facetten religiöser Gegenwartskultur qualitative, explorative Herangehensweisen besonders geeignet sind (Knoblauch 2003, Franke, Matthiae und Sommer 2001). Denn bei noch nicht hinreichend erforschten religiösen Phänomenen wie der MJD können nicht vorab Kategorien festgelegt und in einem quantitativen Setting getestet werden – sie würden dem Gegenstand vermutlich nicht gerecht werden. Ziel ist es vielmehr, die Welt aus der Sicht der Untersuchten zu beschreiben, um mit ihren lebensweltlichen Sinnhorizonten und Bedeutungszuweisungen das untersuchte Phänomen in seiner Besonderheit und in seinem lebensweltlichen Kontext zu verstehen. Angesichts dieser Zielsetzung eignet sich eine teilnehmende Beobachtung der Vereinsaktivitäten der MJD besonders gut.[3] Aufgrund des längeren Verbleibs im Feld können der Verein mit seinen Strukturen, Aktivitäten und Zielen, der lebensweltliche Kontext, Prozesse der Vergemeinschaftung, das Selbst- und Weltverständnis sowie die gelebte Religiosität der jungen Musliminnen der MJD möglichst umfassend und authentisch erfasst werden. Es ist eine größtmögliche Offenheit gegenüber dem Gegenstand gewährleistet und den untersuchten Mädchen und jungen Frauen wird ermöglicht, ihre eigenen Bedeutungszuweisungen und Sinnhorizonte darzulegen. Teilnehmend beobachtet werden der Mädchenlokalkreis der MJD in Hannover sowie regionale und überregionale Veranstaltungen, bei denen die Gleichzeitigkeit von expliziter islamischer Frömmigkeit und typischen jugendkulturellen Aktivitäten sichtbar wird.

Anhand der teilnehmenden Beobachtung soll ein Portrait der MJD und der dort vorzufindenden islamisch-jugendkulturellen Lebenswelten, Lebensstile und Identitätskonstruktionen erstellt werden. Nicht zuletzt bietet sich die teilnehmende Beobachtung auch als Methode für den ersten Zugang an, um Kontakt herzustellen, Vertrauen zu gewinnen und induktiv aus den Ergebnissen der Beobachtung heraus Fragestellungen zu entwickeln und zu modifizieren.

Kontaktherstellung und der prekäre Zugang zum Feld

Zu Beginn jeder Forschung stellt sich die Frage des Zugangs zum interessierenden Feld. Das Zugangsproblem ist dabei vielschichtig: Es können Widerstände, Probleme und Verweigerungen von Seiten der Untersuchten beim Zugang zum Feld entstehen (Lamnek 2005, 600ff; Flick 2006, 86ff; Wolff 2007, 334-348), ebenso können sich aber auch Probleme auf der Seite der Forschenden ergeben, wenn innere Widerstände, Ängste und Abwehrmechanismen gegenüber dem Feld entwickelt werden oder sich die Rollenzuweisungen im Verlauf der Forschung verändern (Lindner 1981; Malinowski 1985; Wistuba 2005, 23-34).

Eine große Angst von erstmals teilnehmend Beobachtenden ist es, von den Personen im Feld nicht als Forschende akzeptiert zu werden, während die Erfahrung zeigt, dass meist genau das Gegenteil passiert (Dewalt / Dewalt 2002, 65).

[3] Ergänzend zur teilnehmenden Beobachtung im ethnographisch verstandenen Sinn werden leitfadenbasierte Experteninterviews, ein Fragebogen zur Erfassung demographischer Daten sowie problemzentrierte Leitfadeninterviews mit jungen Musliminnen des Vereins genutzt. Auch die Analyse von gesammelten Primärquellen und der Homepage ist ein wesentlicher Bestandteil des methodischen Vorgehens.

Es ist ratsam, den Kontakt zum Feld bereits früh herzustellen, da Kontaktherstellung und Zugangsfindung mit viel Aufwand verbunden sind, sich der weitere Forschungsverlauf aufgrund von Unwägbarkeiten und Zufällen im Feld kaum planen lässt und die eigene Forschung aufgrund einer induktiven Herangehensweise von Beginn an von den Erkenntnissen aus dem Feld profitieren kann.

Den Anfang des Forschungsprojekts zur MJD bildete ein allgemeines Interesse an muslimischen Jugendlichen in Deutschland, ihrer gelebten Religiosität, ihrer religiösen Identität sowie an Sozialisationsprozessen in muslimischen Gemeinden und Jugendgruppen. Eine Zuspitzung und Fokussierung der Fragestellung ergab sich anhand theoretischer Vorüberlegungen und vor allem mit Hilfe von ersten teilnehmenden Beobachtungen im Feld. Eine erste Sichtung der Literatur ermöglichte einen Überblick über den Forschungsstand zu diesem Thema ebenso wie zu Forschungsdesideraten und befähigte zur Entwicklung einer ersten groben Fragestellung. Es wird kontrovers diskutiert, ob und wie intensiv Lektüre zur Vorbereitung des Feldzugangs sinnvoll ist, da das Feld möglichst unvoreingenommen betreten werden soll (Knoblauch 2003, 81). Die Lösung liegt vermutlich in einem Mittelweg, der den Forschenden genug Sicherheit für ein souveränes Auftreten im Feld vermittelt und Verhaltensfehler verhindert, ohne zu sehr von Vorannahmen geprägt zu sein.

Zunächst galt es, ein geeignetes Forschungsfeld zur Bearbeitung dieser Fragestellung ausfindig zu machen. Es waren unterschiedliche Vorgehensweisen denkbar: Sollte beispielsweise Kontakt zu Jugendlichen mit muslimischem Hintergrund über Schulen hergestellt werden, um unterschiedliche Grade an persönlicher Religiosität betrachten und auf diese Weise auch Säkularisierungsprozesse von Migranten mit muslimischem Hintergrund erfassen zu können, oder sollte der Versuch gemacht werden, über islamische Vereine und Organisationen einen Zugang herzustellen und somit überwiegend gläubige junge Musliminnen und Muslime zu untersuchen? Letzteres würde angesichts der geringeren Bandbreite an Einstellungsmustern differenzierte Einblicke versprechen. Mit der Wahl des Feldes geht, wie hier deutlich wird, auch die Entscheidung für den Ausschnitt der sozialen Realität einher, anhand derer die Fragestellung bearbeitet werden soll.

Da ein vertiefter Einblick in Lebenswelten und Selbstverständnisse junger Musliminnen und Muslime erlangt werden sollte, wurde zunächst ein Zugang über verschiedene Moscheegemeinden in Hannover, die unter anderem dem Verein islamischer Kulturzentren, der Islamischen Gemeinschaft Milli Görüs und der Alevitischen Gemeinde in Deutschland angehörten, gesucht. Nach einer Recherche von Moscheegemeinden vor Ort erfolgte ein telefonischer Kontakt mit Gemeindevorstehern, Hocas oder in der Moscheegemeinde engagierten Personen, um das Forschungsvorhaben kurz vorzustellen und einen Termin für ein erstes persönliches Treffen zu vereinbaren. Diese Treffen sollten einen weiteren Zugang ins Feld ermöglichen. Recht schnell zeigten sich erste Schwierigkeiten: Es gab Verständigungsprobleme in Gemeinden, in denen überwiegend die jeweilige Herkunftssprache gesprochen wurde, es entstanden Missverständnisse hinsichtlich des Forschungsinteresses, das keinem Konversionswunsch entsprang, es wurden Missionierungsversuche unternommen, Verabredungen zu Treffen nicht eingehalten oder unmissverständlich und direkt der Zugang zum Feld blockiert.

Diese Erfahrungen machen deutlich, dass die Kontaktherstellung über offizielle Vertreter einer Religionsgemeinschaft zunächst einfacher erscheinen mag als die Herstellung informeller Kontakte, sich der Zugang jedoch letztlich häufig als unzureichend erweist. Es ist schwierig, auf offizieller Ebene von der Bedeutung und Nicht-Schädlichkeit einer Forschung zu überzeugen und darüber hinaus einen unbefangenen Kontakt zu den Gläubigen herzustellen (Wolff 2007, 338). Ein neu entstandener Einflussfaktor für die Zugangsfrage ergibt sich daraus, dass die Beforschten zunehmend über sozialwissenschaftliche Forschung vorinformiert sind, was zu einem Entgegenkommen, aber auch zu einer Abwehr von Forschungsbemühungen führen kann (Wolff 2007, 339). Deshalb kann es durchaus ratsam sein, den Zugang zu institutionellen Entscheidungsträgern über informelle Kontakte herzustellen, da die Forschenden dann als „Bekannte“ ins Feld eingeführt werden. Auch wenn zur Forschung eine offizielle Genehmigung erforderlich ist – dies wäre etwa bei einer Studie an öffentlichen Schulen der Fall – sollten zunächst persönliche, individuelle Kontakte hergestellt und erst in einem zweiten Schritt Anschreiben an die zuständigen Personen oder Institutionen verfasst werden, um über Anliegen, Vorgehen und Motivation der Forschung zu informieren und Anonymität zuzusichern. Auf diese Weise werden die Forschenden im Untersuchungsfeld schrittweise bekannt und können Vertrauen herstellen (Lamnek 2005, 600ff).

Insgesamt ist es entscheidend, Kontakte zu knüpfen, aufrecht zu erhalten (Lamnek 2005, 600ff) und möglichst viele Personen (Meinungsführer wie Abweichler) auf allen Hierarchieebenen einzubeziehen. Eine Reflexion über etwaige Motive von Kontaktpersonen ist ebenso erforderlich wie die Berücksichtigung der Einseitigkeiten, die sich aus ihrem spezifischen Status im Feld ergeben (Lamnek 2005, 600ff; Flick 2006).

Der Zugang zum Feld muslimischer Jugendlicher war für mich (Verena Maske) nicht nur mit den oben genannten Problemen verbunden, sondern eröffnete auch neue Möglichkeiten und Perspektiven. So kam ich durch Zufall mit einer jungen Muslimin ins Gespräch, die in einer muslimischen Mädchengruppe engagiert war und mich einlud, einmal daran teilzunehmen. Nach einigen Besuchen stellte sich diese Gruppe als ein interessantes, fruchtbares und noch kaum untersuchtes Forschungsfeld heraus: Die Mädchengruppe gehörte der zweitgrößten muslimischen Jugendorganisation in Deutschland, der MJD an. Nach Beobachtungen und ergänzenden Recherchen schien mir besonders interessant zu sein, dass die MJD insofern als eine neue islamische Vergemeinschaftungsform in Deutschland angesehen werden kann, als sie nicht nur multinational zusammengesetzt ist, sondern auch unterschiedliche islamische Richtungen durch ihre jugendkulturellen Angebote und Aktivitäten zu einer deutsch-muslimischen Identität bündeln möchte. Eine Untersuchung religiöser Identitätskonstruktionen mit dem Fokus auf der Bedeutung dieser neuen Form von Vergemeinschaftung schien daher besonders lohnenswert.

Es zeigte sich, dass das bislang beobachtete Feld sämtlicher Moscheegemeinden in Hannover viel zu groß und heterogen war, um es unter einer spezifischen Forschungsfrage zu erfassen. Mit dieser Forschungsperspektive wurde das Feld auf die regelmäßige teilnehmende Beobachtung beim Mädchenlokalkreis Hannover sowie bei regionalen und überregionalen Veranstaltungen der MJD verengt. Neben theoretischen Aspekten spielten auch forschungspragmatische Gründe hinsichtlich des relativ unproblematischen Zugangs zu den weiblichen Mitgliedern und die Unmöglichkeit eines vergleichbaren Zugangs zu den männlichen Mitgliedern eine entscheidende Rolle für die Zuspitzung der Fragestellung und des Forschungsfeldes auf junge Musliminnen in der MJD.

Im Laufe der Beobachtung wurde ich als Forschende mit oft bohrenden Fragen über mein Tun, meine Person und Intention konfrontiert. Ein solches Misstrauen ist gerade bei religiösen Minoritäten oder „Sondergruppen" verbreitet und wird bei religionswissenschaftlichen Studien zur religiösen Gegenwartskultur eine häufige Erfahrung sein (Klinkhammer 2000; Franke 2002; Schmidt 2005). Dies kann zum einen Zugangsprobleme, zum anderen aber auch Erwartungen und Hoffnungen einer positive(re)n Darstellung der eigenen religiösen Gemeinschaft nach sich ziehen.

Insbesondere die jungen Musliminnen sind aufgrund der gesellschaftspolitischen und internationalen Diskurse über ‚den Islam', des oft gegen sie gehegten Fundamentalismusverdachtes und den nicht selten erlittenen Diskriminierungserfahrungen skeptisch und vorsichtig gegenüber Außenstehenden. Von daher ist es wichtig, ein ehrliches, offenes und vertrauensvolles Interesse an ihnen und ihren lebensweltlichen Erfahrungen zu zeigen, eine intensive Kommunikation zu pflegen, genau zuzuhören und auch persönliche Dinge von sich selbst preiszugeben, um auf diese Weise eine solide Vertrauensbasis zu schaffen (Girtler 2001, 2004). Zugleich sind aber auch die Erwartungen zu reflektieren, die von Seiten der Beforschten an eine solche Studie gestellt werden. Die Erwartungen der MJD-Mitglieder an mich wurden erst sukzessive im Forschungsprozess offensichtlich.

An den bisherigen Ausführungen zeigt sich, dass die Frage des Feldzugangs bis zum Ausstieg aus dem Feld nie ganz abgeschlossen, ist – auch wenn sie zu

Beginn einer Forschung besonders problematisch ist, so ist sie doch während des gesamten Forschungsverlaufs prekär, da der Zugang „Tätigkeits- und Prozesscharakter“ (Wolff 2007, 335) hat. Außerdem wird deutlich, dass Beobachtungsfelder nicht a priori festgelegt werden müssen, sondern sich im Verlauf der Forschung erweitern oder verengen können.

Rollenfindung und Selbstreflexion der Forschenden als konstitutiver Bestandteil von teilnehmender Beobachtung

Nach der ersten Kontaktherstellung ist die Frage des Zugangs eng mit der Rollenfindung im Feld verbunden, die für die Methode der teilnehmenden Beobachtung konstitutiv ist (Kantowsky 1969, 428-434). Die jeweils eingenommene Rolle entscheidet darüber, welche Aspekte des Feldes erfasst werden können und welche verschlossen bleiben. Gold unterscheidet in seinem Modell folgende Beobachterrollen (vgl. Flick 2006, 201):

- den vollständigen Teilnehmer (geht oft mit verdeckter Beobachtung einher, Gefahr des „going native“ als vollständige Identifikation und Verlust von Distanz)
- den Teilnehmer-als-Beobachter
- den Beobachter-als-Teilnehmer und
- den vollständigen Beobachter (durch Videoaufnahme oder in öffentlichen Räumen, Gefahr des Ethnozentrismus).

Wie bereits im Abschnitt über den Zugang zum Feld deutlich geworden ist, gab ich mich aus ethischen Gründen von Anfang an als Religionswissenschaftlerin mit meinem Forschungsinteresse zu erkennen, wählte also die Variante einer *offenen Beobachtung,* um authentischer und ehrlicher mit der Doppelrolle im Feld umgehen zu können. Mein Verhalten im Feld kann als ein je nach Situation dem Gegenstand angepasstes *Changieren zwischen der Rolle einer teilnehmenden Beobachterin und einer beobachtenden Teilnehmerin* bezeichnet werden. In einer Mädchengruppe von zwischen fünf und fünfzehn, manchmal auch bis zu dreißig Mädchen ist es unmöglich, nicht-teilnehmend zu beobachten. Dies würde Misstrauen erwecken und die Natürlichkeit der Situation in einer Weise stören, dass entsprechende Verzerrungen der sozialen Realität die Folge wären. Daher war es entscheidend, eine Position im Feld einzunehmen, die es erlaubte, dem Forschungsinteresse nachzugehen, ohne das Feld zu stören, und dabei eine möglichst große Nähe zum Gegenstand herzustellen. Nur so konnte die Welt aus der Sicht der untersuchten Mädchen kennen gelernt werden.

In diesen Prozessen spielt die Persönlichkeit von Forschenden eine entscheidende Rolle: Nähe und Vertrauen konnten in diesem Fall deshalb hergestellt werden, weil ein beliebtes und engagiertes Mitglied den Zugang in die Gruppe gewährt hatte und weil ich ähnlichen Alters und gleichen Geschlechts war. In diesem Feld hätte ein männlicher Forscher oder eine ältere Forscherin keinen oder zumindest keinen vergleichbaren Zugang erhalten. Der allgemein hohe Bildungsgrad und damit eine lebensweltliche Nähe zum studentischen Lernen, Arbeiten und Leben erleichterten den Zugang darüber hinaus ungemein. Meine Bereitschaft, an den bei Gruppentreffen geführten Diskussionen, Gruppenarbeiten und Aktivitäten überwiegend teilzunehmen und diese zu unterstützen sowie auch bereitwillig und authentisch über mich Auskunft zu geben, bewies eine partnerschaftliche Solidarität mit den Untersuchten, ohne dass ich mich dem Druck einer vollständigen Identifikation etwa in Form von Konversion ausgesetzt oder gar unterworfen hätte (vgl. dazu Friedrichs und Lüdtke 1973, 36; Girtler 2001).

In einigen Situationen fühlte ich mich auf die Probe gestellt, als ob die untersuchten jungen Musliminnen mich beobachteten, um festzustellen, ob ich als Person ‚in Ordnung' sei. Dafür wurden Aspekte meiner Person herangezogen, die in anderen Kontexten keine Rolle gespielt hatten. Es wurde beispielsweise anerkennend festgestellt, dass ich einen Ehering trug und die Beforschten interessierten sich auch für meine Einschätzung zu aktuellen gesellschaftspolitischen Ereignissen sowie zum Islam im Besonderen und zu Religion im Allgemeinen.

Offenheit und Einfühlungsvermögen sind neben verbalen und nonverbalen Fähigkeiten bei einer teilnehmenden Beobachtung unbedingt erforderlich. Ebenso ist es ein unabdingbares Gebot, den untersuchten Menschen mit Achtung und Respekt vor ihren Lebensgewohnheiten, höflich, dankbar und ohne Missionierungseifer zu begegnen, um auf diese Weise eine Atmosphäre gegenseitigen Vertrauens zu schaffen (vgl. auch Girtler 2004; Lamnek 2005, 591ff, 601ff). Fühlen sich die Untersuchten nur als Datenlieferanten ausgehorcht, bespitzelt und ausgenutzt, ist der Zugang schnell beschränkt oder gar verloren. Darüber hinaus ist es von großer Bedeutung, verlässlich zu sein und Einsatz zu zeigen. Für mich bedeutete dies beispielsweise, pünktlich zu sein, Veranstaltungen nicht vorzeitig zu verlassen, auch einmal privaten Einladungen zu folgen, gemeinsam mit dem Bus zu den Meetings zu fahren, auch wenn es mit dem eigenen Auto bequemer gewesen wäre, und sich an sozialkaritativen oder über den Islam aufklärenden Aktivitäten zu beteiligen.

Teilnehmend Beobachtende müssen ein hohes Maß an Flexibilität und die Bereitschaft, viel Zeit mit den Untersuchten zu verbringen, an den Tag legen. Überkonformität kann dabei genauso negativ bewertet werden wie abweichendes Verhalten. Es hat sich gezeigt, dass eine möglichst authentische Haltung forschungsethisch empfehlenswert und auch forschungspraktisch sinnvoll ist (Girtler 2001). Beispielsweise habe ich mein Kleidungsverhalten angepasst, allerdings kein Kopftuch angelegt, an nahezu allen Aktivitäten der Gruppe teilgenommen, jedoch niemals am gemeinsamen Pflichtgebet. Ich gehörte mehr und mehr als Mitglied der Gruppe dazu, markierte aber auch immer wieder Differenz und Distanz, indem ich implizit wie explizit deutlich machte, dass ich keine Konversionsabsichten hatte und auch regelmäßig unangenehme, kritische Fragen stellte. Auf diese Weise schien ich nach anfänglichem Misstrauen zunehmend als eine Bereicherung der Gruppe wahrgenommen zu werden. Mit anfangs geäußerten Konversionserwartungen oder –hoffnungen seitens einiger Teilnehmerinnen wurde ich schließlich nicht mehr konfrontiert, so dass ich mich zunehmend als ein – wenn auch in mancher Hinsicht anderes – Mitglied der Gruppe akzeptiert fühlte. Mit zunehmender Vertrautheit legte sich auch das Unbehagen, als Fremde in eine unbekannte Situation zu geraten.[4]

Auf diese Weise war es im Laufe der Forschung beispielsweise möglich, bei Gesprächen und Diskussionen zu Themen zugegen zu sein, die gegenüber Fremden normalerweise mit einem gewissen Tabu belegt sind – also etwa zu Fragen der Partnerwahl, von Geschlechtsverhältnissen und -identitäten oder von Konflikten und Zwängen in der Familie. Außerdem wurde mir ein inoffizieller und damit vertrauensvollerer Zugang zu den Insidern der MJD, also ihren aktiven Mitgliedern, und speziell für sie bestimmten Veranstaltungen gewährt. All dies war nur durch den bereits im Beobachtungsprozess erarbeiteten Vertrauensvorschuss möglich.

Da das Feld weitgehend unbekannt war, lag zunächst eine *unsystematische Beobachtung* nahe. Es wurden alle Aspekte beobachtet, die interessant erschienen und die daraus entstehenden Daten wurden in chronologischen Gedächtnisprotokollen fixiert. Im Laufe des Forschungsprozesses wurden daraus Thesen und erste Ergebnisse formuliert, die auf die Beobachtung zurückwirkten und sie stärker strukturierten. Möglichst schnell sollte ein Einblick in die wichtigsten Regeln und Selbstverständlichkeiten in der MJD gewonnen werden. In diesem Zusammenhang wird der Forschungsverlauf auch oft als zweiter Sozialisationsprozess beschrieben (Lamnek 2005, 87, 733).[5]

Das deutlichste Befremden empfand ich hinsichtlich der im Verein praktizierten Geschlechtertrennung. Relativ zu Beginn der Forschung hatte ich zunächst gefragt, ob auch eine Teilnahme an einem so genannten Brüderkreis möglich sei, was jedoch verweigert wurde – auch mit dem Verweis, dass meine Anwesenheit zu erheblichen Verzerrungen führen würde. Die Hoffnung, beim Be-

---

[4] Die Überwindung anfänglichen Unbehagens im Forschungsprozess beschreibt auch Baumann (vgl. Baumann 1998, 22 f).

[5] Zu den Phasen eines Forschungsverlaufes vgl. auch Friedrichs 1973, 86 und Spradley 1980.

such eines gemischtgeschlechtlichen Meetings Kontakt zu Jungen und jungen Männern der MJD aufnehmen zu können, zerschlug sich im Feld recht schnell: Neben der direkten Aufforderung, bei der Begegnung mit dem anderen Geschlecht den Blick zu senken, gab es auch einige unausgesprochene Regeln, die ich teilweise erst lernte, als ich sie bereits gebrochen hatte. So saßen etwa Teilnehmerinnen bei Veranstaltungen auf der linken und männliche Teilnehmer auf der rechten Seite des Raumes, auch die Essensausgabe war nach Geschlechtern getrennt. Die Geschlechterdifferenz, die in meiner alltäglichen Lebenswelt keine große Rolle spielt, war im Feld offensichtlich eine entscheidende Kategorie. Da ich als Frau nur eine weibliche Perspektive umfassend erfassen konnte, war es sinnvoll, die Untersuchung auf junge Musliminnen zu beschränken. Aber nicht nur dies machte eine Zuspitzung der Untersuchung auf junge Musliminnen sinnvoll: Die Entdeckung der großen Bedeutung eines wertkonservativen Umgangs der Geschlechter bei gleichzeitiger Orientierung an westlicher Jugendkultur und dem Wunsch nach Teilhabe an der deutschen Gesellschaft eröffnete in ihrer spannungsreichen Widersprüchlichkeit neue, interessante Forschungsperspektiven hinsichtlich von Geschlechterrollen und Identitäten junger Musliminnen der MJD zwischen Tradition und Aufbruch. Dies zeigt, dass ein verwehrter Zugang auch mit Erkenntnischancen und der Entwicklung neuer Perspektiven einhergehen kann.

Interaktive Aspekte des Feldzugangs sind Zeichen der Natürlichkeit der Untersuchung, die es zu reflektieren und als Erkenntnisquelle zu nutzen gilt. Erforderlich dafür ist die Fähigkeit, das eigene Vorgehen, die eigenen Erfahrungen und Wahrnehmungen im Feld und die eigenen individuellen, kulturellen und sozialen Voraussetzungen reflexiv durchdringen zu können (Lüders 2007, 395). Es gibt keine Patentrezepte, wie der Weg ins Feld gesucht und aufrechterhalten werden kann. Er muss in jedem Fall als eine nie abgeschlossene Arbeitsaufgabe begriffen und gestaltet werden, in der situative Unwägbarkeiten ertragen werden müssen und auf eine vollständige Planbarkeit verzichtet werden muss. Die Wachsamkeit für all diese Prozesse und eine systematische Reflexion darüber bietet neue, eigene Erkenntnismöglichkeiten (Wolff 2007, 335).

Zur Herstellung einer Balance von Nähe und Distanz zwischen Teilnahme und Beobachtung

Bedeutendstes methodologisches Problem, aber zugleich auch die größte Stärke der teilnehmenden Beobachtung ist das antinomische Postulat der Herstellung von Nähe zum Forschungsgegenstand bei gleichzeitiger Wahrung einer kritisch-analytischen Distanz, das sowohl in der Zugangs- als auch in der Feld- und Postfeldphase eine Herausforderung darstellt. Zunächst ist es die Aufgabe der teilnehmend Beobachtenden, die zum Feld bestehende Distanz aufzugeben und Nähe herzustellen, um einen Zugang zu finden. Ist dieser erfolgt, muss eine balancierende Gleichzeitigkeit von Identifikation und Teilnahme sowie Beobachtung und Distanz hergestellt werden. Dazu kommt die Herausforderung, in der Postfeldphase einerseits den Standards und Normen der scientific community zu genügen und andererseits der untersuchten religiösen Gruppierung gerecht werden. Es gibt keinen generellen Ausweg aus dem Dilemma, vielmehr müssen teilnehmend Beobachtende eine individuelle, situationsspezifische Balance zwischen diesen Anforderungen herstellen (Vgl. Lamnek 2005, 632ff).

Da die Forschenden die Welt aus den Augen der Untersuchten, also deren Lebenswelt und Alltagswirklichkeit in den ihr eigenen Kategorien beschreiben sollen, müssen sie eine besondere Nähe zum Gegenstand herstellen. Bei Wahrung einer allzu großen Distanz würden sie Gefahr laufen, dem Gegenstand Kategorien und Deutungsmuster aufzudrücken. Gültigkeit und Zuverlässigkeit der gewonnen Daten werden jedoch gefährdet, wenn die Beobachtenden dem Untersuchungsfeld ihr eigenes Sinnverständnis unterlegen. Ein solcher Ethnozentrismus ist das logische Gegenteil des so genannten going native als einer vollständigen Identifikation der Beobachtenden mit ihrem Gegenstand (Siehe Lamnek 575ff). Einerseits kommt es darauf an, mit dem Forschungsfeld und den Perspektiven der darin Lebenden weitgehend vertraut zu werden, also eine Art kontrollierte Perspektivenübernahme zu leisten. Andererseits müssen die Beobachtenden aber das Verstandene auch anderen mitteilen und es für sie überprüfbar machen, also eine wissenschaftliche Distanz herstellen, die Voraussetzung für den ‚sezierenden und Erkenntnis gewinnenden Blick der Sozial- bzw. Religionsforschenden‘ ist (Lüders 1981; Baumann 1998). Dies macht eine methodische Kontrolle und systematische Reflexion der Rollenübernahme im Feld unerlässlich. Diese sollten wenn möglich durch eine Supervision (z. B. in einer Gruppe von Forschenden) begleitet werden (Flick 2006).

Die Herstellung einer Balance von Nähe und Distanz ist insbesondere bei einer religiösen Minorität, die von außen als deviant und konflikthaft wahrgenommen wird, ihren Mitgliedern zugleich aber ein anderes Selbstbild vermittelt, mit besonderen Schwierigkeiten verbunden. Im hier vorgestellten Beispiel bleibt es während des gesamten Forschungsprozesses eine Herausforderung, sich weder als unkritische Fürsprecherin der MJD vereinnahmen zu lassen, noch sich zu einer grundsätzlicheren Kritikerin des Vereins aufzuschwingen. Vielmehr geht es darum, sich um Deskription und systematische Analyse des Phänomens zu bemühen, die die Innenperspektive der Untersuchten nachzeichnet, ohne sich diese zu eigen zu machen (vgl. hierzu Franke und Maske 2008). Zum einen entstehen im Rahmen eines längeren Feldaufenthaltes freundschaftliche Beziehungen,

Gefühle von Solidarität und ein tiefes Verständnis der Perspektive der Untersuchten, zum anderen lösen manche Situationen im Feld auch Gefühle des Befremdens und entsprechende Vor- und Werturteile aus, die immer auch von der eigenen gesellschaftlichen Position und den jeweiligen gesellschaftspolitischen Diskursen geprägt sind. Beides, also die zum Teil widersprüchlichen Gefühle, Einstellungen, Gedanken und Interessen als auch die mit der eingenommenen Rolle verbundenen Erwartungen von Seiten der Untersuchten müssen reflektiert werden, um immer wieder neu eine distanzierte Position zum Beobachteten einnehmen zu können.

Der Ausstieg aus dem Feld

Wenn eine theoretische Sättigung erreicht ist und durch die Beobachtung kein Erkenntnisgewinn mehr erlangt werden kann, weil nichts mehr neu erscheint oder zu der eigenen Forschungsfrage erschöpfende Auskünfte und Informationen gewonnen werden konnten, wird die Forschung abgeschlossen (Lamnek 2003, 592ff).

Die Balance von Nähe und Distanz spielt auch für die heikle Phase des Ausstiegs aus dem Prozess der teilnehmenden Beobachtung eine entscheidende Rolle. Hier gilt es, sich mit Einfühlungsvermögen authentisch von den Beobachteten zu verabschieden, ohne ihnen das Gefühl zu vermitteln, nun nicht mehr zweckdienlich zu sein. Der Ausstieg aus dem Feld ist unbedingt notwendig, um in der Phase der Auswertung genügend analytische Distanz zu erreichen, er muss aber so gestaltet sein, dass das vorher erarbeitete Vertrauen nicht rückwirkend zerstört wird. Eine offene Haltung der Forschenden kommt auch hier einem gelungenen Abschluss der teilnehmenden Beobachtung zu Gute, da von Anfang an klar ist, dass der Prozess der Teilnahme im Feld auch ein Ende finden wird.

Auch nach dem Abschluss der Erhebung sollten die Forschenden für die Untersuchten erreichbar sein. Im Sinne einer kommunikativen Validierung kann es außerdem sinnvoll sein, die Ergebnisse rückzukoppeln und mit den Beobachteten zu diskutieren (Steinke 2007, 320).

4. Chancen und spezifische Potentiale der teilnehmenden Beobachtung für die Religionswissenschaft

Zweifellos kommt der teilnehmenden Beobachtung in der Religionswissenschaft für die Erforschung religiöser Gegenwartkultur sowohl in eigenen als auch in fremden Kulturen eine zentrale Bedeutung zu. Das liegt unseres Erachtens daran, dass sie gerade in der Anfangsphase eines Forschungsprozesses von unschätzbarem Wert ist, um einen soliden, vertrauensvollen Zugang zum Feld zu finden. Nur auf diese Weise kann das Feld und können seine Akteure so unmittelbar wie möglich kennen gelernt werden, um eine angemessene Fragestellung, eine ‚dichte Beschreibung' des Gegenstandes mitsamt seinen Kontexten sowie geeignete Analyseansätze der entdeckten Strukturen, Regeln und Zusammenhänge des sozialen bzw. religiösen Feldes zu gewinnen. Die Gefahr wirklichkeitsferner Deutungen und Verzerrungen wird durch den langen Erhebungszeitraum in einer relativ natürlichen Erhebungssituation begrenzt.

In religionswissenschaftlichen Untersuchungen kommt die teilnehmende Beobachtung insbesondere in Kombination und Triangulation mit anderen, meist qualitativ orientierten Forschungsmethoden zum Einsatz. Eine solche Herangehensweise ist besonders ergiebig, da sie eine größtmögliche Gegenstandsangemessenheit verspricht und auf diese Weise offen und flexibel für Neues im Feld ist. Problematisch ist jedoch, dass die teilnehmende Beobachtung tendenziell zu einer Methode der Kontaktherstellung und Entwicklung bzw. Modifizierung der Fragestellung degradiert wird, was ihre spezifischen Potentiale etwa hinsichtlich der Erfassung und Analyse religiöser Lebenswelten, Handlungsmuster und sinnlich wahrnehmbarer Dimensionen von Religionen verkennt. Dies ist ein bedeutender Unterschied zu ihrem ethnologischen wie soziologischen (Entstehungs-)Kontext, in dem sie zwar auch in einer Kombination mit anderen Methoden zum Einsatz kommt, dann jedoch überwiegend als „Königsdisziplin" betrachtet wird (Girtler 2001, 2004; Fischer 2002; Sutterlüty und Imbusch 2008; Beer 2008).

So kommt die teilnehmende Beobachtung in religionswissenschaftlichen Studien einerseits zwar häufig zum Einsatz, andererseits führt sie jedoch ein Schattendasein, da sie nach wie vor kaum explizit, reflektiert und intersubjektiv nachvollziehbar angewendet wird. Entsprechend unklar bleibt, welche Erkenntnisse dem Verfahren der teilnehmenden Beobachtung zu verdanken sind, zumal in der Darstellung der Ergebnisse vorwiegend auf Auszüge aus Interviewtranskripten rekurriert wird. Vielleicht wird angesichts der langen Dominanz des Zugangs zu religiösen Phänomenen mittels offizieller Schriften ein Interviewtranskript als glaubwürdigere, ‚objektivere' Datenquelle angesehen als ein Gedächtnisprotokoll?

Ein weiterer Grund für eine geringere Akzeptanz der teilnehmenden Beobachtung mag auch darin liegen, dass sie als Methode relativ wenig standardisierbar und formalisierbar ist und deutlich von der Persönlichkeit der jeweils Forschenden abhängt (Flick 2006). In der Folge wird die teilnehmende Beobachtung als zu subjektiv kritisiert, da die Wahrnehmung der Beobachtenden begrenzt und interessengeleitet sei und die Erhebungssituation von der jeweiligen Persönlichkeit beeinflusst werde (Atteslander 2003, 138). Dem gegenüber lässt sich natürlich fragen, ob es überhaupt eine Erhebungsmethode gibt, bei der die Subjektivität der Forschenden ganz ausgeblendet ist. Der Vorwurf der zu starken Subjektivität ist auch deshalb nicht angebracht, weil es ein wesentlicher Teil des Forschungsprozesses ist, genau diese Subjektivität bewusst zu machen, zu reflektieren und produktiv im Prozess von Analyse und Erkenntnisgewinnung einzusetzen.

Werden hauptsächlich autorisierte Texte religiöser Traditionen oder Aussagen prominenter Gläubiger zur religionswissenschaftlichen Theoriebildung herangezogen, so hat dies implizit zur Konsequenz, dass Religionen überwiegend als verfestigte Glaubenssysteme analysiert werden. Auf diese Weise kommt zwar die Vielfalt möglicher Unterschiede zwischen theologischen Grundlagen bzw. kollektiven Konzepten und ausgewählten, individuellen Glaubensüberzeugungen in den Blick. Die Ebene von Religionen als materialisierte und damit verobjektivierte soziale Systeme, die durch das Handeln von Menschen entstehen und auf Handlungs- und Einstellungsmuster in sehr heterogener Weise zurückwirken, bleibt jedoch vernachlässigt. Eine teilnehmende Beobachtung religiöser Felder kann es leisten, Untersuchungen religiöser Primärquellen und empirische Studien zu qualitativ wie quantitativ ermittelten religiösen Überzeugungen, Einstellungen und Reflexionen um Deskriptionen und Analysen der Ebene des unmittelbaren Erlebens und Erfahrens von Religionen zu ergänzen. Wenn beispielsweise religiöse Handlungsmuster in Form von Ritualen[6], religiöse Gegenstände und Bauwerke in ihrer konkreten Nutzung[7], Bekundungen religiöser Identität durch einen spezifischen Habitus und entsprechende Kleidung (Maske 2010b) oder auch soziale Strukturen religiöser Gemeinschaften in den Blick kommen, werden Konstruktionsprozesse von Religion erfasst, die Religion nicht nur als Idee, sondern als konkrete Bestandteile der sozialen Realität analysierbar machen.

Grenzen des Einsatzes von teilnehmender Beobachtung ergeben sich dadurch, dass sie sehr zeit- und damit auch kostenintensiv ist. Da die gesammelten und dokumentierten Beobachtungen fortlaufend ausgewertet werden müssen, kann die teilnehmende Beobachtung erst abgeschlossen werden, wenn die zentralen Hypothesen ausgereift sind und eine gewisse theoretische Sättigung eintritt, sodass die Erhebungsphase sehr viel Zeit in Anspruch nimmt.

---

[6] Siehe hierzu etwa die Untersuchungen des Heidelberger Sonderforschungsbereiches Ritualdynamik. Beschreibungen der Forschungsprojekte finden sich unter: http://www.ritualdynamik.de/ritualdynamik/organisation/projektbereichA/index.php?navanchor=1110021 (zuletzt gesichtet am 3.10.2010).

[7] Baumann, Martin u. a.: Kuppel – Tempel – Minarett. Religiöse Bauten zugewanderter Religionen in der Schweiz. Abrufbar unter: http://www.religionenschweiz.ch/bauten/index.html (zuletzt gesichtet am 3.10.2010).

Unsere Überlegungen möchten wir mit drei Postulaten abschließen:

1. Zukünftig ist eine deutlichere Konturierung der teilnehmenden Beobachtung als explizite Methode religionswissenschaftlicher Forschung unbedingt notwendig.
2. Es ist zu prüfen, ob neben der hier rezipierten teilnehmenden Beobachtung als Bestandteil qualitativer Methoden nicht auch Beobachtungsverfahren im Kontext eines quantitativen Forschungssettings für religionswissenschaftliche Fragestellungen ergiebig sein können.
3. Es ist darüber hinaus erforderlich, die mit dieser Methode verbundenen wissenschaftstheoretischen wie methodologischen Grundannahmen deutlicher zu reflektieren und auf religionswissenschaftliche Theoriebildung zu beziehen. Teilnehmende Beobachtung und qualitative Forschungsverfahren sind aufgrund ihrer Entstehungsgeschichte mit solchen Theorien verbunden, die von der sozialen Konstruktion von Wirklichkeit ausgehen. Eine systematische Reflexion von Forschungsmethoden und Forschungsergebnissen, die Religionen als sozial konstruierte Bezugssysteme und religiöse Überzeugungen und Handlungen vor dem Hintergrund subjektiver Sichtweisen und Interaktionen versteht, ist noch zu leisten und wird religionswissenschaftliche Theorien zur individuellen wie kollektiven Funktion und Bedeutung von Religionen bereichern können.

5. Kommentierte Auswahlbibliographie

- Baumann, Martin. 1998. Qualitative Methoden in der Religionswissenschaft. Hinweise zur religionswissenschaftlichen Feldforschung. Marburg: REMID.
  Erstes religionswissenschaftliches Methodenbuch zu Verfahren qualitativer Religionsforschung mit nützlichen Hinweisen für einen ersten Überblick und Einblick in verschiedene Verfahrensweisen.
- Beer, Bettina, Hg. 2008. *Methoden ethnologischer Feldforschung*. Berlin: Reimer.
  Vermittelt Grundkenntnisse und Hilfe bei der Planung einer Feldforschung sowie eine Übersicht über unterschiedliche Verfahren der Feldforschung.
- Dewalt, Kathleen M. und Billie R. Dewalt. 2001. *Participant Observation. A Guide for Fieldworkers.* Walnut Creek, California (u. a.): AltaMira Press.
  Mit diesem Band wird eine Zusammenfassung theoretischer und historischer Hintergründe der Methode bereitgestellt, aber vor allem eine prakti-

sche Einführung in Methoden und Techniken der teilnehmenden Beobachtung gegeben.

- Flick, Uwe, Ernst von Kardoff und Ines Steinke, Hg. 2007. *Qualitative Forschung. Ein Handbuch.* Hamburg: Rowohlt.
  Das Handbuch mit seinen circa 60 Beiträgen bietet eine aktuelle Bestandsaufnahme der wichtigsten Theorien, Methoden und Forschungsstile der qualitativen Forschung. Die Autoren aus Deutschland, Großbritannien und den USA stellen das breite Spektrum traditioneller Ansätze und neuerer Entwicklungen gleichermaßen dar.
- Franke, Edith und Gisela Matthiae und Regina Sommer, Hg. 2001. *Frauen – Leben – Religion.* Stuttgart: Kohlhammer.
  Das vorliegende Handbuch gibt Einblick in die Forschungswerkstätten von Theologinnen und Religionswissenschaftlerinnen und zeigt damit nicht nur die bestehende Methodenvielfalt in der Religionsforschung auf, sondern präsentiert auch neue Forschungsergebnisse zur gelebten Religion von Frauen.
- Girtler, Roland. 2001. *Methoden der Feldforschung.* Wien, Köln, Weimar: Böhlau.
  Der Soziologe und Kulturanthropologe Roland Girtler gilt als Pionier der Entwicklung der teilnehmenden Beobachtung, seine Untersuchungen über soziale Randgruppen wirkten schulebildend. Neben theoretischen Überlegungen werden in diesem Band konkret-praktische Anleitungen zu Methoden der Feldforschung gegeben.
- Gladigow, Burkhard. 1988. Gegenstände und wissenschaftlicher Kontext von Religionswissenschaft. In *Handbuch religionswissenschaftlicher Grundbegriffe*, Bd.I, Hg. Hubert Cancik, Burkhard Gladigow und Matthias Laubscher. Stuttgart, Berlin, Köln: Kohlhammer, 26-40.
  Grundlegender Aufsatz zur Theorie und Methodologie einer kulturwissenschaftlich orientierten Religionswissenschaft, der sich mit den Vorbedingungen einer kulturwissenschaftlich orientierten Religionswissenschaft auseinandersetzt.
- Knoblauch, Hubert. 2003. *Qualitative Religionsforschung. Religionsethnographie in der eigenen Gesellschaft.* Paderborn u. a.: Ferdinand Schöningh.
  Gibt eine praxisnahe und anschauliche Einführung in Feldforschungsmethoden zur Erforschung von Religionen vor Ort, die die Leserinnen und Lesern auch an eigenen Erfahrungen teilhaben lässt und dabei auch methodologische Reflexionen anstellt.
- Lamnek, Siegfried. 2005. *Qualitative Sozialforschung. Lehrbuch.* Weinheim und Basel: Beltz.

Klassisches Lehrbuch zur qualitativen Sozialforschung; im ersten Teil werden allgemeine methodologische Grundlagen vorgestellt, im zweiten Teil verschiedene Verfahren, darunter auch Beobachtungsverfahren praxisnah beschrieben.

6. Literatur

Atteslander, Peter. 2003. *Methoden der empirischen Sozialforschung.* Berlin: Walter de Gruyter.

Baumann, Martin und Samuel M. Belhoul, Hg. 2005. *Religiöser Pluralismus. Empirische Studien und analytische Perspektiven.* Bielefeld: transcript.

Baumann, Martin. 1993. *Deutsche Buddhisten. Geschichte und Gemeinschaften.* Marburg: Diagonal.

Berger, Peter L. und Thomas Luckmann. 1972. *Die gesellschaftliche Konstruktion der Wirklichkeit. Eine Theorie der Wissenssoziologie.* Frankfurt am Main: Fischer.

Bitter, Klaus. 1988. Konversionen zum tibetischen Buddhismus. Eine Analyse religiöser Biographien. Göttingen: Ernst Overdieck.

Bochinger, Christoph. 1995. *New Age und moderne Religion. Religionswissenschaftliche Perspektiven.* Gütersloh: Kaiser/Gütersloher Verlagshaus.

Fischer, Hans, Hg. 2002. *Feldforschungen. Erfahrungsberichte zur Einführung.* Berlin: Reimer.

Flick, Uwe. 2006. *Qualitative Sozialforschung. Eine Einführung.* Reinbek bei Hamburg: rowohlts enzyklopädie.

Franke, Edith und Verena Maske: Feministisch orientierte Religionswissenschaft in der gesellschaftlichen Praxis. In *Praktische Religionswissenschaft. Ein Handbuch für Studium und Beruf,* hg. von Michael Klöcker und Udo Tworuschka, 63-75. Stuttgart: Böhlau UTB 2008.

Franke, Edith. 1998. Religiöse Wandlungs- und Erneuerungsprozesse als Gegenstand empirischer Forschung in der Religionswissenschaft. In *Religion in der Lebenswelt der Moderne*, hg. von Kristian Fechtner und Michael Haspel, 88-101. Stuttgart, Berlin, Köln: Kohlhammer.

Franke, Edith. 2002. *Die Göttin neben dem Kreuz. Zur Entwicklung und Bedeutung weiblicher Gottesvorstellungen bei kirchlich-christlich und feministisch geprägten Frauen.* Marburg: Diagonal.

Frese, Hans-Ludwig. 2002. *Den Islam ausleben. Konzepte authentischer Lebensführung junger türkischer Muslime in der Diaspora.* Bielefeld: transcript.

Friedrichs, Jürgen und Hartmut Lüdtke. 1973. *Teilnehmende Beobachtung. Einführung in die sozialwissenschaftliche Feldforschung.* Weinheim und Basel: Beltz.

Gabriel, Karl, Hg. 1996. *Religiöse Individualisierung oder Säkularisierung: Biographie und Gruppe als Bezugspunkte moderner Religiosität.* Gütersloh: Gütersloher Verlagshaus.

Geertz, Clifford. 2003. *Dichte Beschreibung. Beiträge zum Verstehen kultureller Systeme.* Frankfurt am Main: Suhrkamp (Originalausgabe 1975).

Girtler, Roland. 1994. *Der Strich. Soziologie eines Milieus*. Wien: LIT.
Girtler, Roland. 2004. *Die 10 Gebote der Feldforschung*. Wien: LIT.
Jahoda, Marie, Paul Felix Lazarsfeld und Hans Zeisel. 1975. *Die Arbeitslosen von Marienthal. Ein soziographischer Versuch über die Wirkungen langandauernder Arbeitslosigkeit*. Frankfurt am Main: Suhrkamp (Originalausgabe 1933).
Kantowsky, Detlef. 1969. Möglichkeiten und Grenzen der teilnehmenden Beobachtung als Methode der empirischen Sozialforschung. *Soziale Welt*, 20: 428-434.
Karow, Yvonne. 1990. *Bhagwan-Bewegung und Vereinigungskirche: Religions- und Selbstverständnis der Saynnyasins und der Munies*. Stuttgart: Kohlhammer.
Klinkhammer, Gritt. 2000. *Moderne Formen islamischer Lebensführung. Eine qualitativ-empirische Untersuchung zur Religiosität sunnitisch geprägter Frauen der zweiten Generation in Deutschland*. Marburg: Diagonal.
Kohl, Karl-Heinz. 1988. Geschichte der Religionswissenschaft. In: *Handbuch religionswissenschaftlicher Grundbegriffe*, Bd.I, hg. Hubert Cancik, Burkhard Gladigow und Matthias Laubscher, 217 - 262. Stuttgart, Berlin, Köln: Kohlhammer.
König, René. 1972. *Beobachtung und Experiment in der Sozialforschung*. Köln: Kiepenheuer & Witsch.
Lindner, Rolf. 1981. Die Angst des Forschers vor dem Feld. Überlegungen zur teilnehmenden Beobachtung als Interaktionsprozeß. *Zeitschrift für Volkskunde* 77: 51-66.
Lüders, Christian. 2007. Beobachten im Feld und Ethnographie. In *Qualitative Forschung. Ein Handbuch*, hg. Uwe Flick, Ernst von Kardorff und Ines Steinke, 384-401. Hamburg: Rowohlt.
Malinowski, Bronislaw. 1979. *Argonauten des westlichen Pazifik. Ein Bericht über Unternehmungen und Abenteuer der Eingeborenen in den Inselwelten von Melanesisch-Neuguinea*. Frankfurt am Main: Syndikat.
Malinowski, Bronislaw. 1985. *Ein Tagebuch im strikten Sinn des Wortes. Neuguinea 1914 - 1918*. Frankfurt am Main: Syndikat.
Maske, Verena. 2006. Alternative Religiosität in der Spätmoderne am Beispiel der freien Ritualgruppe der „Weisen Frauen“. In *Handbuch der Religionen. Religionen und Glaubensgemeinschaften in Deutschland. 14. Ergänzungslieferung*, hg. von Michael Klöcker und Udo Tworuschka. München: Olzog 1997ff.
Maske, Verena. 2010a. Die Muslimische Jugend in Deutschland e.V. (MJD). In *Handbuch der Religionen. Religionen und Glaubensgemeinschaften in Deutschland. 26. Ergänzungslieferung*, hg. von Michael Klöcker und Udo Tworuschka. München: Olzog 1997ff.
Maske, Verena. 2010b. Islamisch und trendbewusst. Zum Verhältnis von Kleidungstil, Geschlechtskonstruktion und religiöser Identität bei jungen Musliminnen in Deutschland. In: *Das neue Kleid. Feministisch-theologische Perspektiven auf geistliche und weltliche Gewänder*, hg. von Elisabeth Hartlieb, Jutta Koslowski und Ulrike Wagner-Rau, 235-260. Sulzbach/Taunus: Ulrike Helmer Verlag.
Schmidt, Verena. 2005. Räuchern, Rasseln, Rituale. Portrait der Gruppe „Weise Frauen“. In: *Fremd und doch Vertraut. Eindrücke Religiöser Vielfalt in und um Hannover*, hg. von Edith Franke, 43-64. Marburg: Diagonal Verlag.
Spradley, James. 1980. *Participant Observation*. New York: Holt, Rinehart und Winston.

Steinke, Ines. 2007. Gütekriterien qualitative Forschung. In *Qualitative Forschung. Ein Handbuch*, hg. von Uwe Flick, Ernst von Kardorff und Ines Steinke, 319-331. Hamburg: Rowohlt.

Stolz, Fritz. [2]2004. Bronislaw Kaspar Malinowski (1884 – 1942). In *Klassiker der Religionswissenschaft. Von Friedrich Schleiermacher bis Mircea Eliade*, hg. von Axel Michaels, 247-263. München: C.H. Beck.

Sutterlüty, Ferdinand und Peter Imbusch. 2008. *Abenteuer Feldforschung. Soziologen erzählen*. Frankfurt am Main, New York: Campus.

Whyte, William Foote. 1996. *Die Street Corner Society: Die Sozialstruktur eines Italienerviertels*. Berlin/New York: de Gruyter (Originalausgabe 1943).

Wistuba, Nancy. 2005. Das Problem von Nähe und Distanz im empirischen Forschungsprozess. In *Fremd und doch vertraut. Eindrücke religiöser Vielfalt in und um Hannover*, hg. von Edith Franke, 23-34. Marburg: Diagonal.

Wolff, Stephan. 2007. Wege ins Feld und ihre Varianten. In *Qualitative Forschung. Ein Handbuch*, hg. von Uwe Flick, Ernst von Kardorff und Ines Steinke, 334-348. Hamburg: Rowohlt.

Narrativ fundierte Interviews mit religiösen Subjekten
Individualsynkretismus als Typus moderner Religiosität

Stefan Kurth & Karsten Lehmann

1. Entstehung und Grundlagen der Methode

Interviews sind ein zentraler Bestandteil der Gegenwartskultur. In den Medien werden wir täglich mit Interviews konfrontiert, die das Augenmerk auf eine schnelle, pointierte Abfolge von Fragen und Antworten legen (Friedrichs und Schwingers 2005, Thiele 2009). Auch in der gegenwartsbezogenen Wissenschaft zählen Interviews seit langem zu den Standardinstrumenten der Datenerhebung. In der ethnographischen Forschung bilden Gespräche und Befragungen (zumeist ad hoc geführt und nachträglich protokolliert) seit der zweiten Hälfte des 19. Jahrhunderts ein wichtiges Erhebungsmittel.[1] Eine andere akademische Disziplin, die bereits auf eine lange Tradition des Arbeitens mit Interviews zurückblickt, ist die Geschichtswissenschaft, die im Rahmen der sog. *Oral History* seit den 1930er Jahren Interviewverfahren einsetzt, um mehr über die Lebensgeschichten von Zeitzeugen zu erfahren (Perks und Thomson 2010).[2]

Im Folgenden sollen nun narrativ fundierte Interviewverfahren (Nohl 2009) der qualitativen Sozialforschung im Mittelpunkt stehen, die bislang vor allem in der Soziologie angewendet wurden. Diese Interviewformen orientieren sich an zwei Leitprinzipien: Grundlegend wollen sie den Befragten ermöglichen, ihre persönlichen Erfahrungen, Sichtweisen und Motive in ihrer eigenen Logik, Sprache und Relevanzsetzung darzustellen (Prinzip der Offenheit). Ein besonderes Interesse gilt dabei der freien, erzählerischen Darstellung von selbst Erlebtem (Prinzip der Narrativität):

---

[1] Vgl. zu ‚Klassikern' ethnographischer Religionsforschung Michaels 1997; zum ethnographischen Gespräch allgemein Spradley 1979 und für Forschungen in der eigenen Gesellschaft Girtler 2001.

[2] Die Grenzen zu narrative fundierten Interviews sind hier teilweise fließend: Bspw. setzten Stefan Kurth und Norbert Aas in einer Untersuchung über das Verhältnis der Evangelischen Kirche in Bayreuth während des Nationalsozialismus (Aas 2010) ergänzend narrative Interviews mit Zeitzeugen ein, um zu erfahren, wie protestantische Kinder und Jugendliche die Zeit von 1933 bis 1945 im Spannungsfeld von Elternhaus, Schule, Hitlerjugend und Kirchengemeinde erfahren haben (vgl. Kurth 2010).

> „Gleich ob nach der Biographie gefragt wird oder mit einem Leitfaden unterschiedliche Themen behandelt werden, geht es immer darum, nicht nur Meinungen, Einschätzungen, Alltagstheorien und Stellungnahmen der befragten Personen abzufragen, sondern *Erzählungen* zu deren persönlichen Erfahrungen hervorzulocken." (Nohl 2009, 19-20).

Diese Tradition der Datenerhebung hat ihren Ursprung zunächst in der US-amerikanischen Soziologie. Den wissenschaftsgeschichtlichen Hintergrund bildet die sog. ‚interpretative Wende' der 1960er und 1970er Jahre[3], deren Protagonisten betonten, dass menschliches Handeln durch äußere Beobachtung nicht hinreichend erfasst werden könne. Vielmehr sei es notwendig, dass auch der Sinn berücksichtigt werde, der dem Handeln durch die beteiligten Personen zugesprochen wird. Diese Forderung implizierte eine Kritik an quantitativen Erhebungsmethoden, welche die untersuchten Subjekte – so das Argument – nicht hinreichend zu Wort kommen lassen, sondern als ‚Versuchspersonen' auf vorgegebene Fragen und Antwortkategorien reduzieren würden. Eine Alternative zum quantitativen Fragebogen sah man dementsprechend in offener gestalteten Interviewverfahren, in denen das Subjekt seine Erfahrungen und Sichtweisen frei artikulieren können sollte.[4]

Von diesen Anfängen ausgehend haben sich narrativ fundierte Interviews zu einem integralen Bestandteil des soziologischen Methodenkanons entwickelt. Mittlerweile trifft man auf eine beeindruckende und zugleich verwirrende Vielfalt – ein Lehrbuch jüngeren Datums unterscheidet nicht weniger als 14 verschiedene Varianten (Helfferich 2005, 24-25)! In der deutschsprachigen Soziologie zählen das Experteninterview (Meuser und Nagel 2002) und die Gruppendiskussion (Mangold 1969, Bohnsack 2008) zu den bekanntesten Formen. Wir werden uns nun aber – bereits im Vorgriff auf das ausgewählte Fallbeispiel (Abschnitt 3) – auf zwei andere etablierte Verfahren konzentrieren: das narrative und das problemzentrierte Interview. Beide wollen wir in Bezug auf Datenerhebung und Auswertung vorstellen.

---

[3] Vgl. Wilson 1970.

[4] In den vergangenen Jahrzehnten entstanden in der Forschungspraxis wie auch in der methodologischen Diskussion diverse konstruktive Ansätze, den paradigmatischen Graben zwischen qualitativer und quantitativer Forschung zu überwinden. Jüngere Beispiele für die fruchtbare Kombination beider Forschungsansätze sind in der Religionsforschung die beiden jüngsten EKD-Studien über Kirchenmitgliedschaft (Engelhardt 1997; Huber et al. 2006; Hermelink et al. 2006) sowie der Bertelsmann Religionsmonitor (Bertelsmann Stiftung 2008; 2009), die quantitative Repräsentativerhebungen durch qualitative Einzel- bzw. Gruppeninterviews ergänzten.

Datenerhebung

Trotz aller Unterschiede ähneln sich die Erhebungsverfahren aller narrativ fundierten Interviews in ihrem grundlegenden Ablaufschema, welches typischerweise die folgenden Schritte umfasst:

1. eine Einstiegsphase mit Smalltalk und grundlegenden Klärungen zum Gesprächsablauf;
2. eine Eingangsfrage bzw. einen Erzählstimulus, dem eine frei gestaltete Darstellung des oder der Interviewten folgt;
3. immanente Nachfragen, die unmittelbar an den Äußerungen der Interviewten anknüpfen und ggf.
4. exmanente Nachfragen, die über das Mitgeteilte hinausgehen und neue Perspektiven und Aspekte ins Gespräch bringen (vgl. zu dieser Phasengliederung Przyborski und Wohlrab-Sahr 2009, 80-88).

Auf dieser gemeinsamen Basis aufbauend, werden in den jeweiligen Forschungstraditionen dann spezifische Schwerpunkte gelegt:

Das narrative Interview

Zunächst zum *narrativen Interview*. Dieses wurde von Fritz Schütze Ende der 1970er Jahre (vgl. Schütze 1981; 1983; 1984; 1987) entwickelt und gehört im deutschsprachigen Raum zu den grundlegenden Methoden der Biographieforschung[5]. Im Zentrum stehen dabei erzählte Lebensgeschichten als „Ausgangsmaterial zur Rekonstruktion bestimmter sozialer Milieus und sozialen Handelns in seiner Entstehungsgeschichte" (Fischer-Rosenthal und Rosenthal 1997, 135), wobei besonderes Augenmerk auf die sog. ‚Stegreiferzählung' gelegt wird.

Die Stegreiferzählung folgt typischerweise direkt auf die Einstiegsphase und die daran anschließende Aufforderung an den Interviewten, seine Lebensgeschichte (bzw. bestimmte zeitliche oder thematische Ausschnitte daraus) zu erzählen. Idealerweise entfaltet der Interviewte[6] hierauf spontan eine ausführliche und detailreiche Erzählung, in der er früher erlebte Situationen, Ereignisse, Handlungen oder Widerfahrnisse erinnernd vergegenwärtigt und diese (inklusive ihrer inneren und äußeren Bedingungen und Konsequenzen) anschaulich und zusammenhängend schildert:

[5] Vgl. Brüsemeister 2008, 99-150, sowie einführend Fuchs-Heinritz 2005.

[6] Aus Gründen der Lesbarkeit wurde an dieser und weiteren Stellen die männliche Form gewählt, jedoch sind in gleicher Weise Frauen und Männer gemeint.

> „Statt Andeutungen, Behauptungen und Feststellungen, wie sie in der Konversation des Alltags möglich sind, ist er aufgerufen, Situationen zu detaillieren, biographisch bedeutsame Zusammenhänge zwischen ihnen herauszustellen und insgesamt verständlich zu sein. Bezogen auf die Anwendungsstruktur des Interviews geht es darum, einem Nicht-Wissenden Informationen über die eigenen Ich- und Weltperspektiven zu geben." (Brüsemeister 2008, 111)

Der Interviewer greift während dieser Erzählung nach Möglichkeit nicht ein. Erst wenn der Interviewte selbstständig zu einem Abschluss kommt, formuliert der Interviewer Nachfragen zum Erzählten, die Andeutungen, unklare oder auch widersprüchliche Aussagen aufgreifen, um weitere detaillierende Erzählungen anzuregen. An diese Nachfragen schließt sich eine letzte längere Phase an, die Raum für zweierlei bietet: Zum einen kann der Interviewer um die Beschreibung bzw. die abstrahierende Darstellung „von Zuständen, immer wiederkehrenden Abläufen und systematischen Zusammenhängen" (Schütze 1983, 285) bitten. Zum anderen besteht nun die Möglichkeit zu Fragen, die auf Selbstreflexion und argumentative Begründungen zielen, z. B. für Fragen nach Motiven und Gründen seines Handelns. Abschließend können nach Bedarf noch relevante Sozialdaten und Eckdaten des Lebensablaufs abgefragt werden.

Im Unterschied zum narrativen Interview legt das problemzentrierte Interview stärkeres Augenmerk auf die letztgenannten Phasen, folgt ansonsten aber einem ähnlichen Aufbau.

Das problemzentrierte Interview

Die Spezifik des problemzentrierten Interviews liegt nach Andreas Witzel (1985; 1996) darin begründet, dass dieses Verfahren die Stärken zweier Interviewtraditionen miteinander kombiniert: Unterscheidet man qualitative Interviews nach dem Grad ihrer Offenheit bzw. Strukturiertheit, so kann dem schwach strukturierten narrativen Interview das stark strukturierte Leitfadeninterview gegenübergestellt werden, in dem der Forschende gemäß seiner theoretischen Vorannahmen einen Katalog vorab formulierter Fragen an den Interviewten stellt. Im problemzentrierten Interview soll der Interviewte nun einerseits möglichst frei zu Wort kommen, andererseits soll das Gespräch auf eine bestimmte Problemstellung zentriert werden.

Hierzu entwickelt der Forschende bereits im Vorfeld des Gesprächs einen Leitfaden, der den Problembereich seiner Untersuchung in Form von thematischen Feldern benennt. Dieser Leitfaden wird im Interview nicht starr abgefragt, sondern dient in der Gesprächssituation als Orientierungsrahmen und Gedächtnisstütze. Nach der Stegreiferzählung und narrationsgenerierenden Nachfragen werden auf dieser Basis zusätzliche Interaktionsstrategien eingesetzt, die die Beschreibungsimpulse und Reflexionsfragen im letzten Teil des narrativen Interviews in zweierlei Weise überschreiten: Zum einen nützt der Forschende die Interviewsituation dazu, klärungsbedürftige Aussagen zu problematisieren, indem er zum Beispiel Aussagen des Interviewten interpretiert und den Interviewten dazu um Rückmeldung bittet. Zum anderen kann er auf der Grundlage seines Leitfadens *Ad hoc*-Fragen stellen, die sich an seinem Vorwissen und seiner vorangegangenen Problemanalyse orientieren.

Bei beiden Interviewverfahren gilt es im Anschluss an die eigentliche Interviewsituation, die im Gespräch erhobenen Daten weiter aufzubereiten, um sie der methodischen Auswertung zugänglich zu machen. Diesen Prozess nennt man die Transkription.

Transkription der Daten

Die Notwendigkeit der Transkription von Interviewdaten beruht auf einem spezifischen Charakteristikum qualitativer Interviews. Anders als etwa informelle Gespräche im Rahmen einer Feldforschung, über die unter Umständen nur ein Gedächtnisprotokoll angefertigt wird, werden qualitative Interviews akustisch aufgezeichnet. Dies ermöglicht eine systematische und detaillierte Interpretation des gesprochenen Wortes mittels texthermeneutischer Analyseverfahren. Zwischen dem Interview und der Analyse steht somit zunächst die Verschriftlichung der aufgezeichneten Gespräche.

Grundsätzlich ist das Transkriptionsverfahren auf das Analyseverfahren abzustimmen, wobei neben der Wortfolge bspw. auch die Lautgestaltung des Gesprochenen sowie redebegleitende und außersprachliche Merkmale wie Gestik und Mimik transkribiert werden können (Kowal und O'Connell 2000). Hierbei gilt die Sparsamkeitsregel: Man transkribiere nur das, was man auch analysieren will. Im Unterschied zu linguistischen Sprachuntersuchungen dürfte für eine religionswissenschaftliche Analyse gewöhnlich eine Transkription in Standardorthographie genügen, die besonders hervorstechende prosodische und parasprachliche Merkmale (wie auffällige Pausen und Betonungen, Seufzen, Lachen oder Weinen) festhält.[7]

Die Transkription legt somit das eigentliche Fundament der Datenanalyse und muss entsprechend gründlich durchgeführt werden.

[7] Beispielhaft sei auf das Transkriptionssystem TiQ (Talk in Qualitative Social Research) verwiesen, das auf Ralf Bohnsack und Aglaja Przyborski zurückgeht (vgl. Przyborski und Wohlrab-Sahr 2009, 164-167).

Datenanalyse

Spätestens an diesem Punkt stellt sich die grundlegende Frage, welches Auswertungsverfahren verwendet werden soll. Drei Punkte gilt es hierbei zu bedenken:

Auswahl des Analyseverfahrens

1. *Das Auswertungsverfahren muss zum Erhebungsverfahren passen.* In der qualitativen Sozialforschung gibt es eine Fülle von Auswertungsverfahren. Manche, wie die Grounded Theory (vgl. Glaser und Strauss 2009; Strauss und Corbin 2010) oder die Objektive Hermeneutik (vgl. Oevermann 1979; 1993), beanspruchen, für ein weites Spektrum empirischer Daten geeignet zu sein; andere wurden spezifisch für bestimmte Interviewformen entwickelt.
2. *Das Auswertungsverfahren muss geeignet sein, die Forschungsfrage zu beantworten.* Das im folgenden Abschnitt beschriebene Auswertungsverfahren für narrative Interviews von Fritz Schütze zielte ursprünglich bspw. zum einen darauf, Muster bzw. Prozessstrukturen von Lebensabläufen zu explizieren, und zum anderen darauf, die Adäquanz der aktuellen Sicht einer Person auf ihre Lebensgeschichte zu beurteilen. Liegt dem eigenen Projekt eine andere Schwerpunktsetzung zugrunde, so gilt es, die Methode entsprechend zu modifizieren oder einen ganz anderen Zugang zu wählen.
3. *Schließlich ist abzuwägen, welchen Status die Interviews innerhalb der Untersuchung einnehmen*, wie viele Interviews erhoben werden sollen und wie viel Zeit für ihre Auswertung zur Verfügung steht. Bilden die Interviews die einzige oder zentrale Datenquelle, wird man sie intensiver auswerten, als wenn sie eine Quelle neben anderen bilden (z. B. innerhalb einer multimethodisch angelegten Ethnographie). Bei geringen Fallzahlen bieten sich detaillierte Fallanalysen an, hohe Datenmengen bekommt man eher mit einem kodierenden und evtl. softwaregestützten Verfahren in den Griff.[8]

Im Folgenden beschränken wir uns auf die skizzenhafte Beschreibung von zwei texthermeneutischen Auswertungsverfahren, die speziell für narrativ fundierte Interviews entwickelt oder modifiziert wurden: die Narrationsanalyse und die Dokumentarische Methode. Beide Verfahren eignen sich für die intensive Analyse kleiner Zahlen von Interviews und liegen somit auch für den Einsatz in

[8] Einen kompakten Überblick zu kodierenden bzw. kategorisierenden Verfahren bieten Kelle und Kluge 1999, 54-74.

Qualifikationsarbeiten von der Bachelorarbeit bis hin zur Dissertation besonders nahe.[9]

Narrationsanalyse

Die Narrationsanalyse wurde maßgeblich von Fritz Schütze entwickelt, der mit diesem Auswertungsverfahren ein zweifaches Ziel verfolgte (vgl. Schütze 1983): Zum einen wollte er rekonstruieren, was sich im Leben einer Person faktisch ereignet hat, und zum anderen explizieren, wie der Biographieträger sein Leben zum Zeitpunkt des Interviews rückblickend deutet und bewertet. Beides ist möglich – so Schützes methodologisch voraussetzungsvolle Annahme – wenn man zwei Arten von Interviewpassagen unterscheidet: (a) die narrativen Passagen, die dazu dienen, den Lebensablauf zu rekonstruieren und (b) die reflektierenden Passagen, die das Fundament für die Analyse der aktuellen Selbstsicht des Interviewten legen.

Auf dieser Grundlage schlägt Schütze – zunächst auf der Ebene des Einzelfalls – vier Arbeitsschritte vor: Der erste Arbeitsschritt ist die *formale Textanalyse*, die den reinen Erzähltext freilegen will. Darauf folgen die *strukturelle inhaltliche Beschreibung*, die die Prozessstrukturen des Lebensablaufs[10] herausarbeitet, und die *analytische Abstraktion der biographischen Gesamtformung*: Welche typischen Handlungsweisen treten hervor, welche charakteristische Gesamtdynamik des Lebensablaufs kann rekonstruiert werden? Insbesondere geht es Schütze dabei um das Verhältnis von Handeln und Erleiden, von erlebter Selbst- und Fremdbestimmung. In der anschließenden *Wissensanalyse* fragt Schütze dann, wie realistisch bzw. wie adäquat der Einzelne auf sein bisheriges Leben zurückblickt: Gibt er sich über sein Leben rückhaltlos Rechenschaft oder verharmlost, rationalisiert oder verdrängt er?

---

[9] Nicht näher eingegangen werden kann aus Platzgründen auf kodierende Auswertungsverfahren, die vor allem für leitfadengestützte Interviews und für größere Datenmengen verbreitet sind (vgl. z. B. Witzel 1996; Schmidt [3]2000). Während bei sequenziellen Analysen der Einheit und Gestalt des Textes und des einzelnen Falls eine große Bedeutung beigemessen wird, lösen kodierende Verfahren die Textstruktur frühzeitig zum Zwecke vergleichender Analysen auf. Kern ihres Vorgehens ist, dass dem Datenmaterial Kategorien zugeordnet werden, die entweder aus dem Material entwickelt oder vom Forschenden theoriegeleitet an das Material herangetragen werden (vgl. hierzu einführend Kelle und Kluge 1999).

[10] Hierzu zählt Schütze „festgefügte institutionell bestimmte Lebensstationen; Höhepunktsituationen; Ereignisverstrickungen, die erlitten werden; dramatische Wendepunkte oder allmähliche Wandlungen; sowie geplante und durchgeführte biographische Handlungsabläufe“ (Schütze 1983, 286) – vgl. ausführlich Schütze 1981.

Diesen Einzelfallanalysen folgen dann kontrastive Vergleiche, welche auf die *Konstruktion eines theoretischen Modells* abzielen. Zunächst werden mithilfe der Strategie des minimalen Vergleichs „Interviewtexte gewählt, die hinsichtlich des interessierenden Phänomens gegenüber dem Ursprungstext Ähnlichkeiten aufweisen", um die am ersten Fall gewonnenen Kategorien „zu verdichten und von den Besonderheiten des Einzelfalls abzulösen" (Schütze 1983, 287). Anschließend werden in maximalen Vergleichen „Interviewtexte maximaler Verschiedenheit zum Ausgangstext herangezogen, die jedoch immer noch Vergleichspunkte mit dem Ursprungstext aufweisen" (Schütze 1983, 288).

Schützes Interviewanalysen konstituieren somit den Ausgangspunkt für eine weitgehende Forschungsagenda. Zunächst geht es ihm darum, Prozessmodelle der Lebensläufe der untersuchten Gruppen, Kohorten oder Milieus zu abstrahieren und ihre „Phasen, Bedingungen und Problembereiche" (Schütze 1983, 288) zu beschreiben. Darüber hinaus verfolgt er das Interesse, ein allgemeines „Prozessmodell einzelner grundlegender Phasen und Bausteine von Lebensabläufen generell oder der Konstitutionsbedingungen und des Aufbaus der biographischen Gesamtformung insgesamt" (Schütze 1983, 288) zu entwickeln. Schließlich setzt Schütze das narrative Interview auch für sog. Interaktionsfeldstudien ein, in denen Lebensgeschichten sozialer Akteure verglichen werden, die miteinander in Beziehung stehen und deren Handlungs- und Erleidensprozesse somit „sachlich verflochten und sinnhaft aufeinander bezogen" sind (Schütze 1987, 51).

Das zweite Verfahren der Datenanalyse, das wir kurz vorstellen wollen, formuliert einen ähnlich umfassenden Anspruch, wurde aber in einem völlig anderen Forschungskontext entwickelt.

Dokumentarische Methode

Die Dokumentarische Methode stellt sich in die Tradition der Wissenssoziologie Karl Mannheims sowie der Ethnomethodologie und wurde zunächst für die Analyse von Gruppendiskussionen entwickelt (Bohnsack 2007, 2008). Grundlegend beansprucht das Verfahren einen Zugang zum handlungsleitenden Wissen und damit zur Handlungspraxis der Akteure:

> „Die Rekonstruktion der Handlungspraxis zielt insbesondere auf das dieser Praxis zugrundeliegende habitualisierte und z. T. inkorporierte Orientierungswissen, welches dieses Handeln relativ unabhängig vom subjektiv gemeinten Sinn strukturiert." (Bohnsack 2006, 40)

Angesichts dieses weiten Anspruchs hat sich die Dokumentarische Methode im Laufe der Zeit von der anfänglichen Beschränkung auf Gruppendiskussionen entfernt und wurde für die Analyse anderer Datensorten weiterentwickelt (vgl. Bohnsack et al. 2007). Im Rahmen des vorliegenden Beitrags ist vor allem die von Arndt-Michael Nohl entwickelte Anwendung der Dokumentarischen Methode auf narrativ fundierte Interviews von Interesse (vgl. Nohl 2009). Nohl übernimmt von Schütze das Verfahren der Textsortentrennung; das Interesse der Analyse gilt jedoch, wie bei Bohnsack, den Handlungsorientierungen, ihren Erfahrungshintergründen und ihrer sozialen Entstehung.

Der erste Schritt in Nohls Auswertungsverfahren ist, sich einen *Überblick über den thematischen Verlauf* des Interviews zu erarbeiten, indem eine inhaltliche Gliederung in Ober- und Unterthemen erstellt wird. Auf dieser Grundlage werden relevante Passagen ausgewählt, die anschließend einer *formulierenden Feininterpretation* unterzogen werden: Zunächst wird eine detaillierte thematische Gliederung der Passage herausgearbeitet und ihr Inhalt in eigenen Worten wiedergegeben. Dieser Arbeitsschritt wird als *formulierende Interpretation* bezeichnet und dient der pointierten Rekonstruktion des immanenten Sinngehaltes, d. h. dessen, was gesagt wird. Bei der anschließenden *reflektierenden Interpretation* geht es dagegen um die Rekonstruktion des dokumentarischen Sinngehaltes, d. h. darum, wie und in welchen Orientierungsrahmen die Themen behandelt werden. Hierfür werden die Textsorten Erzählung, Beschreibung und Argumentation getrennt, da angenommen wird, dass sich das implizite Orientierungswissen primär an den erzählenden Passagen rekonstruieren lasse.[11] Am Ende der Einzelfallanalyse steht die *Fallbeschreibung*, in der der übergreifende, implizite Orientierungsrahmen herausgearbeitet wird.

Auch Nohls Analyseverfahren zielt letztlich auf einen Fallvergleich, der dann die Grundlage für die Entwicklung einer über die analysierten Fälle hinausgehenden Typologie liefern soll. Hierzu werden aus den Fällen zunächst unterschiedliche Typen von Orientierungsrahmen abstrahiert, innerhalb derer die untersuchten Personen die angesprochenen Themen bearbeiten. Nach dieser *sinngenetischen Typenbildung* wird angestrebt, die Typen an grundlegende soziologische Dimensionen wie Milieu, Generation, Geschlecht und Entwicklung zurückzubinden (*soziogenetische Typenbildung*), um so zu generalisierenden Aussagen zu kommen. Die argumentative *Verallgemeinerung einer Typologie* mit einer Bestimmung der Grenzen ihres Geltungsbereichs bildet dann den abschließenden Arbeitsschritt der Analyse.

Trotz (oder gerade wegen) des weitgreifenden Anspruchs der beiden vorgestellten Analyseverfahren gilt es auch auf deren Grenzen einzugehen.

---

[11] Allerdings können nach Nohl auch die argumentativen Passagen Aufschluss über handlungsleitende Orientierungen geben, wenn man den analytischen Blick darauf richtet, „*wie* jemand seine Handlungsweisen rechtfertigt bzw. bewertet“ (Nohl 2009, 50).

Grenzen und Kritik

Insbesondere die voraussetzungsvollen Prämissen des narrativen Interviews nach Fritz Schütze werden kontrovers diskutiert. Ein religionswissenschaftlich relevanter Kritikpunkt betrifft etwa die Frage, ob Erzählkompetenz (nahezu) universal ist, wie Schütze annimmt, oder ob sie in hohem Maße kulturell bedingt bzw. auch bildungs- und milieuabhängig ist.[12] Die grundlegendste methodologische Anfrage an narrativ fundierte Interviews ist jedoch, ob sich aus erzählten Lebensgeschichten wirklich ein „Zugang zu den *tatsächlichen* Erfahrungen und Ereignissen" (Flick 1998, 123) vergangener Lebensphasen einer Person gewinnen lässt, oder ob Erzählungen lediglich „Teil einer fiktionalisierten Darstellung sind" (Brüsemeister 2008, 145), die man eigentlich nur als Repräsentation ihrer gegenwärtigen Selbstsicht deuten kann. Jenseits dieser Extrempositionen weist z. B. Alois Hahn darauf hin, dass biographische Erzählungen nicht als Abbild, sondern immer als eine hochselektive Vergegenwärtigung des Lebenslaufs begriffen werden sollten:

> „Biographien beziehen sich auf einen unendlichen Strom von Erlebnissen und Handlungen. Gerade die damit gegebene virtuell unendliche Zahl von Möglichkeiten läßt Ordnung nur durch Auswahl und durch Vereinfachung entstehen. Insbesondere müssen die Bezugspunkte für weiteres Erleben und Handeln ermöglichende Anschlüsse bestimmbar sein. Diese Bestimmung, die Anschlüsse sichert, erfolgt mittels bestimmter Schemata." (Hahn 1995, 141)

Neben dem Aspekt der Selektivität muss auch davon ausgegangen werden, dass lebensgeschichtliche Erinnerungen durch sekundäre Einflüsse und Prozesse verändert werden. Eine Variante ist, dass sich die Erinnerung an selbst Erlebtes mit medialen Informationen oder Erzählungen anderer vermischt. Eine andere ist, dass die Erinnerung durch reflexive Bearbeitungen der Lebensgeschichte, z. B. im Rahmen einer Psychotherapie, überformt werden. Letzterem begegnet man im Bereich der Religionsforschung oftmals, wenn Angehörige bestimmter religiöser oder spiritueller Richtungen ihre Biographie in einem religiösen Sinnhorizont ‚aufgearbeitet' haben und deuten. Dies kann sogar so weit gehen, dass die vermeintlich spontan entstandene autobiographische Stegreiferzählung im Interview sich etablierter und teilweise eingeübter Darstellungsmuster bedient, z. B. der Gattung der Konversionserzählung (vgl. Ulmer 1988, Stenger 1998).

---

[12] Vgl. zu diesem und weiteren methodologischen Kritikpunkten und ihrer Diskussion Küsters (2006, 32-38), und Rosenthal und Fischer-Rosenthal (2000, 456-460), sowie zu interkulturellen und religionsbezogenen Problemen Matthes (1993, 1999) und Shimada (2001).

Eine Problemanzeige, die besonders in Bezug auf die religionswissenschaftliche Nutzung der Dokumentarischen Methode berücksichtigt werden muss.

Welche spezifischen Möglichkeiten die genannten Verfahren trotzdem der Religionswissenschaft und allgemein der Religionsforschung eröffnen, ist Thema des nächsten Abschnitts.

2. Weiterentwicklung innerhalb der Religionswissenschaft

Innerhalb der deutschsprachigen Religionswissenschaft begann die Rezeption qualitativer Interviewverfahren in den 1990er Jahren. Wie in der Einleitung bereits angedeutet, ging mit der kulturwissenschaftlichen Neuorientierung des religionswissenschaftlichen Selbstverständnisses auch eine Erweiterung des Interessenspektrums einher: Neben der historischen Perspektive auf nichtchristliche und außereuropäische Religionen rückten gegenwärtige religiöse Phänomene in der eigenen Kultur stärker in den Vordergrund. Diese neuen Interessen bildeten den Ausgangspunkt für die Auseinandersetzung mit geeigneten Forschungsmethoden, wobei sich zunächst qualitative Interviewverfahren sowie Formen der teilnehmenden Beobachtung (vgl. das Kapitel in diesem Band) besonderer Beliebtheit erfreuten.

Die methodologische Reflexion dieser Verfahren befindet sich jedoch – gegenüber ihrem Einsatz in der Forschungspraxis – noch immer in ihren Anfängen.[13] Der folgende Abschnitt beschränkt sich daher auf einen Überblick anhand einiger weniger, weitestgehend deutschsprachiger Studien, die mit narrativ fundierten Interviews arbeiten und inzwischen bereits als Klassiker bezeichnet werden können.

Themen und Fragestellungen im Überblick

Eine erste Sichtung der vorliegenden Studien unterstreicht zunächst die Vielzahl der bearbeiteten Themenbereiche: Sie umfassen die religiöse Vielfalt vor Ort; neue religiöse Bewegungen und alternativer Spiritualität; Islam, Judentum und andere Religionen im Kontext von Migration und Konversion; Religion in Ost-

[13] Eine kleine, zuerst 1992 erschienene Einführung in *Qualitative Methoden in der Religionswissenschaft* wurde von Martin Baumann als Broschüre vorgelegt (Baumann 1998). Hans-Jürgen Greschat gab den Band *Mündliche Religionsforschung* (Greschat 1994) heraus, in dem Erfahrungen religionswissenschaftlicher Feldforschung reflektiert werden. Eine grundlegende Einführung in die *Qualitative Religionsforschung*, die sich primär an Religionssoziologie und Religionswissenschaft richtet, legte der Soziologe Hubert Knoblauch (2003) vor.

deutschland; sowie schließlich zeitgenössische Formen von Religiosität und Spiritualität unter den Bedingungen von Säkularisierung, religiöser Pluralisierung und Individualisierung.

Weniger offensichtlich ist die Vielfalt der an diesen Gegenständen bearbeiteten systematischen Fragestellungen: In einigen wenigen Arbeiten dienen narrativ fundierte Interviews in Kombination mit anderen Erhebungsverfahren und Datenquellen zur Rekonstruktion des (zeitgeschichtlichen) Wandels oder der Interaktion in einer religiösen Gemeinschaft. Vor allem ist hier eine Reihe von deskriptiv angelegten Studien über die Vielfalt religiöser Gemeinschaften vor Ort zu nennen, die ab den 1990er Jahren entstand.[14] Ein theoretisch anspruchsvolles Beispiel ist Martin Baumanns vergleichende Untersuchung über das religiöse Leben vietnamesischer Buddhisten und tamilischer Hindus in Deutschland mit dem Titel *Migration – Religion – Integration* (Baumann 2000), deren Erkenntnisinteresse darin liegt, „die Rolle von Religion in Prozessen des Heimischwerdens von Migranten und dem Aufbau einer ‚Heimat in der Fremde' darzustellen" und „die Signifikanz von Religion für die Steuerung von gesellschaftlich konfliktträchtigen und von integrativen Situationen" zu untersuchen (Baumann 2000, 13).

In der Mehrzahl der Fälle eröffnen narrativ fundierte Interviews jedoch einen Zugang zur individuellen Religiosität der befragten Personen, d. h. primär zu ihren religiösen Vorstellungen und Sichtweisen, ihrem religiösen Handeln und ihren religiösen Erfahrungen. Nur ausgesprochen wenige Studien haben sich dabei die deskriptive Rekonstruktion religiöser Binnenperspektiven als zentrales Ziel gesetzt. Ein gelungenes Beispiel ist Joachim Süß' Studie *Zur Erleuchtung unterwegs* (Süß 1994) über die Neo-Sannyas-Bewegung in Deutschland, die als eine der frühesten qualitativen Untersuchungen neuer religiöser Bewegungen innerhalb der deutschsprachigen Religionswissenschaft gelten kann. Sie erforscht auf der Grundlage von 31 narrativen Interviews nach Schütze sowie von teilnehmender Beobachtung die „Realität dieser Bewegung ‚von innen'" und ihre „Eigengesetzlichkeit, die zu den spezifischen religiösen Vorstellungen ihrer Anhänger und den aus ihnen resultierenden Handlungen führt" (Süß 1994, 25).

Die Mehrzahl der Forschenden erhofft sich dagegen, Erkenntnisse zu gewinnen, die für größere soziale Gesamtheiten und Phänomene relevant sind (z. B. für eine religiöse Gemeinschaft, ein religiöses Milieu oder einen Typus

[14] Als eine der frühesten Arbeiten dieser Arbeit kann Hermann Ruttmanns Studie zu den Glaubensgemeinschaften in Marburg gelten (Ruttmann 1993). Stärker an religionswissenschaftlichen Fragestellungen knüpfen die Beiträge in einem von Edith Franke herausgegebenen Band über religiöse Vielfalt im Raum Hannover (Franke 2005) an, der aus einem mehrsemestrigen religionswissenschaftlichen Forschungsseminar entstand. Auf die Potentiale dieser Arbeiten für zukünftige Sekundäranalysen verweist schließlich: Lehmann 2006.

gegenwärtiger Religiosität). Das Forschungsinteresse gilt dabei vor allem dem Zusammenhang zwischen Aspekten der Religiosität und anderen empirischen Phänomenen oder theoretischen Konzepten. Entsprechende Arbeiten sollen nun beispielhaft an drei Bereichen vorgestellt werden:

1. Biographische Entwicklung und Veränderung von Religiosität
2. Konstruktion und Kommunikation religiöser Deutungen
3. Soziale Kontexte individueller Religiosität

Biographische Entwicklung und Veränderung von Religiosität

Die Frage der Veränderung von Religiosität im biographischen Verlauf ist bislang vor allem in Bezug auf Prozesse der Konversion und Dekonversion, d. h. grundlegender Veränderungen religiöser Orientierung und religiöser Zugehörigkeit im Lebenslauf, gefasst worden. Bereits als Klassiker kann in diesem Bereich die Studie *The Making of a Moonie. Choice or Brainwashing?* (Barker 1993) der englischen Soziologin Eileen Barker über den Beitritt zur Vereinigungskirche bezeichnet werden. Barker griff den öffentlichen Vorwurf auf, Interessenten und Mitglieder der Gemeinschaft würden einer ‚Gehirnwäsche' unterzogen. Vor diesem Hintergrund untersuchte sie auf der Grundlage teilnehmender Beobachtung, mehrstündiger Tiefeninterviews und einer quantitativen Fragebogenerhebung die Rolle von individueller Wahl und äußerem Zwang beim Eintritt in diese Religionsgemeinschaft.[15]

Mit ähnlichen Prozessen beschäftigt sich die ethnographische Fallstudie *Die Gottesmänner* des Ethnologen Werner Schiffauer über die radikal-islamische Kaplan-Gemeinde in Deutschland (Schiffauer 2000). Der dritte Teil der multiperspektivischen und multimethodischen Arbeit untersucht, „welche Erfahrungen einen Politischen Islam [für seine Anhänger] plausibel erscheinen lassen" (Schiffauer 2000, 233). Auf der Grundlage von lebensgeschichtlichen Interviews und informellen Gesprächen werden der Biographieverlauf und die Biographiedeutung von drei Mitgliedern der Bewegung rekonstruiert und ihre Motive und Deutungsmuster analysiert. In methodischer Hinsicht hervorzuheben ist neben der äußerst detaillierten und transparenten Darstellungsweise der Fallanalysen

[15] Barker eröffnete damit eine Forschungstradition, die in Deutschland zunächst von Kehrer (1981) aufgegriffen wurde und später bspw. von Werner Fuchs-Heinritz, Albrecht Schöll, Heinz Streib und Wilfried Veeser im Forschungsprojekt ‚Aussteiger, Konvertierte und Überzeugte' weitergeführt werden konnte (Enquete-Kommission 1998, 194-235). Beachtenswert ist auch die groß angelegte ‚Bielefelder kulturvergleichende Dekonversionsstudie' unter der Leitung von Heinz Streib (Streib et al. 2009).

die Tatsache, dass Schiffauer mit jedem der drei Mitglieder zwei Interviews mit mehreren Jahren Abstand durchgeführt hat.[16]

Schiffauer eröffnet damit Perspektiven, die über die traditionelle Konversionsforschung hinausweisen. Bevor der damit angedeutete Argumentationszusammenhang genauer beschrieben werden kann, gilt es nun aber, auf die Arbeiten zur Konstruktion und Kommunikation religiöser Deutungen einzugehen.

Konstruktion und Kommunikation religiöser Deutungen

Dieser Forschungsstrang wird bislang vor allem von religionssoziologischen Arbeiten dominiert, wobei sich die vorgestellten Beispiele zum einen mit kommunikativen Darstellungen religiöser Konversion und zum anderen mit der Deutung und Darstellung außeralltäglicher Erfahrungen befassen.

Als erstes sei hier auf Bernd Ulmers Untersuchung über „Konversionserzählungen als rekonstruktive Gattung“ (Ulmer 1988) verwiesen. Ausgehend von Thomas Luckmanns Annahme, dass Konversionsdarstellungen auf sozialen Mustern beruhen (Luckmann 1987), untersuchte Ulmer die erzählerischen Mittel und Strategien, mittels derer persönliche Konversionserfahrungen kommuniziert werden. Als zentrales Strukturierungsschema von Konversionserzählungen beschrieb er eine zeitliche und thematische Dreigliederung in (a) vorkonversionelle Biographie, (b) Konversionsereignis und (c) nachkonversionelle Lebensphase. Dieser Befund erhielt in einer Arbeit Horst Stengers eine kritische Erwiderung: In seiner Analyse der Konversionsdarstellungen von New Age-Anhängern kam Stenger zu dem Ergebnis, dass ‚Esoteriker‘[17] innerhalb des okkulten Kontextes „immer wieder neue konversionelle Erfahrungen“ (Stenger 1998, 205) machen könnten. Dem entspreche auf der Ebene der autobiographischen Erzählung eine Darstellung der ‚esoterischen‘ Biographie als „unabgeschlossener, offener Wachstums-, Entwicklungs- und Reifungsprozess“ (Stenger 1998, 216).

In diesem Zusammenhang gilt es, noch Studien zur Erfahrungsdimension zu erwähnen, wie sie etwa Hubert Knoblauch und Ina Schmied 1999 unter dem Titel *Berichte aus dem Jenseits* (Knoblauch und Schmied 1999) vorlegten. Auf der Grundlage von 16 narrativ-biographischen Interviews sowie von Fernsehinterviews fragten sie nach typischen Merkmalen von Todesnäheerfahrungen, ihrer

---

[16] Eine jüngere deutsche Konversionsstudie ist Maria E. Baumanns Untersuchung *Frauenwege zum Islam. Analyse religiöser Lebensgeschichten deutscher Muslimas* (Baumann 2003).

[17] Stenger bezeichnet als ‚Esoteriker‘ Personen, „deren Konversionsberichte auf den okkulten Kontext bezogen sind. Damit wiederum ist eine Sinnstruktur gemeint, die auf der grundlegenden Überzeugung einer größeren Wirklichkeit und der Möglichkeit eines individuellen Zugangs zu ihr mittels spezifischer Praktiken und Techniken basiert.“ (Stenger 1998, 203)

subjektiven Deutung und kommunikativen Darstellung. Entgegen etablierten Erklärungsmodellen stießen Knoblauch und Schmied auf äußerst unterschiedliche Erfahrungen, die von den Betroffenen „auf sehr verschiedene Weise gedeutet wurden, was unmittelbar Rückschlüsse auf die Weltsicht der Befragten und den sozialen und kulturellen Einfluß der Erfahrungen zuläßt" (Knoblauch und Schmied 1999, 189): Die Deutung der außeralltäglichen Erfahrung als Todesnäheerfahrung könne nur erfolgen, „wenn das Wissen um diese Kategorie existiert" (Knoblauch und Schmied 1999, 209). Dann könne sie auch in eine symbolische Wirklichkeitstheorie eingeordnet und mithilfe religiöser Deutungssysteme als Jenseitserfahrung gedeutet werden. – Der analytische Ansatz konnte bereits fruchtbar auf andere Formen von Transzendenzerfahrung übertragen werden (vgl. Deflorin 2003).

Die Arbeiten des dritten Diskussionsstrangs setzen an diesem Punkt ein und öffnen einen weiteren Forschungshorizont:

Soziale Kontexte individueller Religiosität

Im Zentrum dieses Argumentationszusammenhangs steht die Überzeugung, dass Religiosität nicht nur als Phänomen der subjektiven Innenwelt zu begreifen sei, sondern in ihrem mikro-, meso- und makrosozialen Kontext untersucht werden müsse. Diese Agenda wurde bislang bspw. in Analysen zu signifikanten Anderen der religiösen Sozialisation (wie Eltern, Pfarrer, spirituelle Lehrer), zu religiösen Milieus, Institutionen und Organisationen sowie zur gesamtgesellschaftlichen Kontextualisierung (z. B. Säkularisierung, Individualisierung) individueller Religiosität umgesetzt.[18]

Religiöse Individualisierungsphänomene bei Kirchenmitgliedern untersucht die Studie *Die unsichtbare Religion in der sichtbaren Religion* von Christoph Bochinger, Winfried Gebhardt und Martin Engelbrecht (Bochinger et al. 2009). Auf der Grundlage von 58 Einzelinterviews, 10 Gruppendiskussionen und weiterem Datenmaterial entwickeln die Autoren den Idealtypus des spirituellen Wanderers. Seine Religiosität ist gekennzeichnet durch eine auswählende und experimentierende Suchbewegung, die sich über das gesamte Spektrum der religiösen Gegenwartskultur erstrecken kann, und die von ihm als lebenslanger Lern- und

[18] Der makrosoziale Kontext individueller Religiosität kann hier nur gestreift werden, insofern er letztlich die Grundlage aller Arbeiten zu ‚Religion in der Moderne' liefert. Aus methodischer Hinsicht besonders interessant sind die Studien über die religiösen Entwicklungen in Ostdeutschland unter den Bedingungen der staatlich forcierten Entkirchlichung und Säkularisierung der DDR sowie den Veränderungen nach ihrem Zusammenbruch im Jahr 1990: Vgl. z. B.Schmidt (2003); Wohlrab-Sahr et al. (2005); Karstein et al. (2006).

Reifungsprozess mit offenem Verlauf begriffen wird. Der Wanderertypus wird in der Studie nicht nur im makrosozialen, zeitdiagnostischen Kontext von struktureller Individualisierung gedeutet, sondern auch auf seine mikro- und mesosozialen Bezüge hin analysiert. Als charakteristisch wird sein Anspruch auf „soziale Deutungshoheit über die eigene Spiritualität und Religiosität" (Bochinger et al. 2009, 80) herausgestellt. Dennoch spielt für ihn auf der Handlungsebene die soziale Anbindung – etwa der Austausch und die Geborgenheit in Kurs- und Seminargruppen, die Authentizität eines Kursleiters oder die gute Gemeinschaftsatmosphäre in einer religiösen bzw. spirituellen Einrichtung – eine wichtige Rolle (Bochinger et al. 2009, 121-143).

Beispielhaft kann außerdem Gritt Klinkhammers qualitative Untersuchung *Moderne Formen islamischer Lebensführung* (Klinkhammer 2000) genannt werden, die vor dem Hintergrund der gesellschaftlichen Debatten um Zuwanderung und Integration verortet ist und zu den frühesten religionswissenschaftlichen Arbeiten über Muslime in Deutschland zählt. Klinkhammer untersuchte auf der Grundlage von Leitfadeninterviews mit narrativer Einstiegsfrage[19] die Religiosität sunnitisch geprägter Frauen, die als Töchter türkischer Einwanderer überwiegend oder ganz in Deutschland aufgewachsen sind. Ins Zentrum rückte sie die Frage, „in welchem Zusammenhang die islamischen Praktiken und Deutungen der Musliminnen mit faktischen und normativen Strukturen moderner Gesellschaft stehen" (Klinkhammer 2000, 17). Der empirische Teil umfasst sieben Einzelfallanalysen sowie deskriptive Typisierungen zum „Zusammenhang von Biographie und Islam, der Ausübung der Pflichten, der religiösen Deutungs- und Sinnzusammenhänge und dem muslimischen Frauenbild", die am Schluss „zu einer Klassifizierung der islamischen Lebensführung der befragten Frauen in drei Ausprägungen, welche unterschiedliche Nähe und Ferne zu den Richtungen moderner Lebensführung aufweisen, verdichtet" werden (Klinkhammer 2000, 27).[20]

In ihrer Gesamtheit konstituieren diese Arbeiten den Diskussionszusammenhang, in dem auch die Dissertation *Individualsynkretismus. Formen, Genese und Wandel moderner Religiosität im biographischen Kontext* (Kurth 2008) zu verorten ist. Sie wird im nächsten Abschnitt von Stefan Kurth als Forschungsbeispiel vorgestellt.

---

[19] „Ich möchte, dass Du mir einfach aus Deinem Leben erzählst. Besonders interessiert mich dabei, welche Berührung Du mit dem Islam hast. Aus dem Fragebogen entnehme ich, dass Du erst später / schon früh mit dem Islam in Konkakt gekommen bist / eher keinen Kontakt (mehr) zum Islam hast. Wie kommt denn das, war das immer schon so oder gab es da mal andere Zeiten? Erzähl' doch einfach mal!" (Klinkhammer 2000, 115)

[20] Weitere Beispiele für die Verankerung der Religiosität im biographischen Prozess liefern – an zwei ganz unterschiedlichen Beispielen – Lettau 2005 und Lehmann 2003.

3. Forschungsbeispiel: Individualsynkretismus

Fragestellung und theoretischer Ansatz

Die Ausgangsfrage meines Forschungsprojekts war keineswegs identisch mit der Frage, die schließlich in der Einleitung meiner Dissertation zu lesen steht. Vielmehr durchschritt mein Untersuchungsinteresse mehrere Etappen der Klärung und Neuorientierung. In der Frühphase lautete mein Arbeitsthema ‚Öffentliche Erwachsenenbildung als Ort der Vermittlung und Aneignung von Religion, untersucht am Beispiel einer großen Volkshochschule': Ich wollte also einerseits die Volkshochschule als Anbieterin und Vermittlerin religiöser Inhalte und Praktiken erforschen und andererseits untersuchen, wie die Teilnehmer dieses Angebot nutzen und welche Bedeutung es für ihre Religiosität hat. Im Rahmen meiner ersten Projektvorstellungen wurde mir jedoch die Komplexität meiner mehrperspektivischen Fragestellung deutlich. Bei näherem Hinsehen fächerte sich die institutionelle Seite der Volkshochschule in mehrere Ebenen auf: ihr programmatisches Selbstverständnis, die Planung und Gestaltung der Programm- und Fachbereichsleitung, die Vermittlungsabsichten der Dozenten und die Interaktion in den Kursen. Da mich jedoch primär die Teilnehmer interessierten, beschloss ich bald, sie und die Frage nach der Bedeutung der VHS-Religionskurse für ihre Religiosität in den Mittelpunkt zu stellen.

Im Laufe der beginnenden Auswertung ergab sich dann nochmals eine grundlegende Verschiebung meines Interessenschwerpunktes: Die Analysen zeigten mir zunehmend, dass die Volkshochschulkurse nur eine Facette der Religiosität der Befragten bildeten. Mit dieser Einsicht rückte für mich das umfassendere Phänomen einer hochindividuellen, oft synkretistischen Erwachsenenreligiosität ins Zentrum. Die Existenz eines solchen Religiositätstypus, der durch die individuelle Kombination religiöser und ‚spiritueller' Richtungen, Vorstellungen und Praktiken geprägt ist, wurde zwar in den vergangenen Jahrzehnten bereits vielfach postuliert (vgl. grundlegend Luckmann 1996) und auch in zahlreichen empirischen, vor allem quantitativen Untersuchungen bestätigt (vgl. Dubach und Campiche 1993; Campiche und Mainberger-Ruh 2004; Pollack 2006). Jedoch ergab die Sichtung des Forschungsstandes, dass bislang nur wenig genaueres Wissen über die biographisch-sozialen Entwicklungs- und Wandlungsprozesse dieses Religiositätstypus sowie über seine unterschiedlichen Ausprägungen vorlag. Daher formulierte ich für meine abschließende Analyse folgende Fragen:

1. Welche *Formen und Konstellationen* individualsynkretistischer Religiosität können unterschieden werden?

2. Welche *Konstitutions- und Wandlungsprozesse* individualsynkretistischer Religiosität können beschrieben werden?
3. Wie *deuten und legitimieren* Individuen ihre individuellen Synkretismen, deren biographische Entwicklung und Veränderung?
4. Welche Rolle spielen *soziale Kontexte* für die Herausbildung, die Aufrechterhaltung und den Wandel dieses Typus von Religiosität?

Im theoretischen Teil meiner Arbeit, den ich hier nur in aller Kürze andeuten kann, entwickelte ich einen differenzierten heuristischen Rahmen für die spätere empirische Analyse. Er umfasste zunächst eine Bestimmung des Verhältnisses von Religion und Religiosität und die Entwicklung eines mehrdimensionalen Modells von Religiosität auf der Grundlage von Charles Glock und Rodney Stark (Glock 1962; Stark und Glock 1968). Daran schloss sich eine Auseinandersetzungen mit unterschiedlichen Synkretismusmodellen (u. a. Berner 1982) und Konversionstheorien (u. a. Knoblauch et al. 1998) an, aufgrund derer ich eigene Ansätze zur Untersuchung biographischer Wandlungsprozesse individueller Religiosität und ihrer synkretistischen Konstellationen entwickelte. Schließlich formulierte ich Ansätze zur Analyse der subjektiven Deutungen indidualsynkretistischer Religiosität.

Was die Datenerhebung anging, so entschied ich mich in diesem Projekt primär für die Nutzung narrativ fundierter Interviews.

Untersuchungsinstrumente und Datenerhebung

Die Kontaktaufnahme mit möglichen Interviewkandidaten gestaltete sich im Rahmen einer großen deutschen Volkshochschule zunächst recht einfach. Da die Volkshochschulleitung mir Zugang zu allen Kursen gewährte, konnte ich mich und mein Vorhaben den Kursteilnehmer/innen quasi offiziell vorstellen. Um geeignete Interviewpartner auszuwählen, führte ich zunächst eine quantitative Erhebung unter den Teilnehmern von Religionskursen durch. Darin erfragte ich den sozialen Hintergrund der Kursteilnehmer, ihre religiöse Orientierung und ihr religiöses Aneignungs- und Praxisverhalten. Die Fragebogenerhebung wurde anonym durchgeführt, jedoch konnten die Teilnehmer, wenn sie sich für ein Interview zur Verfügung stellen wollten, ihre Kontaktdaten angeben. So konnte ich schließlich mit fünfzehn Personen, deren Angaben im Fragebogen auf eine individualsynkretistische Religiosität schließen ließen, Interviews führen.[21]

[21] Die Fallauswahl umfasste somit vier Schritte: (1.) die Entscheidung für VHS-Religionskurse als Ort der Gewinnung möglicher Interviewkandidat/innen; (2.) die Fragebogenerhebung als Grundlage für die kriteriengeleitete Auswahl der Kandidat/innen; (3.) die Durchführung von fünfzehn Inter-

In den Interviews ging es mir darum zu erfassen, welche Rolle Religion und Religiosität von der Kindheit bis zum Zeitpunkt des Interviews im Leben der Befragten gespielt hat. Daher galt mein Interesse ebenso der Schilderung und Beschreibungen der früheren und gegenwärtigen Religiosität, wie auch ihrer Selbstreflexion durch die Befragten. Zudem war mir wichtig, dass die Kategorien meines heuristischen Rahmens zur Sprache kamen. Ich entschied mich deshalb für eine Kombination des narrativen Interviews mit dem problemzentrierten Interview, für das mir ein Leitfaden als flexible Gedächtnisstütze diente. Seinen Kern bildeten folgende Fragen zu Religion und Religiosität im Lebenslauf:

1. *Erzählimpuls*: Zunächst würde mich interessieren, ob in Ihrer Kindheit und Jugend Religion bzw. Spiritualität vorgekommen ist. Könnten Sie also erzählen, ob und wie Sie in Ihrer Kindheit und Jugend mit Religion oder Spiritualität in Berührung gekommen sind und welche Rolle sie damals für Sie gespielt hat?
2. *Erzählimpuls*: Kommen wir jetzt auf den Zeitraum zwischen Ihrer Jugend und heute. Inwieweit ist Religion oder Spiritualität da in Ihrer Lebensgeschichte vorgekommen, inwieweit haben Sie sich damit (weiter) beschäftigt?
3. *Beschreibungsimpuls (bei Bedarf)*: Und wenn wir jetzt zu Ihrem gegenwärtigen Leben kommen: Können Sie beschreiben, in welcher Weise Religion/Spiritualität heute für Sie ein Thema ist und ob und wie Sie sich heute damit beschäftigen?
4. Immanente Nachfragen
5. *Sondierungsfragen (bei Bedarf)*: Ich würde gerne noch einige Aspekte mit Ihnen durchgehen (Nähe zu religiösen Richtungen, Teilnahme an Veranstaltungen, Nutzung von Literatur und anderen Medien, Teilnahme an Gruppen, Austausch mit anderen.)
6. *Reflexionsfrage*: Wie gehören Ihre Facetten für Sie zusammen? Wie würden Sie Ihre religiöse, spirituelle oder weltanschauliche Einstellung benennen?
7. *Reflexionsfrage*: Inwieweit hat für Sie persönlich Religiosität oder Spiritualität mit Gemeinschaft zu tun?

---

views mit geeigneten und bereitwilligen Kandidat/innen; und (4.) die endgültige Entscheidung für die sechs in der Dissertation präsentierten Fälle nach den ersten Durchgängen der Fallanalysen und des Fallvergleichs und der beginnenden Konturierung meiner zentralen Befunde (vgl. Kurth 2008, 77-79, und den folgenden Abschnitt).

8. *Reflexionsfrage*: Wie stellen Sie sich Ihre religiöse Auseinandersetzung in der näheren Zukunft vor? Haben Sie bestimmte Themen oder Dinge, die Sie in nächster Zeit verfolgen wollen?[22]

Das Führen der Interviews gelang insgesamt erfreulich leicht. Es ergab sich meist schnell eine vertrauensvolle und sympathische Atmosphäre, in der die Interviewten sich sehr persönlich und offen mitteilten. Dabei wurde ich aber wiederholt mit den folgenden Problemen konfrontiert: Erstens schilderten mir die Interviewten teils drastische Erfahrungen wie z. B. den Zusammenbruch von Beziehungen und Berufslaufbahnen, schwere Krankheiten und psychische Probleme, physische Gewalt und sexuelle Übergriffe. Zweitens musste ich immer wieder erfahren, dass die Interviewpartner mein (aufrichtiges) Interesse an ihrer Person und Lebensgeschichte fehldeuteten: Sie sahen darin verschiedentlich auch eine inhaltliche Sympathie mit ihrer religiösen oder spirituellen Ausrichtung, was u. a. in Buchgeschenken oder dem Angebot zu einem persönlichen Horoskop resultierte. Die Offenheit der Mitteilung, die sich dadurch ergab, war zwar für mein Forschungsinteresse von Vorteil, konfrontierte mich aber mit dem ethischen Problem, dass ich um der Datengewinnung willen eine fehlerhafte Einschätzung meiner eigenen religiösen Interessen zumindest duldend in Kauf nahm. Und drittens war für mich die Frage eine Herausforderung, wie diese intensive Begegnung mit der interviewten Person nach dem Abschluss der Gesprächsaufzeichnung zu einem zwischenmenschlich für beide Seiten angemessenen Abschluss gelangen könne. Nachdem die andere Person mir über mehrere Stunden hinweg intime Einblicke in ihr Leben gewährt hatte, empfand ich es in mehreren Fällen als menschlich unangemessen, einfach zu gehen.

In den empirischen Teil meiner Dissertation gingen schließlich sechs der Interviews ein. Er umfasst detaillierte Fallanalysen, einen ausführlichen Fallvergleich und eine Diskussion und hypothetische Verallgemeinerung meiner Befunde.

Ergebnisse

Eines der größten Probleme stellte für mich hierbei die Entwicklung eines geeigneten Auswertungsverfahrens dar. Aufgrund meines Interesses stand für mich fest, dass ich mit Analysen der Einzelfälle beginnen und die Biographieverläufe und Selbstsichten der untersuchten Personen rekonstruieren wollte, bevor ich

[22] Darüber hinaus stellte ich einige fokussierende Fragen zur Bedeutung der Religionskurse an der Volkshochschule. Sie traten für mich mit der Verschiebung meines Forschungsinteresses bei der Auswertung in den Hintergrund (s. u.).

zum Fallvergleich überging. Dabei entschied ich mich dafür, mich in den Fallanalysen auf die eingangs vorgestellten Ansätze von Fritz Schütze, Ralf Bohnsack und Arndt-Michael Nohl zu stützen und die Verfahren miteinander zu kombinieren.

Die eigentliche Herausforderung stellte dann der Fallvergleich dar. Aufgrund meines heuristischen Rahmens schien es mir sinnvoll, mich für den Vergleich an kodierenden Verfahren zu orientieren. Ich entwickelte daher theorie- sowie materialgeleitet Kategorien, fertigte tabellarische Synopsen an und formulierte zahlreiche fallbezogene und fallübergreifende Hypothesen. All dies half mir jedoch nicht recht, einen Überblick zu gewinnen. Stattdessen bekam ich zunehmend den Eindruck, im Detailreichtum der Fälle zu ertrinken. Die endgültige Gestalt der Analysen ging schließlich in monatelangen Bemühungen daraus hervor, dass ich die Arbeit am Datenmaterial und die Weiterentwicklung des heuristischen Rahmens parallel fortführte und immer wieder neu aufeinander bezog: Dieses Vorgehen machte es immer wieder notwendig, meinen heuristischen Rahmen zu überarbeiten und weiterzuentwickeln. An ihm erhielten andererseits die Fallanalysen eine einheitliche Struktur, die wiederum die Grundlage für einen auf meine Ausgangsfragen fokussierten Fallvergleich schuf.

Die Idee, meine Darstellung um eine zentrale Unterscheidung von zwei Typen von Individualsynkretismus herum aufzubauen, entstand schließlich als ‚intuitiver' Einfall im Laufe des Arbeitsprozesses. So unterschied ich zwei Varianten von Individualsynkretismus, eine diffus-unverbindliche sowie eine klar konturierte und engagierte Ausprägung. Während die erste Variante weitgehend dem Klischee einer wenig funktionalen Fleckerlteppich-Religiosität entspricht, kann man die Individualsynkretisten der zweiten Art wohl als interessante Neuentdeckung bezeichnen: Sie erscheinen in ihrer religiösen Selbstverortung klar positioniert, zeigen konturierte religiöse Vorstellungen und sind in ihrer religiösen Auseinandersetzung und Praxis sehr engagiert. Mit anderen Worten: Ihre Religiosität ist von einem hohen Grad an *commitment*, Alltagsintegration und Funktionalität gekennzeichnet.

Vor diesem Hintergrund traten dann noch weitere Ergebnisse zutage, wie etwa die überraschend hohe soziale Anbindung individualsynkretistischer Religiosität und die damit zusammenhängenden Nutzungsweisen von (religiösen) Institutionen sowie die Bedeutung von personalen Vermittlern, Gruppen und individuellen Peers, d. h. Gleichgesinnten auf gleicher Augenhöhe. Besonders erwähnenswert erscheint mir außerdem die innere, subjektive Logik individueller Synkretismen sowie der anhaltende Orientierungswandel, der von Individualsynkretisten typischerweise durch den Anspruch auf individuelle Autonomie und Subjektivität sowie durch vage Konzepte von religiösem Pluralismus und Individualismus legitimiert wird. Schließlich fielen mir noch einige Aspekte der biographischen Entwicklung und des Wandels von Individualsynkretismen ins Auge. Hier ist unter anderem die Bedeutung einer christlichen Sozialisation und den Modus ‚sanfter', oft partialer Alternationen (Orientierungswandel) hervorzuheben, die ihren Ausdruck in Narrativen von Wachstum und Entwicklung finden.

Vor dem Hintergrund dieser Erfahrungen gilt es nun drei praktische Probleme besonderes herauszugreifen, die in der Arbeit mit narrativ fundierten Interviews immer wieder auftreten können:

Praktische Probleme und Lösungsansätze

Auf der Basis dieser Forschungserfahrungen lassen sich drei Bereiche von Problemen und Lösungsansätzen unterscheiden: (a) die Gesprächssituation und ihre Rahmen, (b) Komplexität und Wandel der Fragestellung und (c) Detailreichtum und Strukturierung der Ergebnisse.

Gesprächssituation und ihre Rahmung

Die oben beschriebenen Herausforderungen der Interviewführung können auf eine grundlegende *immanente Spannung dieses Erhebungsverfahrens* zurückgeführt werden. Einerseits sind narrativ fundierte Interviews artifizielle, arrangierte Gesprächssituationen: Bereits im Vorgespräch stellt der Forschende sich dem Interviewkandidaten in seiner Rolle als Wissenschaftler vor; in der Eröffnungsphase wird er versuchen, den Charakter des Gesprächs gemäß den von ihm präferierten method(olog)ischen Standards zu definieren. Andererseits ist für das Gelingen eines narrativ fundierten Interviews konstitutiv, dass eine Offenheit und Vertraulichkeit der Atmosphäre entsteht, in der die Interviewten zur ungeschützten Selbstmitteilung bereit sind. Dies hat wiederum in hohem Maße zur Voraussetzung, dass der Interviewte den Forschenden bzw. Interviewer nicht nur als sachlich-distanzierten Wissenschaftler wahrnimmt, sondern ihn auch als persönlich interessierten und teilnahmsvollen Zuhörer erlebt.

Wenn es nun gelingt, eine solche temporäre Vertrauensbeziehung zu schaffen, kann es allerdings zu emotional aufwühlenden Schilderungen intimer und dramatischer Details der Lebensgeschichte kommen. Dies kann den Interviewer in große Bedrängnis bringen: Wie kann er sich situationsangemessen verhalten, wie seiner Rolle als Wissenschaftler und seiner persönlichen Verantwortung gegenüber dem Anderen gerecht werden? Hier gilt es für ihn abzuwägen: Ist es zu verantworten, die Gesprächssituation weiter aufrechtzuerhalten, den Interviewten womöglich durch Detaillierungsfragen noch weiter in schmerzliche

Erinnerungen zurückzuführen? Erscheint der Interviewte hierfür psychisch stabil genug? Oder ist es erforderlich, das Gespräch auf weniger heikle Bereiche zu lenken, es grundlegend zu versachlichen oder nötigenfalls auch abzubrechen? – Für diese Fragen halten Methodenlehrbücher manch hilfreichen Rat bereit (vgl. z. B. Helfferich 2005); einfache Lösungen und Rezepte für solche Situationen gibt es jedoch nicht. Letztlich ist in hohem Maße die soziale Kompetenz des Einzelnen gefordert, der sich möglichst frühzeitig auf diese Situation einstellen sollte.

Die oben geschilderte *Missdeutung des persönlichen Interesses* des Interviewers als Sympathie auf der Ebene religiöser Orientierungen ist ebenfalls schwer zu vermeiden: Denn wenn der Interviewte den Eindruck gewinnt, dass der Interviewer seiner religiösen Orientierung völlig fremd (und womöglich befremdet) gegenübersteht, wird er sich vielfach auch nur sehr zurückhaltend oder selektiv über seine Religiosität äußern – besonders, wenn diese im gesellschaftlich-kulturellen Kontext der Interviewsituation als deviant gilt. Zeigt der Interviewer hingegen eine grundlegende Vertrautheit mit der religiösen Orientierung des Interviewten, kann er auf wesentlich detailreichere Selbstmitteilungen hoffen. Und diese inhaltliche Vertrautheit wird gerade im religiös-weltanschaulichen Bereich vom Interviewten gerne als inhaltliche Zustimmung oder zumindest ‚Offenheit' ausgelegt.[23] Hier gehört es zur Seriosität, in der Eröffnungsphase die eigene Neutralität zu benennen und im Gesprächsverlauf auch tatsächlich die professionelle Haltung eines methodologischen Agnostizismus (vgl. hierzu die Einleitung dieses Bandes) zu wahren. Ob und inwieweit der Interviewer sich im Nachgespräch über seine eigene Orientierung äußern will, ist eine private Entscheidung des Einzelnen. Problematisch könnte dieses Vorgehen allerdings dann werden, wenn die Möglichkeit besteht, dass persönlichen Äußerungen des Forschers vom Interviewten an andere Mitglieder der untersuchten Gruppe, insbesondere an mögliche künftige Interviewkandidaten, kommuniziert werden, und somit die weitere Datenerhebung beeinflussen.

Komplexität und Wandel der Fragestellung

Wie sichtbar wurde, stand am Beginn des vorgestellten Forschungsbeispiels das Interesse an einem empirischen Phänomenbereich (*VHS-Religionskurse*). Die Untersuchungsfrage war anfänglich noch sehr weit gefasst (*Vermittlung und Aneignung von Religion*). Bereits die erste Phase der Materialsammlung und

[23] Ein eindrucksvolles Beispiel dieser Missverständniskonstellation beschreibt die englische Religionssoziologin Eileen Barker im Rahmen ihrer Feldforschung zur Vereinigungskirche (Barker 1984, 24-25).

Datenerhebung führte dem Forschenden die Komplexität des Phänomenbereichs vor Augen und machte eine doppelte Fokussierung erforderlich: Zum einen musste der empirische Untersuchungsgegenstand enger gefasst und zum anderen die Fragestellung präzisiert werden. Während die Eingrenzung des Untersuchungsgegenstandes (*Fokussierung auf die Teilnehmer*) noch zu einem guten Teil der persönlichen Präferenz folgen konnte, war die Weiterentwicklung der Forschungsfrage Ergebnis einer intensiven Auseinandersetzung mit dem bereits erhobenen Datenmaterial einerseits (*Welche Frage passt zu meinen Daten?*) und mit theoretischen Positionen und empirischen Befunden andererseits (*Wie verortet sich meine Frage im religionswissenschaftlichen Fachdiskurs?*).

Derartige Veränderungen der Ausrichtung eines Forschungsprojekts sind in gewissem Maße normal und charakteristisch für den Forschungsprozess.[24] Besonders in der qualitativen Sozialforschung wird die Bereitschaft, den theoretischen Horizont einer Untersuchung prozesshaft vom untersuchten Gegenstand her zu entwickeln, sogar programmatisch gefordert. Die im beschriebenen Projekt aufkommende Frage, ob das erhobene Datenmaterial noch für die geänderte Forschungsfrage geeignet ist, war allerdings auch eine Konsequenz davon, dass mit der intensiveren Auswertung erst nach Abschluss der Datenerhebung begonnen wurde. Dieses Vorgehen ist ein aus forschungspragmatischen Gründen sehr verbreiteter ‚Verstoß' gegen einen Grundsatz der Grounded Theory, dass die Schritte der Datenerhebung, -auswertung und Theoriebildung ineinandergreifen und sich wechselseitig stimulieren sollen (vgl. Glaser und Strauss 2009). Im konkreten Fall hat sich das erhobene Datenmaterial glücklicherweise als hinreichend dicht erwiesen. Möglicherweise hätte aber bereits die vertiefte Analyse der ersten erhobenen Interviews genügt, um die Forschungsfrage zu präzisieren und die weitere Datenerhebung bei Bedarf daraufhin anzupassen.

Eine ganz andere Dynamik würde ein Forschungsprojekt nehmen, wenn es von Anfang an stärker in einem klar umgrenzten Theoriekontext verankert und gar von diesem her entwickelt wird. Dies ist in besonderem Maße dort der Fall, wo der Forschende sich in eine bestimmte theoretische Richtung oder Schule hineinstellt (bzw. in diese sozialisiert wurde), die den Interessenhorizont seiner Forschung absteckt. Aber selbst in diesem Fall gilt für qualitative Forschungsansätze üblicherweise, dass die engere Forschungsfrage erst im fortgeschrittenen Prozess der Datenanalyse ihre endgültige Gestalt gewinnt.

---

[24] Die Schwierigkeiten in der Konzeptualisierung der Fragestellung und ihrer empirischen Umsetzung beschreiben z. B. sehr offen Bochinger et al. 2009, 23-24.

Detailreichtum und Strukturierung der Ergebnisse

Auch das beschriebene Problem, wie man mit der Datenfülle zurechtkommt, wie der Fallvergleich strukturiert und die Einzelbefunde zu einem theoretischen Gesamtresultat integriert werden können, ist charakteristisch für die Arbeitsweisen der qualitativen Sozialforschung. Die verschiedenen Auswertungsverfahren geben zwar eine allgemeinere oder detailliertere Richtschnur für das Vorgehen in der Datenanalyse und Theoriebildung vor, das konkrete Vorgehen ergibt sich aber immer erst im Kontext des spezifischen Projekts. Zudem bedarf die Theoriebildung neben den handwerklichen Schritten der Analyse immer auch ‚zündender' Einfälle und Strukturierungsideen, die im Forschenden meist über eine längere Zeit reifen müssen.

Zum Teil ist das geschilderte Problem aber auch symptomatisch für eine Situation, in der sich viele angehende Religionswissenschaftler/innen in der Phase ihrer Qualifikationsarbeiten befinden: Sie haben vielfach im Rahmen ihres Studiums selbst keine grundlegende Ausbildung in qualitativen Forschungsmethoden erhalten und erarbeiten sich mehr oder weniger autodidaktisch ein Verständnis von ihren Grundlagen und ihrer Anwendung. Die Schwierigkeit an diesem Vorgehen ist, dass die Lektüre von methodologischen Grundtexten nur sehr eingeschränkt dazu befähigt, die entsprechende Methode selbst kompetent anzuwenden. Lehrbücher mit Praxisbeispielen (vgl. Abschn. 5 unten) leisten hier zwar mittlerweile eine gewisse Abhilfe, doch als optimale Form kann, wie Hubert Knoblauch betont, das Erlernen von Forschungsmethoden „als Teil von Forschungszusammenhängen" gelten, wozu „sich Aufarbeitungen exemplarischer Studien ebenso an(bieten) wie kleine Forschungsaufgaben, Forschungsseminare und Labore" (Knoblauch 2007). Diese Kontexte sollten von Forschenden unbedingt genutzt oder im Zweifelsfall selbst geschaffen werden.

Abschließend soll nun nochmals auf die spezifischen Potentiale der vorgestellten Verfahren hingewiesen werden.

4. Spezifische Potentiale für die Religionswissenschaft

Wie gezeigt werden konnte, haben sich narrativ fundierte Interviews in der Religionswissenschaft und sozialwissenschaftlichen Religionsforschung für vielfältige Forschungsthemen, Fragestellungen und Forschungsinteressen als hilfreich erwiesen. Neue religiöse Bewegungen, alternative Spiritualität und der Zusammenhang von Religion und Migration – dies waren nur einige Themen, die mithilfe narrativ fundierter Interviews gewinnbringend untersucht werden konnten.

Die Forschungsbeispiele zeigten, dass sich die vorgestellten Verfahren besonders dafür bewährt haben, individuelle Religiosität, d. h. religiöses Erleben und Handeln wie auch religiöse Vorstellungen und Sichtweisen zu untersuchen. Als unterschiedliche, wiewohl miteinander kombinierbare Analyserichtungen traten hervor: der Prozesscharakter des Lebenslaufs mit dem Sonderfall religiöser Konversion (und Dekonversion); der mikro-, meso- und makrosoziale Kontext individueller Religiosität; sowie die Konstruktionsweisen und Kommunikationsformen religiöser Deutungen. Darüber hinaus erwies sich das narrativ fundierte Interview aber auch als geeignetes Forschungsinstrument, um religiöse und spirituelle Gemeinschaften zu erforschen. Zu dieser Einschätzung gelangt auch Hubert Knoblauch:

> „Wenn man etwa erfahren will, wie Personen in religiöse Gemeinschaften kommen oder wie sie aus ihnen wieder ausscheiden, welche Arten von ‚Karrieren' darin gemacht werden oder welchen Einfluß sie überhaupt auf das Leben der Betroffenen haben, dann ist das narrative Interview sicherlich eines der nützlichsten Instrumente, und zwar auch und gerade im Rahmen ethnographischer Arbeiten." (Knoblauch 2003, 124-125)

Allgemein gesprochen eröffnen narrativ fundierte Interviews – wie auch weitere Methoden der qualitativen Sozialwissenschaft – der Religionswissenschaft Einblicke in die soziale Wirklichkeit von Religion, die ihr durch die Beschränkung auf philologische Zugänge zu literarischen Textzeugnissen verwehrt blieben. Sie können dazu beitragen, das Projekt einer kulturwissenschaftlichen Neuorientierung der Religionswissenschaft zu verwirklichen (vgl. die Einleitung dieses Bandes), indem sie die „wirkliche und wirksame Religion" erforschen, „wie sie uns in den Gläubigen eines jedweden Religionssystems" (Flasche 1995, 13) – allgemeiner: in religiösen Individuen – entgegentritt. Damit helfen sie, die Kluft „zwischen Schriftreligion und Lebenswelt" (Kippenberg 1995, 13) überwinden. Und nicht zuletzt fördert das Erheben narrativ fundierter Interviews und die damit verbundene persönliche Begegnung bei den Forschenden eine Sensibilisierung und ein Verständnis für die untersuchten Phänomene und Personen, wie sie durch distanziertere Forschungszugänge vermutlich nicht möglich wäre (vgl. Pye 2004).

Im Hinblick auf die religionswissenschaftliche *method and theory*-Diskussion stellt sich schließlich die fundamentale Frage, was die Spezifika religionswissenschaftlicher Forschungszugänge im Feld der sozialwissenschaftlichen Religionsforschung sind. Als grundlegend kann aus unserem Verständnis gelten, dass die Fragestellung einer Untersuchung im religionswissenschaftlichen Diskussionszusammenhang verortet wird, dass die theoretischen Ausgangsüberlegungen in einem religionswissenschaftlichen Horizont stehen und dass die

Diskussion der Forschungsergebnisse wieder in diesen Horizont mündet. So sollten die heuristischen, ‚sensibilisierenden' Konzepte einer Studie einen Bezug zu religionswissenschaftlichen Fragen, Forschungsinteressen und Theorien aufweisen.

In qualitativen Studien wird man oftmals mit grundlegenden sozialwissenschaftlichen Konzepten wie Identität, Biographie, Sozialisation, Interaktion operieren. Auch Begriffe wie religiöse Erfahrung, religiöse Praxis, religiöse Konversion, Synkretismus, Charismatisierung etc. können nicht exklusiv von der (oder für die) Religionswissenschaft reklamiert werden, denn auch andere Disziplinen im Gebiet der Religionsforschung beanspruchen sie. Doch bilden sie einen festen Bestandteil religionswissenschaftlicher Theoriediskussionen, und ihr häufiges Adjektiv ‚religiös' zeigt hartnäckig einen religionswissenschaftlichen Klärungsbedarf an. In diesem Verständnis wird eine Untersuchung mit narrativen Interviews (oder anderen sozialwissenschaftlichen Methoden) dann zu einer religionswissenschaftlichen Studie, wenn ihr theoretischer Ausgangs- und Ziel- bzw. Ergebnishorizont in der religionswissenschaftlichen Diskussion verortet werden kann. Der Forschende muss sich dabei aber der theoretischen Prämissen über (soziales) Handeln, Kommunikation und Interaktion sowie der methodologischen Prämissen über das Fremdverstehen und die Interpretierbarkeit verbaler Daten bewusst sein, auf denen die Arbeit mit narrativ fundierten Interviews basiert. Konkret bedeutet dies, dass es nicht genügt, sich nur Rezeptwissen für die Anwendung qualitativer Methoden anzueignen. Vielmehr ist eine grundlegende Auseinandersetzung mit ihrer Herkunft und Begründung erforderlich.

5. Kommentierte Auswahlbibliographie

Grundlagentexte (Aufsätze)

Die folgenden Aufsätze sind äußerst erhellende, kompakte und bereits als ‚klassisch' zu bezeichnende Texte zum Führen von Leitfadeninterviews (Hopf 1978) sowie zu den Erhebungsverfahren des fokussierten Interviews, des Experteninterviews, des narrativen und des problemzentrierten Interviews.

- Schütze, Fritz. 1983. Biographieforschung und narratives Interview. *Neue Praxis* 13: 283-293.
- Merton, Robert K. und Patricia L. Kendall. 1979. Das fokussierte Interview. In *Qualitative Sozialforschung*, Hg. Christel Hopf und Elmar Weingarten, 169-204. Stuttgart: Klett-Cotta.

- Hopf, Christel. 1978. Die Pseudo-Exploration. Überlegungen zur Technik qualitativer Interviews in der Sozialforschung. *Zeitschrift für Soziologie* 7: 97-115.
- Witzel, Andreas. 1985. Das problemzentrierte Interview. In: *Qualitative Forschung in der Psychologie*, Hg. Gerd Jüttemann, 227-256. Weinheim; Basel: Beltz.
- Meuser, Michael und Ulrike Nagel. 2002. ExpertInneninterviews – vielfach erprobt, wenig bedacht. Ein Beitrag zur qualitativen Methodendiskussion. In *Das Experteninterview*, Hg. Alexander Bogner, Beate Littig und Wolfgang Menz, 71-93. Opladen 2002: Leske + Budrich.

Methodenliteratur und Lehrbücher

- Küsters, Ivonne. 2006. *Narrative Interviews. Grundlagen und Anwendungen.* Wiesbaden: VS Verlag.
  Das Lehrbuch ist eine gut lesbare, aktuelle Einführung in die Erhebung und Auswertung narrativer Interviews, die die einzelnen Phasen des Forschungsprozesses erläutert und an einem durchgehenden Beispiel illustriert.
- Helfferich, Cornelia. [2]2005. Die Qualität qualitativer Daten. Manual für die Durchführung qualitativer Interviews. Wiesbaden: VS Verlag.
  Die Autorin schuf ein praxisorientiertes Arbeits- und Übungsbuch zur Vorbereitung auf die Erhebung qualitativer Interviews; es enthält viele Übungen für Selbststudium und Gruppenarbeit sowie zahlreiche Forschungsbeispiele.
- Rosenthal, Gabriele. 1995. Erlebte und erzählte Lebensgeschichte. Gestalt und Struktur biographischer Selbstbeschreibungen. Frankfurt u. a.: Campus.
  Die umfangreiche und theoretisch anspruchsvolle Arbeit bietet eine grundlegende Erörterung des Zusammenhangs zwischen dem gelebten und erlebten Leben, sowie der rückblickenden Erinnerung und erzählerischen Darstellung der eigenen Lebensgeschichte. Darüber hinaus entwickelt die Autorin auf der Grundlage von Fritz Schütze, Ulrich Oevermann u. a. eine Methodologie der interpretativen Analyse autobiographischer Erzählungen.
- Lucius-Hoene, Gabriele und Arnulf Deppermann. [2]2004. *Rekonstruktion narrativer Identität. Ein Arbeitsbuch zur Analyse narrativer Interviews.* Wiesbaden: VS Verlag.
  Ausgehend von der Annahme, dass die erzählerische Vergegenwärtigung des eigenen Lebens ein biographisch begründetes Verhältnis zur eigenen Person stiftet, wird in diesem Lehrbuch ein Verfahren zur Analyse narrativer Identität vorgestellt und durch zahlreiche Beispiele illustriert.

- Nohl, Arnd-Michael. 2009. Interview und dokumentarische Methode. Anleitungen für die Forschungspraxis. 3. Aufl. Wiesbaden: VS Verlag.
  Der Autor erschließt in diesem kompakten und praxisorientierten Lehrbuch die Dokumentarische Methode nach Ralf Bohnsack für die Analyse narrativ fundierte Interviews; er beschreibt die einzelnen Schritte von der Fallinterpretation über die komparative Analyse und Typenbildung bis zur Generalisierung und illustriert sie mit Beispielen aus der eigenen Forschung.

Exemplarische Studien

- Schiffauer, Werner. 2000. Die Gottesmänner. Türkische Islamisten in Deutschland. Eine Studie zur Herstellung religiöser Evidenz. Frankfurt am Main: Suhrkamp.
  Der Autor präsentiert im Rahmen seiner umfangreichen ethnographischen Studie über die radikal-muslimische Gemeinde Cemaleddin Kaplans drei detaillierte Fallanalysen, in denen er auf methodisch äußerst transparente Weise rekonstruiert, „welche Erfahrungen einen politischen Islam plausibel erscheinen lassen" (Schiffauer 2000, 233).
- Bochinger, Christoph, Martin Engelbrecht und Winfried Gebhardt. 2009. Die unsichtbare Religion in der sichtbaren Religion. Formen spiritueller Orientierung in der religiösen Gegenwartskultur. Stuttgart: Kohlhammer.
  Die Studie untersucht mithilfe von narrativ fundierten Einzelinterviews und Gruppendiskussionen das Phänomen religiöser Individualisierung bei Kirchenmitgliedern. Arbeitsmethodisch besonders lehrreich ist, wie aus dem Datenmaterial der Typus des spirituellen Wanderers als ein Prototyp spätmoderner Religiosität entwickelt wird.
- Knoblauch, Hubert und Ina Schmied. 1999. Berichte aus dem Jenseits – Eine qualitative Studie zu Todesnäheerfahrungen im deutschsprachigen Raum. In *Todesnähe. Wissenschaftliche Zugänge zu einem außergewöhnlichen Phänomen*, Hg. Hubert Knoblauch und Hans-Georg Soeffner, 187-215. Konstanz: UVK Universitätsverlag.
  Die Autor/innen arbeiten am Beispiel der Schilderung von Todesnäheerfahrungen die für narrative Interviews fundamentale Unterscheidung zwischen den Ebenen der Erfahrung, ihrer kommunikativen Darstellung und ihrer Deutung durch die Betroffenen heraus.
- Lettau, Antje. 2005. Die biographische und soziale Einbettung intensiver Meditationspraxis. Eine qualitative Analyse. Frankfurt am Main, Berlin u. a.: Lang.

Die Studie ist eine der wenigen qualitativen Untersuchungen im Bereich der empirischen Meditationsforschung. Methodische Grundlagen bilden teilnehmende Beobachtung und narrativ fundierte Leitfadeninterviews sowie die Grounded Theory, die Narrationsanalyse nach Schütze und die Rekonstruktion narrativer Identität nach Deppermann und Lucius-Hoehne.

- Ulmer, Bernd. 1988. Konversionserzählungen als rekonstruktive Gattung. Erzählerische Mittel und Strategien bei der Rekonstruktion eines Bekehrungserlebnisses. *Zeitschrift für Soziologie* 17, 19-33.
  Der Autor zeigt am Beispiel religiöser Konversionserzählungen, wie stark eine autobiographische Selbstdarstellung durch kulturell etablierte Muster (erzählerischen Mittel und Strategien) geprägt und überformt sein kann. (Interessant als Gegenlektüre ist Stenger 1998.)

6. Literatur

Aas, Norbert, Hg. 2010. *Zwischen Weltanschauungskampf und Endzeitstimmung. Die Evangelische Kirche Bayreuths im Nationalsozialismus*. Bayreuth: Bumerang.

Barker, Eileen. 1984. *The making of a Moonie. Choice or brainwashing?* Aldershot: Gregg Revivals.

Baumann, Maria. 2003. *Frauenwege zum Islam. Analyse religiöser Lebensgeschichten deutscher Muslimas.* Dissertation, Univ. Regensburg.

Berner, Ulrich. 1982. *Untersuchungen zur Verwendung des Synkretismus-Begriffes.* Wiesbaden: Harrassowitz.

Bertelsmann Stiftung, Hg. [2]2008. *Religionsmonitor 2008.* Gütersloh: Bertelsmann-Stiftung.

Bertelsmann Stiftung, Hg. 2009. *Woran glaubt die Welt? Analysen und Kommentare zum Religionsmonitor 2008.* Gütersloh: Bertelsmann-Stiftung.

Bochinger, Christoph, Martin Engelbrecht und Winfried Gebhardt. 2009. *Die unsichtbare Religion in der sichtbaren Religion. Formen spiritueller Orientierung in der religiösen Gegenwartsliteratur.* Stuttgart: Kohlhammer.

Bohnsack, Ralf, Iris Nentwig-Gesemann und Arnd-Michael Nohl. [2]2007. *Die dokumentarische Methode und ihre Forschungspraxis. Grundlagen qualitativer Sozialforschung.* Wiesbaden 2007: VS Verlag.

Bohnsack, Ralf. [2]2006. Dokumentarische Methode. In *Hauptbegriffe qualitativer Forschung*, Hg. Bohnsack, Ralf, Winfried Marotzki und Michael Meuser, 40-44. Opladen u. a.: Barbara Budrich.

Bohnsack, Ralf. [7]2008. *Rekonstruktive Sozialforschung. Einführung in qualitative Methoden.* Opladen u. a.: Barbara Budrich.

Brüsemeister, Thomas. [2]2008. *Qualitative Forschung. Ein Überblick.* Wiesbaden: VS Verlag.

Campiche, Roland J. und Elisabeth Mainberger-Ruh, Hg. 2004. *Die zwei Gesichter der Religion. Faszination und Entzauberung.* Zürich: Theologischer Verlag.

Deflorin, Raffaela. 2003. Wenn Dinge sich verblüffend fügen. Außeralltägliche Wirklichkeitserfahrungen im Spannungsfeld zwischen Zufall, Unwahrscheinlichkeit und Notwendigkeit. In *Alltägliche Wunder. Erfahrungen mit dem Übersinnlichen – wissenschaftliche Befunde*, hg. Eberhard Bauer und Michael Tschetsche, 121-147. Würzburg: Ergon.

Dubach, Alfred und Roland J. Campiche, Hg. [2]1993. *Jede(r) ein Sonderfall? Religion in der Schweiz. Ergebnisse einer Repräsentativbefragung.* Zürich: NZN-Buchverlag.

Enquete-Kommission „Sogenannte Sekten und Psychogruppen". 1998. *Endbericht der Enquete-Kommission „Sogenannte Sekten und Psychogruppen".* Eingesetzt durch Beschluß des Deutschen Bundestages vom 9. Mai 1996 – Drucksache 13/4477. Bonn: Bundesanzeiger Verlagsgesellschaft.

Fischer-Rosenthal, Wolfram und Gabriele Rosenthal. 1997. Narrationsanalyse biographischer Selbstrepräsentationen. In *Sozialwissenschaftliche Hermeneutik*, hg. Ronald Hitzler und Anne Honer, 133-164. Opladen: Leske + Budrich.

Franke, Edith, Hg. 2005. *Fremd und doch vertraut. Eindrücke religiöser Vielfalt in und um Hannover.* Marburg: Diagonal.

Friedrich, Johannes, Wolfgang Huber und Peter Steinacker. 2006. *Kirche in der Vielfalt der Lebensbezüge. Die vierte EKD-Erhebung über Kirchenmitgliedschaft.* Gütersloh: Gütersloher Verlagshaus.

Friedrichs, Jürgen und Ulrich Schwinges. [2]2005. *Das journalistische Interview.* Wiesbaden: VS Verlag.

Glaser, Barney G. und Anselm L. Strauss. [4]2009. *The discovery of grounded theory. Strategies for qualitative research.* New Brunswick: Aldine.

Glock, Charles Y. 1962. On the study of religious commitment. *Review of recent research bearing on religious and character formation*: 98-110 (Research supplement to Religious Education 57).

Helfferich, Cornelia. [2]2005. *Die Qualität qualitativer Daten. Manual für die Durchführung qualitativer Interviews.* Wiesbaden: VS Verlag.

Hermelink, Jan, Ingrid Lukatis und Monika Wohlrab-Sahr, Hg. 2006. *Kirche in der Vielfalt der Lebensbezüge. Die vierte EKD-Erhebung über Kirchenmitgliedschaft.* Bd. 2: Analysen zu Gruppendiskussionen und Erzählinterviews. Gütersloh: Gütersloher Verlagshaus.

Hopf, Christel. 1978. Die Pseudo-Exploration. Überlegungen zur Technik qualitativer Interviews in der Sozialforschung. *Zeitschrift für Soziologie* 7: 97-115.

Karstein, Uta, Thomas Schmidt-Lux, Monika Wohlrab-Sahr und Mirko Punken. 2006. Säkularisierung als Konflikt? Zur subjektiven Plausibilität des ostdeutschen Säkularisierungsprozesses. *Berliner Journal für Soziologie* 16: 441-461.

Kehrer, Günter, Hg. 1981. *Das Entstehen einer neuen Religion. Das Beispiel der Vereinigungskirche.* München: Kösel (Forum Religionswissenschaft 3).

Kelle, Udo und Susann Kluge. 1999. *Vom Einzelfall zum Typus. Fallvergleich und Fallkontrastierung in der qualitativen Sozialforschung.* Opladen: Leske + Budrich.

Kippenberg, Hans G. 1995. Lokale Religionsgeschichte von Schriftreligionen. In *Lokale Religionsgeschichte*, hg. Hans Kippenberg und Brigitte Luchesi, 11-20. Marburg: Diagonal.

Knoblauch, Hubert und Ina Schmied. 1999. Berichte aus dem Jenseits – Eine qualitative Studie zu Todesnäheerfahrungen im deutschsprachigen Raum. In *Todesnähe. Wissenschaftliche Zugänge zu einem außergewöhnlichen Phänomen*, hg. Hubert Knoblauch und Hans-Georg Soeffner, 187-215. Konstanz: UVK Universitätsverlag.

Knoblauch, Hubert, Volkhard Krech und Monika Wohlrab-Sahr, Hg. 1998. *Religiöse Konversion*. Konstanz: UVK Universitätsverlag.

Knoblauch, Hubert. 2003. *Qualitative Religionsforschung. Religionsethnographie in der eigenen Gesellschaft*. Paderborn u. a.: Schöningh.

Knoblauch, Hubert. 2007. Thesen zur Lehr- und Lernbarkeit qualitativer Methoden. Diskussionsbeitrag zur FQS-Debatte "Lehren und Lernen der Methoden qualitativer Sozialforschung". In *Forum Qualitative Sozialforschung / Forum: Qualitative Social Research*, 8 (http://nbn-resolving.de/urn:nbn:de:0114-fqs0701D4K99).

Kowal, Sabine und Daniel C. O'Connell. 2000. Zur Transkription von Gesprächen. In *Qualitative Forschung. Ein Handbuch*, hg. Uwe Flick, Ernst von Kardorff und Ines Steinke, 437-447. Reinbek b. Hamburg: Rowohlt.

Kurth, Stefan. 2008. Individualsynkretismus. *Formen, Genese und Wandel moderner Religiosität im biographischen Kontext. Eine religionswissenschaftliche Untersuchung*. Dissertation, Universität Bayreuth. [Der Volltext ist online verfügbar unter http://opus.ub.uni-bayreuth.de.]

Kurth, Stefan. 2010. Jugendliche zwischen Evangelischer Kirche und Hitlerjugend. In *Zwischen Weltanschauungskampf und Endzeitstimmung. Die Evangelische Kirche Bayreuths im Nationalsozialismus*, hg. Norbert Aas, 88-112. Bayreuth: Bumerang.

Küsters, Ivonne. 2006. *Narrative Interviews. Grundlagen und Anwendungen*. Wiesbaden: VS Verlag.

Lehmann, Karsten. 2003. Jugendsatanismus und Jugendkultur. Zu den Formen der Vergemeinschaftung von jugendlichen Satanisten. *Zeitschrift für Religionswissenschaft* 11: 87-106.

Lehmann, Karsten. 2006. Community-Kirchen im Wandel. Zur Entwicklung christlicher Migrantengemeinden zwischen 1950 und 2000. *Berliner Journal für Soziologie* 16: 485-501.

Lettau, Antje: *Die biographische und soziale Einbettung intensiver Meditationspraxis. Eine qualitative Analyse*. Frankfurt am Main, Berlin u. a. 2005: Lang.

Lucius-Hoene, Gabriele und Arnulf Deppermann. ²2004. *Rekonstruktion narrativer Identität. Ein Arbeitsbuch zur Analyse narrativer Interviews*. Wiesbaden: VS Verlag.

Luckmann, Thomas. ³1996. *Die unsichtbare Religion*. Frankfurt am Main: Suhrkamp.

Mangold, Werner. 1960. *Gegenstand und Methode des Gruppendiskussionsverfahrens. Aus der Arbeit des Instituts für Sozialforschung*. Frankfurt am Main: Europäische Verlagsanstalt.

Matthes, Joachim, 1993. Was ist anders an anderen Religionen? Anmerkungen zur zentristischen Organisation des religionssoziologischen Denkens. In *Religion und Kultur*, hg. Jörg Bergmann, Alois Hahn und Thomas Luckmann, 16-30. Opladen: Westdt. Verl.(Kölner Zeitschrift für Soziologie und Sozialpsychologie, Sonderbd. 33).

Matthes, Joachim. 1999. Interkulturelle Kompetenz: Ein Konzept, sein Kontext und sein Potential. *Deutsche Zeitschrift für Philosophie*, 47: 411–426.

Merton, Robert K. und Patricia L. Kendall. 1979. Das fokussierte Interview. In *Qualitative Sozialforschung*, hg. Christel Hopf und Elmar Weingarten, 169-204. Stuttgart: Klett-Cotta.

Meuser, Michael und Ulrike Nagel. 2002. ExpertInneninterviews – vielfach erprobt, wenig bedacht. Ein Beitrag zur qualitativen Methodendiskussion. In *Das Experteninterview*, hg. Alexander Bogner, Beate Littig und Wolfgang Menz, 71-93. Opladen 2002: Leske + Budrich.

Michaels, Axel, Hg. 1997. *Klassiker der Religionswissenschaft: von Friedrich Schleiermacher bis Mircea Eliade*. München: C.H. Beck.

Nohl, Arnd-Michael. [3]2009. *Interview und dokumentarische Methode. Anleitungen für die Forschungspraxis*. Wiesbaden: VS Verlag.

Oevermann, Ulrich, Tilman Allert, Elisabeth Konau und Jürgen Krambeck. 1979. Die Methodologie einer „objektiven Hermeneutik" und ihre allgemeine forschungslogische Bedeutung in den Sozialwissenschaften. In *Interpretative Verfahren in den Sozial- und Textwissenschaften*, hg. Hans-Georg Soeffner, 352-434. Stuttgart: Metzler.

Oevermann, Ulrich. 1993. Die objektive Hermeneutik als unverzichtbare methodologische Grundlage für die Analyse von Subjektivität. Zugleich eine Kritik der Tiefenhermeneutik. In *'Wirklichkeit' im Deutungsprozeß. Verstehen und Methoden in den Kultur- und Sozialwissenschaften*, hg. Thomas Jung und Stefan Müller-Doohm, 106-189. Frankfurt am Main: Suhrkamp.

Patton, Michael Quinn. [2]1990. *Qualitative Evaluation and Research Methods*. Newbury Park u. a.: Sage.

Perks, Robert und Alistair Thomson, Hg. [2]2006. *The Oral History Reader*. London u. a.: Routledge.

Pollack, Detlef. 2006. Religion und Moderne: Religionssoziologische Erklärungsmodelle. In *Macht Glaube Politik?*, hg. Tobias Mörschel, 17-48. Göttingen: Vandenhoeck & Ruprecht.

Pye, Michael. 2004. Religionswissenschaft und Religionen. Eine riskante Nähe und ihre Notwendigkeit. *Marburg Journal of Religion* 9.

Rosenthal, Gabriele und Wolfram Fischer-Rosenthal. 2000. Analyse narrativ-biographischer Interviews. In *Qualitative Forschung. Ein Handbuch*, hg. Uwe Flick, Ernst von Kardorff und Ines Steinke, 456-468. Reinbek b. Hamburg: Rowohlt.

Rosenthal, Gabriele. 1995. *Erlebte und erzählte Lebensgeschichte. Gestalt und Struktur biographischer Selbstbeschreibungen*. Frankfurt am Main; New York: Campus.

Ruttmann, Hermann. 1993. *Religionen, Kirchen, Konfessionen. Glaubensgemeinschaften in Marburg*. Marburg: REMID.

Schiffauer, Werner. 2000. *Die Göttesmänner. Türkische Islamisten in Deutschland. Eine Studie zur Herstellung religiöser Evidenz*. Frankfurt am Main: Suhrkamp.

Schmidt, Christiane. 2000. Analyse von Leitfadeninterviews. In *Qualitative Forschung. Ein Handbuch*, hg. Uwe Flick, Ernst von Kardorff und Ines Steinke, 447-456. Reinbek b. Hamburg: Rowohlt.

Schmidt, Christiane. [3]2010. Auswertungstechniken für Leitfadeninterviews. In *Handbuch Qualitative Forschungsmethoden in der Erziehungswissenschaft*, hg. Barbara Friebertshäuser, Antje Langer und Annedore Prengel, 473-486. Weinheim und München: Juventa.

Schmidt, Thomas. 2003. Vom Bürger zum Werktätigen: *Die arbeiterliche Zivilreligion in der DDR. In Atheismus und religiöse Indifferenz*, hg. Christel Gärtner, Detlef Pollack und Monika Wohlrab-Sahr, 315-336. Opladen: Leske + Budrich.

Schütze, Fritz. 1981. Prozeßstrukturen des Lebensablaufs. In *Biographie in handlungswissenschaftlicher Perspektive*, hg. Joachim Matthes, Arno Pfeifenberger und Manfred Stosberg, 67-156. Nürnberg: Verl. d. Nürnberger Forschungsvereinigung.

Schütze, Fritz. 1983. Biographieforschung und narratives Interview. *Neue Praxis* 13: 283-293.

Schütze, Fritz. 1984. Kognitive Strukturen des autobiographischen Stegreiferzählens. In *Biographie und soziale Wirklichkeit. Neue Beiträge und Forschungsperspektiven*, hg. Martin Kohli und Günther Robert, 78-117. Stuttgart: Metzler.

Schütze, Fritz. 1987. *Das narrative Interview in Interaktionsfeldstudien*. Hagen: Fernuniversität Hagen.

Shimada, Shingo. 2001. Wissenssoziologie der kulturellen Wechselwirkungen. Eine Skizze zur Methodologie einer interkulturell angelegten qualitativen Sozialforschung. *Zeitschrift für qualitative Bildungs-, Beratungs- und Sozialforschung* 2, 37-48.

Spradley, James P. 1979. *The Ethnographic Interview*. Belmont: Wadsworth Group.

Stark, Rodney und Charles Y. Glock. 1968. *American Piety. The Nature of Religious Commitment*. Berkeley u. a.: University of California Press.

Stenger, Horst. 1998. Höher, reifer, ganz bei sich. Konversionsdarstellungen und Konversionsbedingungen im "New Age". In *Religiöse Konversion*, hg. Hubert Knoblauch, Hubert; Krech, Volkhard und Monika Wohlrab-Sahr, 195-222. Konstanz: UVK Universitätsverlag.

Strauss, Anselm und Juliet Corbin. 2010. *Grounded Theory. Grundlagen qualitativer Sozialforschung*. Unveränd. Nachdr. der letzten Aufl. Weinheim: Beltz.

Streib, Heinz., Ralph W. Hood, Barbara Keller, Rosina-Martha Csöff und Christopher F. Silver. 2009. *Deconversion. Qualitative and Quantitative Results from Cross-Cultural Research in Germany and the United States of America*. Göttingen: Vandenhoeck & Rupprecht.

Thiele, Christian. 2009. *Interviews führen*. Konstanz: UVK Universitätsverlag.

Ulmer, Bernd. 1988. Konversionserzählungen als rekonstruktive Gattung. Erzählerische Mittel und Strategien bei der Rekonstruktion eines Bekehrungserlebnisses. *Zeitschrift für Soziologie* 17, 19-33.

Wilson, Thomas P. 1970. Normative and interpretative paradigms in sociology. In *Understanding everyday life*, hg. Jack D. Douglas, 57-79. London: Routledge.

Witzel, Andreas. 1985. Das problemzentrierte Interview. In: *Qualitative Forschung in der Psychologie*, hg. Gerd Jüttemann, 227-256. Weinheim; Basel: Beltz.

Witzel, Andreas. 1996. Auswertung problemzentrierter Interviews: Grundlagen und Erfahrungen. In *Wahre Geschichten? Zu Theorie und Praxis qualitativer Interviews*, hg. Rainer Strobl und Andreas Böttger, 49-75. Baden-Baden: Nomos.

Interpretative Videoanalyse im Kontext fokussierter Ethnographie

Visionäre Transzendenzerfahrungen bei der Gemeinschaft Fiat Lux[1]

Bernt Schnettler

In der Religionsforschung kommt der Analyse von Texten ein besonderes Gewicht zu, weil es wohl zumindest für Schriftreligionen nahe zu liegen scheint, sich mit einiger Anstrengung der Analyse von Aufzeichnungen zuzuwenden. Das gilt besonders dann, wenn wir von einer nicht mehr ausgeübten, aber historisch bedeutsamen und vielleicht anhaltend prägenden religiösen Praxis ansonsten nicht mehr viel wissen. Sobald allerdings die lebendige Praxis gegenwärtig ausgeübter Religion in den Mittelpunkt des Interesses rückt, werden die Beschränkungen von Textanalysen offenkundig.

Aktuelle religiöse Phänomene bilden das Hauptinteresse des hier betrachteten Ansatzes, der auf die Erhebung, Beschreibung und Analyse von Religion in ihrem ‚natürlich vorkommenden Kontext' zielt. Weil es besonders auf die Rekonstruktion des Kontextes und seiner Berücksichtigung für die Hervorbringung des in Frage stehenden religiösen Phänomens ankommt, basiert er in besonderem Maße auf *ethnographischer Feldarbeit*. Deren Einzelheiten sind zu erläutern.

Für eine möglichst umfassende und genaue Rekonstruktion religiöser Phänomene wird mit der Videographie ein Verfahren eingesetzt, das in der Religionsforschung bislang noch wenig gebräuchlich ist. Die Arbeit mit audiovisuellen Daten stellt hier eher einen Randbereich dar. Angesichts der wiederkehrenden öffentlichen Sichtbarkeit religiöser Phänomene sowie der allgemein zunehmenden Rolle visueller Kommunikation in der gegenwärtigen Gesellschaft dürfte die Bedeutung audiovisueller Daten in Zukunft allerdings wohl weiter steigen.

---

[1] Dieser Aufsatz basiert auf vorangehenden Publikationen zur Analyse von Videodaten. Die Datenanalyse bezieht sich auf Daten aus Schnettler 2001. Zur Methode vgl. Knoblauch, Schnettler und Raab 2006, Knoblauch und Schnettler 2007; Knoblauch et al. 2008; Schnettler und Knoblauch 2009; Schnettler und Baer 2009; Knoblauch, Tuma und Schnettler 2010. Stefan Kurth und Karsten Lehmann gaben den Anstoß zu diesem Aufsatz und trugen zu wichtigen Präzisierungen bei. Für wertvolle Hinweise danke ich außerdem Marlen Rabl und Georg Lindinger.

Vor diesem Hintergrund werde ich einige der methodischen Voraussetzungen der interpretativen Videoanalyse erläutern, ihr Vorgehen zeigen sowie ihr Potenzial für die Religionsforschung diskutieren. Dabei gehe ich außerdem auf die Anforderungen an die Erhebung der Videodaten ein und skizziere anhand eines Beispiels aus meinem Datenkorpus wichtige Einzelaspekte für die Aufnahme sowie die anschließende Auswertung, Analyse und Interpretation videographisch erhobener Daten.

Mit der Videoanalyse rücken nicht allein sichtbare Zeugnisse audiovisuell erfassbarer religiöser Handlungen, Symbole und Rituale in den Fokus der Aufmerksamkeit. Als Instrument interpretativer Sozialforschung eignen sich Videoanalysen besonders dafür, interaktive und kommunikative Vorgänge zu studieren – und zwar dort, wo sie auftreten, d. h. in ihrem sozialen und kulturellen Kontext. Wenngleich für die lebensweltliche Erfahrung und Ausübung von Religion weitere, im Video nicht festzuhaltende Sinne ausschlaggebend sein können, wie etwa Gerüche und Körperempfindungen[2], ermöglicht die videographische Aufzeichnung und ihre spätere detaillierte Analyse eine intensive und der ‚natürlichen' Situation sehr nahekommende Untersuchung sichtbarer und hörbarer religiöser Formen. Im Mittelpunkt videoanalytisch orientierter Religionsforschung stehen also visuell aufgezeichnete soziale Situationen. Die Erhebung der Daten ist in eine ethnographische Untersuchung eingebettet, wobei im Folgenden der Erhebungssituation und dem ethnographischem Hintergrundwissen besonderes Augenmerk geschenkt wird.

Sie richtet sich in der hier vorgestellten Variante vor allem auf die Erhebung und Analyse der ‚Orchestrierung' situierter Interaktions- und Kommunikationsformen. Orchestrierung meint dabei die Art und Weise, *wie* verschiedene kommunikative Modalitäten – Lautsprache, Mimik, Gestik, Körperformationen usw. – miteinander zusammenspielen und wie in diesem Zusammenspiel bestimmte kommunikative Formen und Gattungen erzeugt werden. Folglich wird nicht allein die *sequenzielle Entfaltung* interaktiver Abläufe untersucht (etwa typische Elemente einer Predigt einschließlich der darin eingesetzten Semantik, Rhetorik, Lexik usw.). Zusätzlich dazu werden in der Videoanalyse neben der Sequenzialität des Geschehens ebenso die *simultanen*, dauerhaften Situationselemente und deren kulturelle Bedeutung mitberücksichtigt: Die Predigt findet möglicherweise in einem besonderem sakralen Raum statt – einer Kirche, Kapelle oder Moschee. Aufbau, Gliederung und Ausgestaltung der Veranstaltung sind im Video aufgezeichnet, ebenso wie die während des gesamten Ritualablaufs

---

[2] Vgl. etwa den Funktions- und Bedeutungswandel des Einsatzes von Weihrauch für den Gottesdienst, der zuerst der Maskierung des Gestanks des gemeinen Volkes für die Höherstehenden, später zur olfaktorischen Sakralisierung des Zeremoniells als Mittel der Ausgrenzung des Hochamts vom ‚stinknormalen' Alltagsgeschehen und als Mittel sakraler Vergemeinschaftung diente (Raab 2001).

anwesenden Gläubigen, die in den Bänken sitzen bleiben und dem Prediger aufmerksam zuhören oder andere Aktivitäten entfalten usw.

Audiovisuelle Aufzeichnungen bieten der Forschung eine Reihe von unschätzbaren Vorzügen, die andere Daten nicht aufweisen. Von diesen Vorteilen kann auch die Religionsforschung profitieren, weil Videodaten das mitunter recht komplizierte Zusammenspiel einzelner kommunikativer Modalitäten, dessen Verlauf und die daran beteiligten Details analytisch zugänglich machen. Mit dem Video wird das Geschehen in seinem Ablauf in Bild und Ton für eine genaue Untersuchung verfügbar. Im Unterschied zu vielen anderen analytischen Ansätzen zerteilt die Videoanalyse dabei nicht in verschiedene kommunikative ‚Kanäle' oder segmentiert die eingesetzten kommunikativen Mittel künstlich voneinander. Vielmehr geht es darum herauszufinden, auf welche – mitunter sehr kunstvolle – Weise Handelnde die verschiedenen ihnen zur Verfügung stehenden Ausdrucksmittel – Sprache und Stimme, Gesicht und Körper, Dekorum und Identitätsmarkierungen – performativ derart miteinander verbinden, dass daraus eine für sie und für andere Anwesende erkennbare Gestalt entsteht. Videoanalyse ist also Formanalyse und leistet als Verfahren vor allem eine minutiöse und kleinteilige Beschreibung beobachtbarer Details, aus denen die soziale Wirklichkeit zusammengesetzt ist. Diese Formen sind performativ und in der Regel haben sie, je stärker konventionalisiert sie sind, erkennbare soziale Funktionen. ‚Form' sollte hier nicht in Opposition zu ‚Inhalt' verstanden werden, weil Inhalte immer in bestimmter Form auftreten und Analysen, die sich auf die Interpretation ‚inhaltlicher Aspekte' beschränken oder diesen einen Vorrang zumessen, für die Bauprinzipien sozialer Wirklichkeitserzeugung zumeist blind bleiben.

Zugleich sind damit bereits die *Grenzen* der videographischen Methode angedeutet, auf die ich am Ende genauer eingehe. Sehr viele Fragen können mit der Videoanalyse *nicht* beantwortet werden. Deshalb muss davor gewarnt werden, ein sich langsam zur Mode entwickelndes Verfahren für alle möglichen (untauglichen) Zwecke einsetzen zu wollen.[3]

Welchen methodischen Nutzen kann die Videoanalyse für die Religionsforschung haben? Bevor ich diese Frage beantworte, einige Bemerkungen über sozial- und kulturwissenschaftliche Methoden allgemein: Die hier vorgestellte videographische Methode folgt einer allgemeinen Faszination für alles, was Menschen treiben, und einer bestimmten Obsession, nämlich zu ergründen, *wie* genau sie das bewerkstelligen, was sie tun. Das muss freilich nicht jeden interessieren. Wenn man sich aber auf diese Sichtweise einlässt, wird klar, warum für

[3] Methoden *an sich* sind wertlos, weil sie eine lediglich *instrumentelle* Bedeutung haben. Das gilt uneingeschränkt auch für die Videoanalyse. Dem Einsatz jeder Methode müssen stets bestimmte *Fragen* vorausgehen, am besten eine ansonsten unstillbare Neugier. Ob eine Methode angemessen ist, hängt von den verfügbaren oder erzeugbaren Daten und der Fragestellung ab.

die Bearbeitung der damit verbundenen Fragen *rekonstruktive* Methoden ungeeignet sind. Rekonstruktive Methoden wie Interviews eignen sich vorzüglich dazu, Sinnhaftigkeiten zu ergründen. Interviews sind jedoch mit den bekannten Problemen behaftet. Diese wurzeln in der möglichen Unzuverlässigkeit der Erinnerung, in Höflichkeit – einerlei ob ‚falscher' oder ‚richtiger' – sowie weiteren Abkömmlingen dessen, was die standardisierte Sozialforschung als ‚soziale Erwünschtheit' so sehr fürchtet, weil es die Qualität der Ergebnisse nachhaltig beeinträchtigen kann. Wie Joachim Matthes gezeigt hat, sind Interviews in nichtwestlichen Kulturen als Instrument der Sozialforschung deswegen häufig ungeeignet, weil die in der Interaktionssituation ‚Interview' einfließenden Erwartungen der Beteiligten an die Wechselrede sich nicht damit decken müssen, was die Forschenden davon zu erwarten hoffen (Matthes 1985). Mitunter kollidiert die Annahme der Forschenden, die Befragten würden ihnen vorbehaltlos und umfassend Rede und Antwort stehen, mit deren kulturellen Gebot, höfliche Antworten zu geben oder Fremde nicht mit Einzelheiten zu behelligen, denen die Forschenden – freilich hoffnungslos – auf der Spur sind.[4]

Doch selbst wenn wir einigermaßen zuverlässige Auskünfte erhalten, würden Fragen danach, *wie* ein Gottesdienst zelebriert wird, welche Bewegungen, Körperhaltungen für eine Marienerscheinung relevant sind oder in welchem Ton und durch welche sorgfältige Koordination von Stimme und Bewegung ein charismatischer Gottesdienst seine charakteristische Prägung erhält, unbeantwortet bleiben. Zumindest müssten wir bei den Erzählungen, die unsere Befragten davon produzieren, stets Vorsicht walten lassen, ob wir nicht einer nachträglichen Rationalisierung, einem gepflegten Mythos oder einer ausgefeilten Legitimation aufsitzen.

Aus diesen Gründen besitzen Daten natürlicher Interaktion einen besonderen Wert. Ihren allgemeinen und spezielleren Nutzen für die Religionsforschung will ich im Folgenden vorführen. Zuvor jedoch ein kurzer Blick auf die Hintergründe: Welche Entwicklungen waren für das Entstehen der Interpretativen Videoanalyse bedeutsam und was ist ihr derzeitiger Stand?

---

[4] Andere Beschränkungen von Interviews (wie ihre mögliche Dauer, Teilnehmerzahl, ihr Themenspektrum etc.) bleiben damit noch unberücksichtigt. Gleichwohl mag es in vielen Fällen ebenso sinnvoll wie nützlich sein, in der einen oder anderen Form Fragen zu stellen oder Erzählanstöße zu geben und die Antworten aufzuzeichnen, um etwas über die interessierenden Zusammenhänge herauszufinden. Ich plädiere also nicht *per se* gegen oder für Interviews als Forschungstechnik, halte deren Nutzen für die Religionsforschung aber für begrenzt und rege dazu an, deren kommunikative Bedingungen mit zu reflektieren sowie deren sozialwissenschaftlichen Nutzen auf das ihnen tatsächlich zukommende Maß zu reduzieren.

1. Die Entstehung der Videographie: Kommunikationsanalyse im Kontext

Hintergründe

Obwohl die Videoanalyse ein junges Verfahren ist, reichen ihre Vorläufer bis in die Tage zurück, als die Bilder laufen lernten. Mitunter wird der durch seine Serienaufnahmen menschlicher und tierischer Bewegungsabläufe bekannt gewordene britische Fotograf Eadweard Muybridge (1830–1904) als ihr erster Vorbote identifiziert, was die Spanne allerdings sehr weit zurückdehnt. Im engeren Sinne ist es wohl zutreffender, die Videoanalyse auf ein Alter von 30 Jahren zu datieren und die wegweisenden Arbeiten der Gruppe um Christian Heath (1986) und um Charles Goodwin (1994) als Meilensteine anzusetzen.

Wichtige Impulse für die Entstehung der interpretativen Videoanalyse stammen aus der ethologischen Verhaltensbeobachtung (Irenäus Eibl-Eibesfeld), der interaktionalen Soziolinguistik (John J. Gumpertz), der Proxemik (Edward T. Hall) sowie der Kontextanalyse (Adam Kendon), die alle zur Verfeinerung der Beobachtung beitragen und die Forschung für die Rolle bestimmter Kommunikationsmodalitäten (Gestik, Mimik, Körperhaltung und Körperformationen) sensibilisieren. Die bis dato verfügbare Kamera- und Filmtechnik legt den Untersuchungen allerdings enge Grenzen auf und sorgt für eine gewisse Schwerfälligkeit.

Beseitigt wird dies erst durch die Erfindung der Videotechnologie, die der Interaktionsforschung entscheidenden Aufschwung verleiht. Ende der 1970er Jahre untersucht eine Forschergruppe um Thomas Luckmann mit vier Kameras die Interaktionsabläufe von Interviews. In diesem methodenreflexiv angelegten Projekt wird ein höchst differenziertes Transkriptionssystem entwickelt, das die verschiedensten Modalitäten der Kommunikation in Form einer Partitur wiedergibt (Luckmann und Gross 1977). Seit den 1980er Jahren findet die Videoanalyse unter Vertretern der anthropologischen Linguistik und der Konversationsanalyse stärkeren Anklang. Die auf Arbeiten von Harold Garfinkel und Harvey Sacks zurückgehende ethnomethodologische Konversationsanalyse (Eberle 1997) entwickelt einen eigenen sorgfältigen methodischen Ansatz minutiöser Analyse sprachlicher Interaktionen, die das Ziel verfolgt, den Ordnungsprinzipien und -dynamiken des Aufbaus der Sozialwelt auf die Spur zu kommen (Bergmann 1988). Anfangs konzentriert auf Audioaufzeichnungen natürlicher Gespräche, erweitern vor allem Goodwin und Heath die Konversationsanalyse durch den Einsatz von Videoaufzeichnungen, die sich auf das Zusammenspiel von sprachlichen und gestischen Handlungsmustern richten (Goodwin 1986) bzw. umfassende soziale Interaktionssituationen in den Blick nehmen, wie etwa ärztliche Patientenuntersuchungen (Heath 1986).

Breite Anerkennung erwirbt die Videoanalyse durch ihren Einsatz in den (konversationsanalytisch orientierten) *Workplace Studies*, die das Zusammenspiel menschlicher Interaktion und technischer Artefakte in komplexen Arbeitsumgebungen wie U-Bahn-Leitzentralen, Operationssälen oder Nachrichtenagenturen in den Mittelpunkt videographischer Untersuchungen rückt (Luff, Hindmarsh und Heath 2000). In dem Maße, wie die Beschäftigung mit Visualität und visueller Kultur in den Geistes- und Sozialwissenschaften floriert, vermehren sich Publikationen über verschiedenste Analyseverfahren visueller Daten. Aber nur wenige Forscher stellen sich konkretere Fragen zum methodischen Umgang mit neuen Videodaten (Lomax und Casey 1998).

Auch wenn heute visuelle Kommunikationsformen und Videotechnik den Alltag und die institutionellen Sphären unserer Gesellschaft immer rascher durchdringen, entspricht der Stand der Methodenentwicklung diesem breiteren kulturellen Trend noch nicht. Die Methodenentwicklung befindet sich weiter in einem Anfangsstadium. Beflügelt wird sie jedoch durch drei zusammenwirkende Einflüsse: (1) die allgemeine Visualisierung aktueller Kultur (2) technologische Neuerungen im Bereich der Kameratechnik und elektronischen Videobearbeitung sowie (3) den allgemeinen Aufschwung qualitativer Methoden.

In jüngster Zeit ist ein starkes Anwachsen von Veröffentlichungen zu videoanalytischen Verfahren in Anschluss an verschiedene interpretative Traditionen zu verzeichnen. Die wichtigsten methodischen und theoretischen Quellen der Interpretativen Videoanalyse speisen sich aus der ethnomethodologischen Konversationsanalyse, der Gattungsanalyse sowie der sozialwissenschaftlichen Hermeneutik (für Einzelheiten vgl. die Literaturempfehlungen am Ende dieses Beitrags). Einen regelrechten Boom erfährt die Videoforschung unlängst in den Erziehungswissenschaften (Dinkelaker und Herrle 2009).

Videographisch forschen

Die Videoanalyse legt den Fokus auf die Erforschung der Strukturen von Interaktions- und Kommunikationsformen.[5] Als Video*graphie* zielt sie auf die Erhebung natürlicher Daten in ihrem Kontext und deren Analyse. Das heißt, die Erhebung audiovisueller Daten ist immer in eine – mehr oder weniger ausführliche – Feldforschung eingebettet. Methodologisch betrachtet sind zwei Abgrenzungen erforderlich: Zum einen gegenüber standardisierten Videoanalysen und zum anderen gegenüber Medienanalysen. Es geht nicht darum, bestimmte Hand-

[5] Die Darstellung hier ist stark kondensiert. Details zu Datengenerierung und Analyse sind ausführlich erläutert bei Knoblauch, Tuma und Schnettler (2010) sowie bei Knoblauch und Tuma (2011).

lungselemente zu klassifizieren und deren Auftreten zu zählen. Ebenso wenig steht die Deutung der Bedeutung von Medieninhalten im Mittelpunkt. Die Videoanalyse folgt einer *interpretativen Methodologie* mit korpusbezogener Datengenerierung und verwendet die Sequenzanalyse zur Untersuchung der Daten.

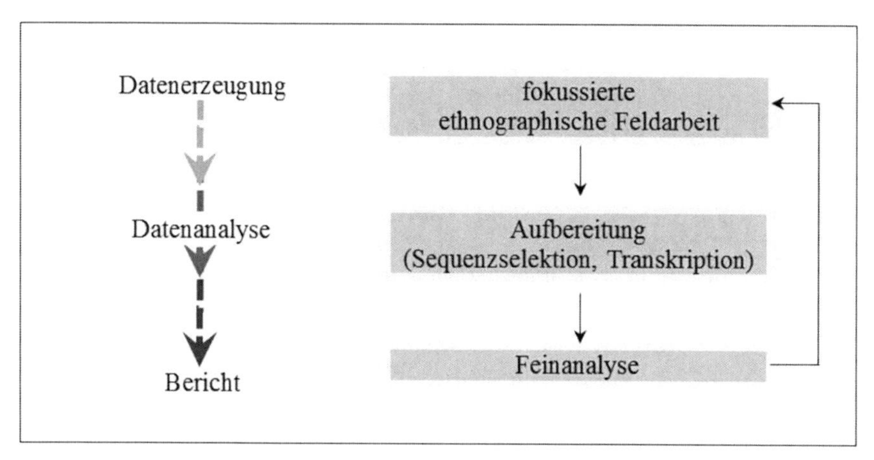

Abbildung 1: Iterativer Aufbau von Datenkorpus und Analyse

Sicherlich stellen Videodaten ein recht komplexes Verfahren sozialwissenschaftlicher Datenproduktion und -analyse dar. Kein anderes Aufzeichnungsmedium bietet Beobachtern und Interpreten eine vergleichbare Fülle von Wahrnehmungsaspekten. Neben Sprache, Gestik, Mimik sowie Körperhaltung und -formationen wird mit Videoaufzeichnungen ebenso die Rolle von Setting, Accessoires, Bekleidungen, Prosodie und Geräuschen für die Interaktionsanalyse greifbar. Diese Elemente können sowohl isoliert wie auch in ihrem jeweiligen synchronen Zusammenspiel, in ihrer zeitlichen Abfolge und zugleich hinsichtlich ihrer sozialen Wechselwirkung studiert werden.

Ebenso können Eindrücke bestimmter kultureller Welten und Lebensstilensembles innerhalb ihres ‚natürlichen' Kontextes eingefangen werden. Video erlaubt dabei einen weitaus unverstellteren Blick in den Alltag, als dies mit anderen Instrumenten wie etwa Befragungen, Surveys oder Gruppendiskussionen möglich ist. Wesentliche Vorzüge der Videoanalyse sind der Technologie zu verdanken. Videokamera und Videoplayer erweitern diese Möglichkeiten, indem sie es Beobachtern erlauben, das Gesehene so häufig anzuschauen und anzuhören, wie es analytisch erforderlich ist. Zudem gestattet rasches Spulen und Zeitlupe erst die Aufdeckung der komplexen Orchestrierung verschiedener am Interaktionsgeschehen beteiligter Modalitäten. Die Vereinigung all dieser einst voneinander getrennten Funktionen in digitalen Geräten und die breite Verfügbarkeit der Software vereinfachen nicht nur den Umgang mit dem Material; prinzipiell erweitern sie auch den Möglichkeitshorizont der Videoanalyse, erlauben sie es doch, die Bilder und Bildabläufe leicht aus dem zeitlichen Zusammenhang zu lösen, in dem sie als analoges ‚Videoband' (oder gar als Film) noch eingebettet waren.

Videoaufzeichnungen sind Daten, die aufgrund von technisch *registrierender* Konservierung (Bergmann 1985) gewonnen werden, und unterscheiden sich damit von in den Sozialwissenschaften erhobenen rekonstruktiven Daten. Videokameras registrieren zeitlich ablaufende Handlungen, sie sind permanente Datenaufzeichnungstechniken. Ihrer *Permanenz* (Grimshaw 1982, 122) macht sie im Vergleich zur Beobachtung mit bloßem Auge detaillierter, kompletter und akkurater. Videodaten sind darüber hinaus dauerhaft, weil sie eine wiederholte Reproduktion und damit Datenanalyse unabhängig von demjenigen erlauben, der die Beobachtung durchgeführt hat. In den Aufzeichnungen wird die *Chronizität*, der Ablaufcharakter der aufgezeichneten sozialen Handlungen beibehalten. Diese können durch technische Manipulation wie Zeitlupe, Standbild, Rücklauf etc. in sehr genauer Weise in ihrer *synchronen* Struktur analysiert werden.

Verschiedene *Datensorten* sollten unterschieden werden. Grundsätzlich sind ‚natürliche' von edierten Videodaten zu trennen. Es handelt sich jedoch um keine kategorische, sondern um eine graduelle Unterscheidung: Die ‚Natürlichkeit' der Daten meint, dass diese möglichst unbeeinflusst durch den Forscher zustande kommen (Silverman 2005). ‚Natürlich' sind Aufzeichnungen, in denen die Beobachteten in der Weise handeln und ihre Tätigkeiten ausüben, wie sie es auch ohne Kamera tun würden. Freilich mag schon die Anwesenheit von Aufzeichnungsgeräten zu einer Veränderung der Situation, zu *Reaktanz* führen. Kamerareaktanz ist ein methodisches meist unerwünschtes Problem, das durch geeignete Maßnahmen kontrolliert werden kann.

Ebenso zu beachten sind *forschungspraktische und -ethische Aspekte*, weil die Aufzeichnung natürlichen Situationen u. U. einen Eingriff in die rechtlich gesicherte Privatsphäre darstellen kann. Wer Videoaufzeichnungen macht, sollte versuchen, Einwilligungen (*informed consent*) der Beobachteten zur Videoaufzeichnung und der Verwendung bereits vorhandener Daten einzuholen. Spezifische Zugangsprobleme bilden Hürden, die nicht immer leicht zu überwinden sind. Im unten beschriebenen Fall war weder die Aufzeichnung möglich und verhandelbar, noch überhaupt die Teilnahme an der zeremoniellen Situation, erforderte sie doch längere Abstinenz, Alkohol- und Nikotinverzicht sowie die ‚Reinigung' durch andere Selbstbeschränkungen.

Videographie ist Teil fokussierter ethnographischer Feldarbeit (Knoblauch 2001). Deshalb muss beachtet werden, dass in der Videographie nicht nur die für die ethnographische Forschung üblichen Hindernisse zu bewältigen sind, wie der Feldzugang, die Klärung der Rolle der Forschenden im Feld oder das Problem des *going native*. Zusätzlich dazu sind die technischen Anforderungen der Videoanalyse zu beachten. Das betrifft nicht nur die Frage, ob überhaupt aufgezeichnet werden kann und wo man sich positioniert, um die erforderlichen Lichtverhältnisse zu haben oder störende Geräusche zu vermeiden, welche eine Datenaufzeichnung leicht zunichtemachen können. Technische Apparate sind zudem störungsanfällig und erhöhen damit ggf. das Erfordernis, den Feldaufenthalt entsprechend im Voraus gut zu planen, sich mit den Geräten (und ihren möglichen Ausfällen) vertraut zu machen und das Aufzeichnen vorher einzuüben. Es gibt kaum Forscher, die mit Videodaten arbeiteten, die nicht wenigstens schon einmal die leidvolle Erfahrung gemacht haben, nach einer besonders gelungenen Datenerhebung zuhause festzustellen, dass das Gerät gar nichts aufgezeichnet hat.

Voraussetzung einer jeden Videoanalyse ist deswegen eine intime Kenntnis des Feldes, in dem die Aufzeichnung stattfinden soll: Ein Teil dieses Wissen kann mittels Recherchen erworben werden, doch ist die Beobachtung des Feldes zumindest unter Berücksichtigung der Perspektive der Teilnehmenden unerlässlich. Hierzu müssen Beobachtungen in Feldprotokollen fixiert, Interviews geführt und Dokumente des Feldes gesammelt werden. Eine solche Erschließung des Feldes können wir in einem allgemeinen Sinne als ‚Ethnographie' bezeichnen. Eine Videoanalyse bedarf also unbedingt einer vorausgehenden Ethnographie, Notizen und Feldprotokollen (Goffman 1995).

Typischerweise beobachten wir in der Video-Interaktionsanalyse rekursive Handlungsmuster. Je nach Fragestellung des Forschungsvorhabens beginnt man den Forschungsprozess mit unterschiedlich starker Fokussierung und Kenntnis über die zu untersuchenden Interaktionssequenzen. Voraussetzung jeder Videoanalyse ist das Interesse an einem bestimmten Handlungs- und Interaktionsphänomen.

Ein *Logbuch* entsteht durch eine Sichtung der gesamten Aufzeichnung, die in einer ersten Runde grob kodiert wird.[6] Erste Analysen und Datensitzungen helfen dann, die entsprechenden Einheiten zu bestimmen, so dass es sich lohnt, weitere Kodierungen durchzuführen. Die Auswahl von Sequenzen für die

[6] Kodieren meint hier nicht die Zuordnung präetablierter Kategorien zu den Daten, sondern eine sensitive, anhand der Daten schrittweise sich entwickelnde Systematisierung der Beobachtung von Regelmäßigkeiten und Eigenheiten. Eine gute Orientierung bieten Strauss (1994), der verschiedene Formen des Kodierens (offenes, axiales und selektiven Kodieren) unterscheidet.

Feinanalyse orientiert sich an den in den Daten auftauchenden sequenziellen Strukturen.

Unsere Erfahrungen haben gezeigt, dass *Transkripte* hilfreiche ordnende Unterstützung für die Analyse leisten, weil sie den Fluss des Videos für die Beobachter strukturieren und als Unterlage für analytische Notizen dienen. Die Analyse videographischer Daten bezieht sich in der Regel auf Interaktionsabläufe. Da diese Abläufe häufig sehr komplex und auch mit verbalen Äußerungen verbunden sind, ist die Transkription typischer und relevanter Ausschnitte geboten. Die Transkription ist notwendig, um die Daten für die Analyse aufzubereiten, und methodisch von nicht zu unterschätzender Bedeutung. Die Beherrschung verschiedener Transkriptionsverfahren ist daher eine Grundvoraussetzung für die analytische Arbeit. Hier ist zu empfehlen, sich zunächst an der Praxis zu orientieren, die sich in der Konversationsanalyse etabliert hat. (Hilfreiche Hinweise zur Transkription finden sich bei Paul ten Have 1999, 75-98; s.a. http://www.paultenhave.nl/resource.htm).

Zur Bewältigung dieser Aufgabe existiert eine Reihe von Transkriptionsverfahren, welche die visuellen, auditiven und editorischen ‚Modalitäten' in textförmige Protokolle übertragen. Dazu zählen z.B. die von Bergmann et al. (1993) erstmalig eingesetzten und später verfeinerten Verhaltenspartituren (Raab und Tänzler 2006) sowie alternative Ansätze (Heath 1997). Für die deutschsprachige Konversationsanalyse/Gesprächsforschung hat sich das *Gesprächsanalytische Transkriptionssystem* (GAT) herausgebildet (Selting et al. 2009), dessen Transkriptionskonventionen auf eine von Schegloff entwickelte Systematik zurückgehen. Daneben gibt es neue, speziell für Video entwickelte Transkriptionsverfahren (Moritz 2010).

Die Analyse der Daten erfolgt in *Datensitzungen.*[7] Ein gutes Abspielgerät, ein guter Bildschirm und eine leicht bedienbare Software mit Zeitlupe, Zoom und genauen Spulfunktionen sind dafür unersetzlich. Zudem sollte in der Datensitzung das Prinzip gelten: Wer immer etwas sieht, teilt seine oder ihre Beobachtung mit. Die Ergebnisse dieser Datensitzungen werden in *Forschungsprotokollen* festgehalten, die zusammen mit den transkribierten Sequenzen die Grundlage für die spätere Analyse und Veröffentlichung der Ergebnisse bilden. Sie sind neben den Transkripten erforderlich, um einerseits die Rückbindung an den zugrunde liegenden Datenkorpus sicherzustellen. Zum anderen bilden sie einen notwendigen Zwischenschritt für theoretische Generalisierungen, die sich auf die Datenanalysen stützen.

---

[7] Das Wechselspiel von Einzel- und Gruppenarbeit an den Daten ist für die Qualität der Datenanalyse ganz entscheidend. Sofern die Arbeiten nicht schon in einer bestehenden Forschungsgruppe durchgeführt werden, ist es sinnvoll, sich mit anderen zusammenzuschließen, um reihum gemeinsam an den Daten zu arbeiten.

2. Videographie in der Religionsforschung

Die Videographie ist kein auf den Bereich der Religion spezialisiertes Verfahren. Bislang gibt es in der Religionswissenschaft auch keine Rezeptionsgeschichte. Es bestehen zwar spannende Querverbindungen zu Diskussionen der Religionsästhetik, wie sie – stärker aus der Philosophie kommend – seit einigen Jahren vor allem in der deutschsprachigen Religionswissenschaft zunehmend an Konturen gewinnt (Mohr 2006). Diese sind bislang aber auf keiner der beiden Seiten weiter aufgegriffen worden.

Videographie im hier vorgestellten Sinne ist demnach bislang vor allem im Rahmen qualitativer Religionsforschung (Knoblauch 2003) angesiedelt und bietet den Vorzug, die ausgeübten religiösen Praktiken in ihrem jeweiligen Kontext zu studieren. Neben prominenten Feldern wie Schulforschung, Technographie (Rammert und Schubert 2006) und Workplace Studies wird Videoanalyse allerdings in einzelnen religionssoziologischen und religionsanthropologischen Studien schon eingesetzt. So analysieren Bergmann, Luckmann & Soeffner (1993) Aufzeichnungen von Zeremonien zweier Päpste, Ferrándiz (1998) spiritistische Praktiken im Maria-Lionza-Kult und Knoblauch (2011) Marienerscheinungen.[8]

Das überaus feingliedrige methodische Instrumentarium der Konversationsanalyse (zur Konversationsanalyse in der Religionsforschung vgl. Lehtinen 2011), das sich auf die minuziöse Untersuchung binnenstruktureller und situativer Merkmale konzentriert, lässt eine Ergänzung mit Verfahren sinnvoll erscheinen, die eine breitere Perspektive erlauben und über die situative Interaktionsordnung hinaus auch den weiteren kulturellen Kontext mit in den Blick nehmen. Die Gattungsanalyse zielt auf genau diese Verknüpfung. Die Methode der soziolinguistischen Gattungsanalyse wurde ursprünglich zur Analyse *mündlicher* Kommunikation entwickelt. Kommunikative Gattungen sind Grundformen der gesellschaftlichen Vermittlung von Wissen (Luckmann 1986) und stellen den Interagierenden in Form von sprachlich verfestigten und formalisierten Mustern historisch und kulturell spezifische, sozial fixierte und modellierte Lösungen von Kommunikationsproblemen zur Verfügung. Sie dienen dazu, intersubjektive Erfahrungen der Lebenswelt zu bewältigen und mitzuteilen und bilden zusammen mit den nicht-gattungsmäßigen Kommunikationen den kommunikativen Haushalt einer Gesellschaft (Luckmann 1988).

Hervorzuheben ist, dass es bei der Gattungsanalyse nicht lediglich um die Deskription unterschiedlicher sozialstrukturell verankerter, verfestigter Sprach-

[8] Siehe auch die neuere Arbeiten über die Rolle von Medien, Video im afrikanischen Pentekostalismus (Meyer 2006; Ukah und Echtler 2009).

formen geht. Vielmehr werden die kommunikativen Probleme, für die vorgeprägte, gattungsartige Lösungen im gesellschaftlichen Wissensvorrat existieren, als für den Bestand einer Kultur zentral erachtet. Kommunikative Gattungen bilden den institutionellen Kern im gesellschaftlichen Leben, sie sind Instrumente der Vermittlung zwischen Sozialstruktur und individuellem Wissensvorrat und *Medium der kommunikativen Konstruktion von Wirklichkeit* (Knoblauch 1995). In der empirischen Analyse mündlicher face-to-face Kommunikation hat sich die Gattungsanalyse als dienliche Methode erwiesen. Aber auch bei technologisch vermittelter Kommunikation wurden bereits gattungsanalytisch orientierte Untersuchungen durchgeführt. Die methodische Besonderheit stellt die Differenzierung der Analyse in drei aufeinander aufbauende Strukturebenen dar (Günthner und Knoblauch 1994), die sowohl die *internen*, kommunikations- und medienimmanenten Aspekte, die *situative Realisierungsebene* als intermediäres Level der Analyse sowie die *externe* Einbettung der kommunikativen Handlungen in den weiteren sozialen Kontext abdeckt.

Die soziologische Gattungstheorie bildet den konzeptuellen Rahmen der vorgestellten Methode, deren einzelne Schritte im Folgenden kurz skizziert werden (für eine ausführliche Darstellung s. Knoblauch, Tuma und Schnettler 2010).

3. Forschungsbeispiel: Visionäre Transzendenzerfahrungen bei Fiat Lux

Das methodische Vorgehen der Videoanalyse illustriere ich nun anhand eines Forschungsbeispiels, das eine Art Nebenprodukt einer Untersuchung über Zukunftsvisionen ist (Schnettler 2004). Das untersuchte Material stammt aus einem damals vom Institut für Grenzgebiete der Psychologie und Psychohygiene (IGPP) Freiburg geförderten Projekt zu prophetischen Visionen der Jahrtausendwende, dessen Fragestellung lautet: Gibt es heute bei uns noch Menschen, die große Transzendenzerfahrungen machen, die sie als Zukunftsvisionen erfahren, also außeralltägliche visionäre Erfahrungen, bei denen die Betroffenen den Eindruck haben, ihnen würde Wissen zuteil, das sich auf Ereignisse bezieht, die sich erst noch erfüllen werden? Wie werden diese Visionen erlebt, wer erlebt sie, wie werden sie kommuniziert und welche sozialen Folgen zeitigen sie? Kurz: Welche Rolle spielen visionäre Transzendenzerfahrungen heute und welche soziale Wirksamkeit haben sie?[9]

[9] Da die Details der Analyse des Videoauszugs bereits ausführlich anderweitig veröffentlicht wurden, konzentriere ich mich hier vor allem darauf, die ethnographischen Hintergründe der damaligen Forschung darzustellen. Für die Videoanalyse der visionären Performanz selbst vgl. die deutsche (Schnettler 2001) bzw. die spätere, leicht erweitere englische Fassung (Schnettler 2008).

Als wir Ende 1999 mit diesem religionssoziologischen Forschungsprojekt über Zukunftsvisionen beginnen, schließt es an unsere Studie zu Todesnäheerfahrungen an (Knoblauch und Soeffner 1999). Das Jahr 2000 steht unmittelbar bevor. Nur wenige Monate trennen uns vom Millenniumswechsel, an dessen Vorabend sich laute Stimmen erheben, die eine sprunghafte Zunahme apokalyptischer Endzeitprophezeiungen vorhersagen. Experten warnen vor gewalttätigen Ausbrüchen ‚millenaristischer Sekten' und ‚destruktiver Kulte'. Auch im deutschsprachigen Raum wird die Angst vor der Apokalypse mächtig geschürt. Der Buchmarkt wird mit einer Welle von Publikationen zu Jahrtausendprophezeiungen überschwemmt. Der Kulturbetrieb veranstaltet Ausstellungen, Symposien und Diskussionsrunden zum Millennium. Die Massenmedien stoßen Warnsignale vor einer Flut von Apokalyptikern aus. Dokumentationsreihen, Reportagen und Talkshows über die Jahrtausendangst füllen die Fernsehkanäle. Dieser Medien und- Expertendiskurs wird sogar von Organen der Qualitätspresse mitgetragen, die sich sonst um distanzierte Zurückhaltung in populistischen Themen bemühen.

Das legt nahe, dass es im Herannahen des Jahres 2000 zu einer Zunahme von prophetischen Zukunftsvisionen kommen wird. Diese Vermutung steht im Einklang mit den Befunden jüngerer religionssoziologischer Umfragen, die einen deutlichen Zuwachs religiöser Erfahrungen in unseren vermeintlich säkularisierten westlichen Industrienationen über die letzten drei Jahrzehnte diagnostizieren. Wir begeben uns deshalb auf die Suche nach den prophetischen Visionären und nehmen Kontakt auf mit den wichtigsten Einrichtungen gegenwärtiger Apokalypse. Wir besuchen die führenden Gestalten deutschsprachiger Prophetie und sprechen auch mit ‚kleinen' Propheten und Prophetinnen, die keine Gemeinschaft um sich scharen. Schnell erweist sich, dass die medial beschworene Gefahr einer Millenniums-Hysterie kaum eine alltagsweltliche Basis hat.

Bestätigt wird dies durch die Ergebnisse einer Umfrage, die das Hamburger Sozialforschungsinstitut IPSOS Ende November 1999 angeregt durch uns deutschlandweit durchführt. Insgesamt 1.017 Personen ab 15 Jahren werden dazu befragt, was sie persönlich mit der bevorstehenden Jahrtausendwende verbinden. Die Ergebnisse zeigen, dass der Millenniumsanbruch keine große symbolische Rolle spielt. Für zwei Drittel der Befragten ist der 31.12.1999 in erster Linie ein ‚ganz normaler Jahreswechsel'. Ein Drittel sieht den Jahrtausendwechsel vor allem als ‚Gelegenheit für eine außergewöhnliche Silvesterfeier'. Die Deutschen zeichnen sich insgesamt durch sachliche Nüchternheit gegenüber dem vermeintlich ‚magischen' Datum aus. Endzeitliche Befürchtungen im engen Sinne finden sich lediglich bei einer kleinen Minderheit: Nur ein Prozent der Befragten gibt an, für das Jahr 2000 den ‚Untergang der Welt' zu erwarten.

Diese Ergebnisse beziehen sich allerdings auf Meinungen und Einstellungen. Erfahrungen lassen sich mit den Mitteln quantitativer Umfragen nur sehr unzulänglich erfassen. Unser Projekt interessiert aber Visionen als Formen großer Transzendenzerfahrungen, die wir in Anschluss an Luckmann (1991) bestimmen. Ohne den theoretischen Hintergrund hier weiter zu vertiefen (das habe ich an anderer Stelle ausführlich getan: Schnettler 2004, Kap II) sollte ich zumindest erwähnen, dass Religionssoziologen vor allem die Frage interessiert, was mit den allgemein menschlichen Erfahrungen der Transzendenz unter den Bedingungen einer ‚Gesellschaft ohne Baldachin' (Soeffner 2000) passiert, also in einer Gesellschaft, in der sich die Menschen nicht mehr auf tradierte Wirklichkeitsmodelle verlassen können, um ihre subjektive Erfahrungen vor dem Hintergrund gesellschaftlich ratifizierter Deutungsmuster zu verstehen.

Obwohl das Millennium keine Welle apokalyptischer Visionäre erzeugt, finden wir im Verlauf unserer Untersuchung 20 Personen, die Zukunftsvisionen gemacht haben und bereit sind, uns darüber zu berichten. Weiterer Ertrag unserer damaligen intensiven Feldarbeit sind zahlreiche Experteninterviews, Feldbeobachtungen und Materialien. Den Kern unserer Daten bilden die Aufzeichnungen narrativer Interviews mit den Visionärinnen und Visionären. Diese persönlichen Gespräche von Angesicht zu Angesicht werden zwischen Sommer 1999 und Herbst 2000 in Süddeutschland mit Schwerpunkt Bodenseeregion und Schwarzwald sowie in der Ostschweiz bei den Befragten zu Hause geführt. Sie dauern in der Regel zwischen einer und zweieinhalb Stunden (einige umfassen allerdings sogar mehr als vier Stunden). Die kompletten Transkripte der auf Tonband aufgenommenen Interviews füllen mehr als 400 Seiten und bilden die Ausgangsbasis unserer detaillierten Auswertung.

Zunächst erweist es sich als wesentlich schwieriger als erwartet, überhaupt Visionäre und Propheten zu finden, ganz anders als bei den Todesnäheerfahrungen. Der Projektstart ist deshalb von umfänglichen Anstrengungen begleitet, den Kontakt zum Feld aufzubauen. Als wir im März 1999 mit der Projektarbeit beginnen, kontaktieren wir zunächst eine Reihe Experten, von denen wir annehmen, dass sie über besondere Feldkenntnisse verfügen – vor allem kirchliche Weltanschauungsbeauftragte und einen Journalisten, der eine umfangreiche Materialsammlung über sogenannte Sekten, Psychokulte, traditionalistische und reaktionäre religiöse Vereinigungen aus dem katholischen Milieu besitzt. Er gibt uns den wertvollen Hinweis, einen anderen Weltanschauungsbeauftragten aufzusuchen, der uns dann seinerseits einen ersten Kontakt für ein Interview mit einer Visionärin vermitteln kann.

Abbildung 2: ‚Heiligtum' des Ordens Fiat Lux in Ibach. Alle Abbildungen stammen aus dem Video „Uriellas Abenteuer mit Gott im Orden Fiat Lux"

Im April und Mai fahren wir mit der Kontaktarbeit fort, recherchieren, schalten Anzeigen, machen zahlreiche Besuche. Besonders ertragreich ist ein Termin beim Referenten für Sekten und Weltanschauungsfragen im Erzbischöflichen Seelsorgeamt in Freiburg, der einen vorzüglichen Überblick über die ‚Prophetenszene' besitzt. Er erweist sich als wertvoller Informant, der uns mit hilfreichen Hinweisen versorgt. Ihn fragen wir auch, wie wir Kontakt zu Uriella bekommen können, einer bekannten Prophetin, auf die uns schon der Journalist hingewiesen hat. Der Sektenbeauftragte rät uns herausfinden, wann die Gottesdienste von Fiat Lux stattfinden, und um Erlaubnis zu bitten, als Gäste daran teilzunehmen. Er nennt uns eine Kontaktperson in der Gemeinschaft und weiß von anderen zu berichten, die Zugang zu der Gruppe gefunden haben. Ansonsten rät er uns, einfach direkt vorbeizufahren in der ‚Rohkosteremitage' bei Ibach und in den Veranstaltungskalender zu schauen. Kurzentschlossen machen wir uns im Anschluss direkt auf den Weg. Im Feldtagebuch notiere ich meine Eindrücke:

> *20. Mai 1999: Erster Besuch im Zentrum von Fiat Lux in Lindau bei Ibach im Schwarzwald:* […] Das Zentrum des Ordens Fiat Lux liegt völlig abgelegen in der Nähe von Ibach, einer Streusiedlung im Schwarzwald. Der Schwarzwälder Hof ist herausgeputzt, in den Vorgärten stehen mehrere weiße Marienstatuen und bunte Gartenzwerge. Die gesamte Anlage macht einen sehr sauberen Eindruck. Auf dem Parkplatz an der Straße gegenüber dem Hof steht ein weißer Audi Kombi, offensichtlich der ‚Geschäftswagen' der Gemeinschaft. Am Haus vor dem Balkon angebracht prangt ein großes Holzkreuz mit Heiland. An der Querseite des stattlichen Bauernhauses steht in goldenen Lettern ‚Orden Fiat Lux' sowie rechts daneben ‚Rohkost Eremitage'. Die Gartenstühle und Tische draußen erwecken den Eindruck

einer Art ‚Gastwirtschaft', neben dem Eingang hängt eine Speisenkarte aus. [...]. Wir klingeln und uns öffnet eine Frau in den Fünfzigern, vollständig in Weiß gekleidet, mit Kleid und Spitzenschürze. Sie streift uns blaue Plastiktütchen über die Schuhe. Innen eröffnet sich uns ein Gang, alles macht einen äußerst sauberen und gepflegten Eindruck, sehr hell und bieder, gedämpft und mit kitschigen Einsprengseln (Schäfersfiguren, kleine klassisch anmutenden Lüster, weiße Spitzendeckchen). Die Frau geleitet uns durch eine Tür rechts in die ‚Gaststube', mit niedriger Decke und wuchtigen Tischen. Die Dame bedient uns und stellt keine Fragen. Die Speisekarte beginnt mit ein wenig sanfter Ideologie auf Seite eins, dann folgen Speisen und Getränke, alle ökologisch, kein Alkohol, kein Kaffee, etc. auffällig die extrem günstigen Preise. Die Speisen werden in einer hinter einer Schiebetür verborgenen Küche frisch zubereitet. [...]

Im Juni 1999 geben wir eine Zeitungsannonce auf. In der Folge erreicht uns eine Reihe von Anrufen von potentiellen Kandidaten für Interviews. Ebenfalls bemühte ich mich um ein Interview mit Uriella. Erst nach zähen Verhandlungen gelingt es mir, ein Interview mit Uriella zu bekommen, zu dem ich mir folgendes notiere:

13. Juli 1999, 14:00: Interview mit Icordo und Uriella in Lindau (Ibach): Es ist nicht einfach gewesen, Uriella zu einem Interview zu bewegen. Zahlreiche Telefonate gehen dem Treffen voraus. Sie verlangt eine schriftliche Zusicherung darüber, ihre Gemeinschaft nicht als ‚Sekte' zu bezeichnen. Nach unserer Einverständniserklärung und der Versicherung, dass wir eine neutrale Position einnehmen würden und uns nur für die Visionserfahrungen interessieren, erteilt sie schließlich ihre Zustimmung. Auf dem Weg nach Ibach regnet es ununterbrochen. Als ich ankomme, bricht die Sonne langsam durch. Ich werde bereits erwartet. Ich fahre mit dem Auto vor, die Tür geht auf und die Sekretärin empfing mich. Sie streifte mir die bereits vom ersten Besuch bekannten Füßlinge über die Straßenschuhe. Ich werde in die ‚Gaststube' der Rohkosteremitage geleitet und angewiesen, Platz zu nehmen und am Tisch zu warten, Icordo (Uriellas vierter Ehemann) werde gleich kommen. Man bietet mir etwas zu trinken an. [...] Dann erscheint Icordo mit hellem Anzug, ganz in Weiß gekleidet, auch die Schuhe, nur die bunte Krawatte hebt sich davon leicht ab. Er trägt eine goldgeränderte Brille, drei schwere goldene Ringe und auf der Brust drei goldene Ketten mit Kruzifix und Marienmedaillon. Er ist sechzig Jahre alt, wirkt jedoch jünger, hat fast jugendliche Züge. Ich bedanke mich bei ihm für die Bereitschaft zum Interview und gehe nochmals auf die Bedenken ein, stelle unsere weltanschauliche Neutralität dar und erkläre Hintergründe, Ziel und Zweck des Forschungsprojekts. Wir kommen über die von Fiat Lux angekündigten endzeitlichen Prophezeiungen ins Gespräch. Ich denke, er testet mich ab, bevor ich zu Uriella vorgelassen werde – oder unterhält er mich einfach, solange sie noch nicht fertig ist? [...] Schließlich erscheint Uriella, ebenfalls vollständig in Weiß gekleidet. Wir verlagern unseren Aufenthaltsort und begeben uns in das ‚Heiligtum', in dem auch die Versammlungen und Gottesdienste stattfinden. Die Einrichtung ist äußerst sauber

> und stark stilisiert: viel Gold, dicke Teppiche, japanische Zeichnungen an den Wänden etc. Als wir hereingehen, schreiten beide rechts zum Kreuz, das an der Wand hängt, und küssen dem Gekreuzigten die Füße, streicheln seine Seite und Wundmale und berühren in einer aufwändigen Zeremonie seinen Kopf. Uriella weist mich auf einen in der Mitte vor der Wand stehenden sesselartigen Stuhl hin, der auf einem erhöhten Podest steht und sagt: „Hier sitzt dann meine Wenigkeit“ bei den Offenbarungen. [...] Wir nehmen in einer recht bequemen Sitzecke Platz. Icordo sitzt während des gesamten Interviews neben seiner Frau, gibt manchmal auch Stichworte und beobachtet sie ganz genau, während sie spricht. [...] Uriella überreicht mir eine Reihe von Materialien zur ‚Geistschulung', zu ihren Offenbarungen sowie weitere ‚Belege' ihrer parapsychologischen Fähigkeiten. Zwischendurch wird uns ein Saft angeboten, frisch gepresst aus Birnen, Apfel und Melone. Am Ende soll ich mir dann noch einmal das ‚Biotop' anschauen, das hinter dem Haus angelegt wurde. Eine mit Gartenzwergen durchsetzte Anlage mit Bächlein, Brücklein und Teich. An diesem ein Hinweisschild: „Liebe Kinder, bitte keine Steine reinwerfen, die Geschöpfe wollen nicht gestört werden. Icordo und Uriella“.

Im Interview berichtet Uriella bereitwillig über ihre Biographie, die Ursprünge des Ordens Fiat Lux, ihre Berufung sowie die Details dessen, was sie in den Visionen erlebt.[10] Rekonstruieren lässt sich Folgendes: Uriellas Volltrancevisionen sind in den festgeschriebenen liturgischen Ablauf einer regelmäßig stattfindenden religiösen Veranstaltung integriert. Deren rituellen Höhepunkt markieren die monatlich im Heiligtum in Ibach im Schwarzwald stattfindenden ‚Gottesdienste' der Gemeinschaft. Den Visionen geht mehrtägiges intensives Fasten voraus, bei denen Uriella ‚geistige Injektionen' bekommt, wie sie im Interview angibt. Der übliche Ablauf gestaltet sich so: Am Tag des Gottesdienstes hält Uriella Audienz. Die Gemeinde versammelt sich. Nach einem dreiviertelstündigen Musikprogramm betritt Uriella den Raum und begrüßt die Zuhörer, daran schließt sich ein Harfenspiel an, das Vaterunser wird gebetet, es folgt eine zwanzigminütige ‚Lichtsendung' (das regelmäßige Gebet von Fiat Lux), dann wird ‚Laudate Dominum' gespielt, worauf die visionäre Performanz beginnt. Während der Darbietung sitzt Uriella auf einem gegenüber ihrem Publikum leicht erhöhten, thronartigen Stuhl, von dem sie sich erst zum Ende hin erhebt. Nach Abschluss der 10-15minütigen Ansprache erklingen gregorianische Gesänge von der Schallplatte.

[10] Wir gleichen diese Angaben später mit anderen Quellen ab, darunter den schriftlichen Angaben aus den Veröffentlichungen von Fiat Lux sowie den wenigen verfügbaren Schriften über die Gemeinschaft, wobei deren jeweiliger perspektiver weltanschaulicher Charakter berücksichtigt werden muss.

Abbildung 3: Uriella während der Volltrance-Vision

Im Interview schildert Uriella, wie sie in den von ihr als ‚Volltrance' bezeichneten Zustand erlebt, während der sie die Visionen erhält. Die Aussagen passe ich der Lesbarkeit halber behutsam an die Schriftlichkeit an:

Uriella: […] Diese Worte werden eingestrahlt. Sie stammen nicht aus meinem Gehirn […] Und dann kommt, wenn das vorbei ist [gemeint ist das musikalische Vorspiel vor der Schau], während jener Zeit, zeigt sich aber Jesus Christus, dann erscheint er auch, hier da auch mit Maria, während der Schau.

Schnettler: Während der Schau?

Uriella: Während der Schau, ja, kommt er, kommt er dann rein. Und vorher ist das einfach eine Einstrahlung. Er ist noch nicht in meinem Körper, aber ich höre sein Wort. Ja, er legt es mir dann buchstäblich auf die Zunge, wissen Sie, wie man sagt.

Schnettler: Das nehmen Sie dann auch akustisch–

Uriella: –Hier! Alles hier! [deutet auf ihre Brust] Alles über das Herz! Hier über Sonnengeflechte und Herz, und das geht ja dann den Weg, wie Sie vielleicht wissen, ich weiß nicht, das geht den Weg über das Kleinhirn, bei mir, nicht übers Großhirn, wo der Verstand ist. Im Kleinhirn, befindet sich ja das Zentralnervensystem, und das ist wiederum [...]

Schnettler: Also es sind, es sind Wahrnehmungen visueller Art und auditiver Art, die Sie haben?

Uriella: Alles, alles, alles. Ich empfinde es, Feuer brennt mich, Eis kühlt, alles, alles, und ich höre dann auch die Stimmen, auch die Musik, die dann produziert wird, und das übermittle ich alles dann natürlich im Wort [...] Das ist Halbtrance. In Volltrance weiß ich gar nichts mehr, bin ich überhaupt nicht mehr hier, im Raum. Da verlasse ich mit meinem Seelen- und Geistkörper diesen Leib.

Im Interview deutet sich die vom Alltagserleben verschiedene Erlebnisqualität der visionären Erfahrung an, die von Uriella allegorisch ausgedrückt wird (‚Feuer brennt mich, Eis kühlt'), die hier allerdings sehr stark mit erklärenden Elementen durchwoben ist. Diese ‚Erklärungen' sind keine wissenschaftlichen, sondern ‚Theorien' der Handelnden selbst, die man deshalb wissenssoziologisch als ‚Ethnotheorien' bezeichnen kann. Uriella unterscheidet zwei Ethnokategorien des visionären Erlebens voneinander (‚Volltrance' und ‚Halbtrance'), die mit je eigenen, jeweils vom Alltagserleben verschiedenen Erlebensformen verbunden sind. Wenig erfahren wir indes über die Transzendenzerfahrungen als solche. Hierfür sind die Interviews wenig ertragreich. Eine empirische Rekonstruktion der Konstruktion einer Vision als religiöser Erfahrung erfordert andere Methoden. Das stellt insofern eine Neuerung dar, weil sich die bisherige Forschung zu religiösen Erfahrungen stark auf Umfragen (Yamane und Polzer 1994) oder Erzähldaten (Yamane 2000) stützt.

Dreh- und Angelpunkt der Legitimität von Uriellas Anspruch, direktes ‚Sprachrohr Christi' zu sein, sind in den Augen der Mitglieder der ‚Gemeinschaft Fiat Lux' die erwähnten monatlichen Volltrance-Visionen. Wie aber können wir die direkt untersuchen? Eine Teilnahme ist nahezu ausgeschlossen. Umso wertvoller ist deshalb ein Videoband, das Uriella uns nach dem Besuch zukommen lässt und das eine Aufzeichnung der uns interessierenden Visionen enthält. In der folgenden Zeit widmen wir uns eingehend deren Analyse und diskutieren Ausschnitte aus den Daten. Weil uns sofort bei ihren Visionen eine seltsame Betonung und weitere besondere sprachliche Eigenheiten auffallen[11]

[11] Am markantestes ist eine bemerkenswerte Endkonsonantenverdopplung sowie stakkatoartiges Sprechen verbunden mit ungewöhnlichen Sprechgeschwindigkeitswechseln; vgl. erneut Schnettler (2001).

konsultieren wir Linguisten, die über Spezialkenntnisse zur Prosodie verfügen und uns bei der Entdeckung von Details behilflich sind.

Sehr ausführlich analysieren wir die Auftaktsequenz der visionären Performanz, weil sich gerade der Übergang zur ‚visionären Kommunikation' als kritischer Moment erweist, in dem die Plausibilität der Vision für die Mitglieder von Fiat Lux hergestellt werden muss. Mit Hilfe einer an die Verhaltenspartitur angelehnten Transkriptionsweise schlüsseln wir die einzelnen, hier relevanten kommunikativen Modalitäten auf, die hier miteinander orchestriert sind und deren Zusammenwirken wir durch feingliedrige schrittweise Betrachtung untersuchen.

Das dort analysiere Datum stammt aus der Videoaufzeichnung einer „Volltrancebotschaft" aus dem Jahr 1995. Seit der Gründung ihrer Ordensgemeinschaft hat Uriella etwa 600 solcher visionärer Botschaften empfangen, vor allem von Jesus Christus, aber auch von Maria. Die Sequenz beginnt so:

Transkript 1: Auftaktsequenz der Volltrancevision[12]

1 U: .hhhhhhh
2 (7.0)
3 ‹‹t› meine ((räusper)) ge´lIEbten ↑KINder. (6.0)
4 ↓S:::ELikh:::::,› (2.0)
5 sind die ‹‹all+f› ↑H:ONGernden.› (2.0)

Uriellas Performanz kontextualisiert insgesamt, wie schwierig und anstrengend es ist, Sprachrohr zu sein, und weist eine Reihe von Eigenheiten auf, mit der die Außeralltäglichkeit dieser Kommunikationsform und die Verbindung mit einer Transzendenzerfahrung sichtbar markiert wird. Ausführlich ist das im oben schon zitierten Aufsatz berichtet. Hier weise ich nur auf eine der entdeckten Eigenheiten hin, die sich im folgenden Videoauszug sehr deutlich zeigt: Die

---

[12] Transkriptionshinweise:

(2.0)	Pause (in Sek.)
.h, .hh, .hhh	einatmen, entsprechend der Dauer
gesättigt^h	stark aspirierter Endkonsonant
:,::,:::	gedehnt, je nach Länge
,	mittel steigende Intonation
;	mittel fallende Intonation
.	tief fallende Intonation
akZENT	Primär- bzw. Hauptakzent
ak!ZENT!	extra starker Akzent
↑	hoher onset
↓	tiefer onset
<<t>>	tiefes Register
<<f>>	forte, laut
<<all>>	allegro, schnell

stimmliche Produktion der visionären Botschaft ist von sehr expressiver Mimik und Bewegungen des Oberkörpers begleitet, bei der die Visionärin immer wieder die Augen schließt. Wiederholt ist am Ende der teilweise abgehackt, teilweise gepresst oder gedehnt ausgestoßenen Wörter eine bemerkenswerte Endkonsonantenverdopplung bemerkbar (...unENDlichkeit^{t}...):

Abbildung 4: Auszug aus der visionären Performanz: [Zeile 17] »in (d)er unENDlichkeit^{t} des:: (.) grEnzenlosen Alls::. (3.0)« [Videosequenz verfügbar unter www.soz.uni-bayreuth.de/videolabor/]

Das Video eignet sich für eine schrittweise Verfeinerung der betrachteten Details der Analyse. Ebenso so eignet es sich für ein breiteres Einfangen von Szenerien, die die Eigenheit der kleinen sozialen Welt ausmachen, in deren Kontext sich das oben analysierte Detail ereignet. Deshalb abschließend ein Seitenblick auf Szenen, die ebenfalls aus einem von Fiat Lux selbst produzierten, im Dezember 1995 veröffentlichten Band stammen, das von der Gemeinschaft als ,Dokumentar-Videofilm' bezeichnet wird. Der Film bietet laut Klappentext „einen Einblick in die Gemeinschaft Fiat Lux".

Abbildung 5: Szenen des Gemeinschaftslebens im „Orden Fiat Lux"

Damit kann hier die Videoanalyse nur angedeutet werden. Eingangs hatte ich auf deren Grenzen und Beschränkungen hingewiesen. Die größte Einschränkung ist im vorliegenden Fall sicher der Rekurs auf ediertes Material und der fehlende Datenkorpus, der systematische Vergleiche erlauben würde. Deutlich sollte aber geworden sein, an welche Erfordernisse die interpretative Videoanalyse hinsichtlich der notwendigen ethnographischen Kontextuierung des Datenmaterials gebunden ist. Entscheidend ist dabei nicht, ob diese als fokussierte Ethnographie (Knoblauch 2001) auf bestimmte Kommunikationsgattungen abzielt oder in das breitere Programm einer lebensweltanalytischen Ethnographie eingebunden ist (Honer 2000, 2010). Deutlich dürfte aber geworden sein, dass Videoanalyse weder primär Medieninhaltsanalyse ist, noch sich auf leicht verfügbares Material stützt. Während sich die dazu erforderlichen methodischen Verfahren immer weiter entwickeln, ist für die Publikation von videobasierten Forschung immer noch keine zufriedenstellende Form gefunden worden. Bebilderte Transkriptauszüge können nur als Krücken dienen. Selbst wenn die Möglichkeit besteht, Abbildungen einzufügen, leistet dies eher der Verwechselung der Videoanalyse mit anderen visuellen Verfahren Vorschub. Die Analyse stehender Bilder ist allerdings ein anderer Zweig dieser Verfahren, der sich an ganz anderen methodischen Prinzipien orientiert.

4. Fazit: Potentiale der Videoanalyse für die Religionsforschung

Fraglos ist diese Analyse mit einem Manko behaftet, denn wir behelfen uns mit einem Datum, das zwar aus dem Feld stammt, das aber nicht von uns selbst aufgenommen ist. Eigene Videodaten zu erheben ist jedoch unersetzlich für die Videoanalyse. Ein weiteres Problem erzeugt der Umstand, dass hier das Verfahren der Gattungsanalyse, das auf rekursive Kommunikationsereignisse zielt, für die sich spürbare Verfestigungen ausgebildet haben, auf ein singuläres Datum angewandt wird. Insofern ist meine Analyse höchst gewagt und methodisch gesehen unzulänglich. Allerdings stehen neben den Anforderungen an Kasteiung andere praktisch-organisatorische Hindernisse im Wege, die es mir damals unmöglich machen, an einer der regelmäßigen Zeremonien im Heiligtum teilzunehmen, abgesehen davon, dass eigene Aufnahmen in diesen Innenräumen der Gemeinschaft ohne Autorisierung undenkbar sind.

Wie die Ausführungen zeigen, muss die Videoanalyse keineswegs auf die mikrosoziologische Ebene beschränkt bleiben. Dennoch will ich festhalten, dass die Analyse der Interaktion in ihrem Herzen steht. Daran schließt die Frage an, in welchem Verhältnis Videoanalyse und andere Methoden stehen? Videoanalyse kann durchaus untergeordneter Teil einer umfassenderen Untersuchung sein. Ihr Einsatz im Rahmen der Triangulation mit anderen Methoden stellt eines der Potentiale der Videoanalyse dar.

Für die Religionsforschung besteht ihr Ertrag vor allem in der Untersuchung von Phänomenen der Gegenwartsreligion, insbesondere von Ritualen, Praktiken, Transzendenzerfahrungen und allgemein religiösen Kommunikationsformen in ihren jeweiligen Performanzkontexten.

Allerdings sind dabei die Grenzen der Methode zu bedenken, allem voran ihre Komplexität. Die Videographie stellt ein für die qualitative Sozialforschung sicherlich eher aufwändiges und kostspieliges Analyseverfahren dar, selbst wenn die dafür technisch erforderlichen Instrumente heute immer erschwinglicher werden. Außerdem handelt es sich um eine recht voraussetzungsvolle Forschungsmethode. Deren Herausforderung besteht nicht nur in technischen, zeitlichen und finanziellen Ressourcen. Die Anfertigung von brauchbaren Videodaten, deren Selektion, Aufbereitung und Präsentation erfordern neben sozialwissenschaftlichen Methodenkenntnissen Ausdauer und Geduld. Eine weitere Herausforderung ist die alltägliche Nutzung von Videoformaten. Dazu gehören Videotagebücher, Videoprotokolle und andere Videodatensorten, die von den Akteuren selbst sozusagen ‚natürlich' erzeugt werden.

Für die *Darstellung* der Forschungsergebnisse haben sich noch keine einheitlichen Konventionen herausgebildet, wie sie etwa für die Gesprächsanalyse existieren. Der Ertrag der Videoanalyse ist zwar von den Fachkenntnissen professioneller Visualisierungsexperten nicht abhängig, kann jedoch durchaus durch deren Expertise gewinnen. In diesem Sinne steht der Entwicklung angemessener Formen der Publikation videogestützter Forschung immer noch einige Arbeit bevor.

5. Kommentierte Auswahlbibliographie: Grundlagentexte und Lehrbücher

- Die Ethnomethodologie ist für die interpretative Videoanalyse grundlegend bedeutsam; vgl. dazu Harold Garfinkel. 1967. *Studies in Ethnomethodology*. Englewood Cliffs: Prentice Hall sowie Harold Garfinkel und Harvey Sacks. 2004. Über formale Strukturen praktischer Handlungen. In: J. Strübing und B. Schnettler. Hg. *Methodologie interpretativer Sozialforschung. Klassische Grundlagentexte*. Konstanz: UTB, 391-426.
- Die Grundlagen der Theorie und Methode kommunikativer Gattungen wird erläutert in Thomas Luckmann. 1986. Grundformen der gesellschaftlichen Vermittlung des Wissens: Kommunikative Gattungen. *Kölner Zeitschrift für Soziologie und Sozialpsychologie*, Sonderheft 27, 191-211 sowie in Thomas Luckmann. 1988: Kommunikative Gattungen im kommunikativen Haushalt einer Gesellschaft. In: G. Smolka-Kordt, P. M. Spangenberg und D. Tillmann-Bartylla. Hg. *Der Ursprung der Literatur*. München: Fink, 279-288. Eine detaillierte Darstellung bei Susanne Günthner und Hubert Knoblauch. 1994. ›Forms are the food of faith‹. Gattungen als Muster kommunikativen Handelns. *Kölner Zeitschrift für Soziologie und Sozialpsychologie*, 4: 693-723.
- Die Interpretation von Videodaten ist ein Unterfangen der Deutung, das neben der Gattungsanalyse stark von der hermeneutischen Wissenssoziologie beeinflusst wird. Grundlegend dazu Hans-Georg Soeffner. 2004. *Auslegung des Alltags – Der Alltag der Auslegung. Zur wissenssoziologischen Konzeption einer sozialwissenschaftlichen Hermeneutik*, 2. Ausgabe. Konstanz: UTB.
- Zur wissenssoziologischen Fundierung visueller Methoden im allgemeinen und zur Videohermeneutik im Besonderen vgl. Jürgen Raab. 2008. *Visuelle Wissenssoziologie. Konzepte und Methoden*. Konstanz: UVK.
- Natürliche Interaktionsdaten spielen eine zentrale Rolle in der Übersicht von Hubert Knoblauch zur Qualitativen Religionsforschung, die ein breites Spektrum von Verfahren abdeckt: 2003. *Qualitative Religionsforschung. Religionsethnographie in der eigenen Gesellschaft*. Paderborn, München, Wien, Zürich: Schöningh/UTB.

- Eine praktische Einführung in die ethnomethodologische Konversationsanalyse bietet das Buch von Paul ten Have. 1999. *Doing Conversation Analysis. A Practical Guide*. London: Sage.
- Einen Überblick über die verschiedenen Ansätze interpretativer Videoanalyseverfahren bietet das Buch von Hubert Knoblauch, Bernt Schnettler, Hans-Georg Soeffner und Jürgen Raab. Hg. 2006. *Video Analysis - Methodology and Methods. Qualitative Audiovisual Data Analysis in Sociology*. Frankfurt am Main: Lang.
- Das wichtigste Lehrbuch zur Videoanalyse stammt von der Forschergruppe um Christian Heath am King's College, London, und basiert auf der langjährigen Forschungserfahrung der am Work, Interaction and Technology Research Centre forschenden Gruppe. Der vorzügliche Band enthält eine detaillierte forschungspraktische Darstellung der ethnomethodologisch orientierten Videoanalyse, einschließlich Hinweisen zu den Techniken der Videoaufzeichnung und der Analyse videographischer Daten sowie der dazu verfügbaren Software. Christian Heath, Jon Hindmarsh und Paul Luff. Hg. 2010. *Video in Qualitative Research*. London: Sage.
- Daneben werden weitere Ansätze zur Analyse von Videos in Anschluss an die auf Mannheim, Panofsky und Imdahl zurückgreifende dokumentarische Methode entwickelt Bohnsack, Ralf. 2009. *Qualitative Bild- und Videointerpretation. Die dokumentarische Methode*. Stuttgart: UTB

6. Literatur

Bergmann, Jörg. 1985. „Flüchtigkeit und methodische Fixierung sozialer Wirklichkeit". In *Entzauberte Wissenschaft (Soziale Welt, Sonderband 3)*, hg. Wolfgang Bonß und Heinz Hartmann 299-320. Göttingen: Schwartz.

Bergmann, Jörg, 1988. *Ethnomethodologie und Konversationsanalyse*. Hagen: FernUniversität (Studienbrief: 3 Kurseinheiten).

Bergmann, Jörg, Thomas Luckmann und Hans-Georg Soeffner. 1993. „Erscheinungsformen von Charisma – Zwei Päpste". In *Charisma – Theorie, Religion, Politik*, hg. Winfried Gebhardt, Arnold Zingerle und Michael N. Ebertz, 121-155. Berlin/New York: De Gruyter.

Dinkelaker, Jörg und Matthias Herrle. 2009. *Erziehungswissenschaftliche Videographie*. Wiesbaden: VS Verlag.

Eberle, Thomas Samuel. 1997. „Ethnomethodologische Konversationsanalyse". In *Sozialwissenschaftliche Hermeneutik*, hg. Ronald Hitzler und Anne Honer 245-279. Opladen: Leske + Budrich.

Ferrándiz Martín, Francisco. 1998. A Trace of Fingerprints: Displacements and Textures in the Use of Ethnographic Video in Venezuelan Spiritism. *Visual Anthropology Review* 13 (2): 19-38.

Goffman, Erving. 1995. „Über Feldarbeit“. In *Kommunikative Lebenswelten. Zur Ethnographie einer ‚geschwätzigen‘ Gesellschaft,* hg. Hubert Knoblauch 261-269. Konstanz.

Goodwin, Charles. 1986. Gestures as a Resource for the Organization of Mutual Orientation. *Semiotica* 62 (1/2): 29-49.

Goodwin, Charles. 1994. Recording human interaction in natural settings. *Pragmatics* 3: 181-209.

Grimshaw, Allen D. 1982. Sound-image data records for research on social interaction: some questions answered. *Sociological Methods and Research* 11 (2): 121-144.

Günthner, Susanne und Hubert Knoblauch. 1994. ‚Forms are the food of faith‘. Gattungen als Muster kommunikativen Handelns. *Kölner Zeitschrift für Soziologie und Sozialpsychologie* (4): 693-723.

Have, Paul ten. 1999. Doing Conversation Analysis. A Practical Guide. London: Sage.

Heath, Christian. 1986. *Body Movement and Speech in Medical Interaction.* Cambridge: Cambridge University Press.

Heath, Christian. 1997. „The Analysis of Activities in Face to Face Interaction Using Video“. In *Qualitative Research. Theory, Method, and Practice,* hg. David Silverman, 183-200. London: Sage.

Honer, Anne. 2000. „Lebensweltanalyse in der Ethnographie“. In *Qualitative Forschung. Ein Handbuch,* Hgg. Uwe Flick, Ernst von Kardorff und Ines Steinke 195-204. Reinbek bei Hamburg: Rowohlt.

Honer, Anne. 2010. Kleine Leiblichkeiten. Erkundungen in Lebenswelten. Wiesbaden: VS Verlag.

Knoblauch, Hubert. 1995. Kommunikationskultur: Die kommunikative Konstruktion kultureller Kontexte. Berlin: De Gruyter.

Knoblauch, Hubert. 2001. Fokussierte Ethnographie. *Sozialer Sinn* (1): 123-141.

Knoblauch, Hubert. 2003. Qualitative Religionsforschung. Religionsethnographie in der eigenen Gesellschaft. Paderborn, München, Wien, Zürich: Schöningh/UTB.

Knoblauch, Hubert. 2011. „Videography“. In *The Routledge Handbook of Research Methods in the Study of Religion,* hg. Michael Stausberg und Steven Engler (im Druck). Routledge.

Knoblauch, Hubert, Alejandro Baer, Eric Laurier, Sabine Petschke und Bernt Schnettler. 2008. Visual Analysis. New Developments in the Interpretative Analysis of Video and Photography [30 paragraphs]. *Forum Qualitative Sozialforschung / Forum: Qualitative Social Research* 9 (3): Art. 14, http://nbn-resolving.de/urn:nbn:de:0114-fqs0803148.

Knoblauch, Hubert und Bernt Schnettler 2007. „Videographie. Erhebung und Analyse Qualitativer Videodaten“. In *Qualitative Marktforschung. Theorie, Methode, Analysen,* hg. Renate Buber und Hartmut Holzmüller 584-599. Wiesbaden: Gabler.

Knoblauch, Hubert, Bernt Schnettler und Jürgen Raab 2006. „Video-Analysis. Methodological Aspects of Interpretive Audiovisual Analysis in Social Research“. In *Video-Analysis. Methodology and Methods,* hg. Hubert Knoblauch, Bernt Schnettler, Jürgen Raab und Hans-Georg Soeffner 9-26. Frankfurt am Main, New York etc.: Lang.

Knoblauch, Hubert und Hans-Georg Soeffner. Hg. 1999. Todesnähe. Interdisziplinäre Zugänge zu einem außergewöhnlichen Phänomen. Konstanz: UVK.

Knoblauch, Hubert und René Tuma. 2011. „Videography. An interpretative approach to analyzing video recorded social interaction". In *The SAGE Handbook of Visual Research Methods,* hg. Eric Margolis und Luc Pauwels [in print]. London, Thousand Oaks etc.: Sage.

Knoblauch, Hubert, René Tuma und Bernt Schnettler. 2010. „Interpretative Videoanalysen in der Sozialforschung". In *Enzyklopädie Erziehungswissenschaften Online www.erzwissonline.de,* Weinheim und München: Juventa.

Lehtinen, Esa. 2011. „Conversation analysis". In *The Routledge Handbook of Research Methods in the Study of Religion,* hg. Michael Stausberg und Steven Engler: Routledge (im Druck).

Lomax, Helen und Neil Casey. 1998. Recording social life: reflexivity and video methodology. *Sociological Research Online* 3 (2).

Luckmann, Thomas. 1986. Grundformen der gesellschaftlichen Vermittlung des Wissens: Kommunikative Gattungen. *Kölner Zeitschrift für Soziologie und Sozialpsychologie* Sonderheft 27: 191-211.

Luckmann, Thomas. 1988. „Kommunikative Gattungen im kommunikativen Haushalt einer Gesellschaft". In *Der Ursprung der Literatur,* hg. Gisela Smolka-Kordt, Peter M. Spangenberg und Dagmar Tillmann-Bartylla 279-288. München: Fink.

Luckmann, Thomas. 1991. „Nachtrag". In *Die unsichtbare Religion,* 164-183. Frankfurt am Main: Suhrkamp.

Luckmann, Thomas und Peter Gross. 1977. „Analyse unmittelbarer Kommunikation und Interaktion als Zugang zum Problem der Entstehung sozialwissenschaftlicher Daten". In *Soziolinguistik und Empirie. Beiträge zu Problemen der Corpusgewinnung und -auswertung,* hg. H. U. Bielefeld et al. 198-207. Wiesbaden: Athenaum.

Luff, Paul, Jon Hindmarsh und Christian Heath. Hg. 2000. *Workplace Studies. Recovering Work Practice and Informing System Design.* Cambridge: Cambridge University Press.

Matthes, Joachim. 1985. Zur transkulturellen Relativität erzählanalytischer Verfahren in der empirischen Sozialforschung. *Kölner Zeitschrift für Soziologie und Sozialpsychologie* 37: 310-326.

Meyer, Birgit. 2006. „Impossible Representations. Pentecostalism, Vision, and Video Technology in Ghana". In *Religion, Media and the Public Sphere,* hg. B. Meyer und A Moors 290-312. Bloomington: Indiana University Press.

Mohr, Hubert. 2006. „Art. „Religionsästhetik"". In *Wörterbuch der Religionen,* hg. Christoph Auffarth, Hans G. Kippenberg und Axel Michaels Stuttgart: Kröner.

Moritz, Christine. 2010. „Die Feldpartitur. Mikroprozessuale Transkription von Videodaten". In *Videographie praktizieren: Herangehensweisen, Möglichkeiten und Grenzen,* hg. Michael Corsten, Melanie Krug und Christine Moritz 163-193. Wiesbaden: VS Verlag.

Raab, Jürgen. 2001. Soziologie des Geruchs. Über die soziale Konstruktion olfaktorischer Wahrnehmung. Konstanz: UVK.

Raab, Jürgen. 2008. Visuelle Wissenssoziologie. Konzepte und Methoden. Konstanz: UVK.

Raab, Jürgen und Dirk Tänzler. 2006. „Video-Hermeneutics“. In *Video Analysis. Methodology and Methods. Qualitative Audivisual Analysis in Sociology,* hg. Hubert Knoblauch, Bernt Schnettler, Jürgen Raab und Hans-Georg Soeffner 85-97. Wien, Berlin: Lang.

Rammert, Werner und Cornelius Schubert. Hg. 2006. *Technographie. Zur Mikrosoziologie der Technik.* Frankfurt am Main: Campus.

Schnettler, Bernt. 2001. Vision und Performanz. Zur soziolinguistischen Gattungsanalyse fokussierter ethnographischer Daten. *sozialer sinn. Zeitschrift für hermeneutische Sozialforschung* 1: 143-163.

Schnettler, Bernt. 2004. Zukunftsvisionen. Transzendenzerfahrung und Alltagswelt. Konstanz: UVK.

Schnettler, Bernt. 2008. Vision and Performance. The sociolinguistic analysis of genres and its application to focused ethnographic data. *Qualitative Sociology Review* 4 (3): 59-83, http://www.qualitativesociologyreview.org/ENG/Volume11/QSR_54_53_Schnettler.pdf [leicht erweiterte englische Fassung].

Schnettler, Bernt und Alejandro Baer. 2009. „Hacia una metodología cualitativa audiovisual - El video como instrumento de investigación social“. In *Investigacción cualitativa en ciencias sociales: Temas, problemas y aplicaciones,* hg. Aldo Merlino 149 - 173. Buenos Aires: Cengage Learning.

Schnettler, Bernt und Hubert Knoblauch. 2009. „Videoanalyse“. In *Handbuch Methoden der Organisationsforschung. Qualitative und Quantiative Methoden,* hg. Stefan Kühl, Petra Strodtholz und Andreas Taffertshofer 272-297. Wiesbaden: VS Verlag.

Selting, Margret, Peter Auer, Dagmar Barth-Weingarten, Jörg Bergmann, Pia Bergmann, Karin Birkner, Elizabeth Couper-Kuhlen, Arnulf Deppermann, Peter Gilles, Susanne Günthner, Martin Hartung, Friederike Kern, Christine Mertzlufft, Christian Meyer, Miriam Morek, Frank Oberzaucher, Jörg Peters, Uta Quasthoff, Wilfried Schütte, Anja Stukenbrock und Susanne Uhmann. 2009. Gesprächsanalytisches Transkriptionssystem 2 (GAT 2). *Gesprächsforschung – Online-Zeitschrift zur verbalen Interaktion* 10: 223-272 (www.gespraechsforschung-ozs.de).

Silverman, David. 2005. Instances or Sequences? Improving the State of the Art of Qualitative Research. *Forum Qualitative Sozialforschung / Forum: Qualitative Social Research [Online Journal]* 6 (3): Art. 30, availiable at http://www.qualitative-research.net/fqs-texte/33-05/05-33-30-e.htm.

Soeffner, Hans-Georg. 2000. Gesellschaft ohne Baldachin. Über die Labilität von Ordnungskonstruktionen. Weilerswist: Velbrück.

Strauss, Anselm. 1994. Grundlagen qualitativer Sozialforschung. Datenanalyse und Theoriebildung in der empirischen und soziologischen Forschung. München: Fink.

Ukah, Asonzeh und Magnus Echtler. 2009. „Born-again witches and videos in Nigeria“. In *Global Pentecostalism. Encounters with Other Religious Traditions,* hg. David Westerlund 73 - 92. London: Tauris.

Yamane, David. 2000. Narrative and Religious Experience. *Sociology of Religion* 61 (2): 171-189.

Yamane, David und Megan Polzer. 1994. Ways of Seeing Ecstasy in Modern Society. Experiential-Expressive and Cultural-Linguistic Views. *Sociology of Religion* 55 (1): 1-25.

7. Material

Video „Uriellas Abenteuer mit Gott im Orden Fiat Lux", produziert für Fiat Lux, o.J., VHS Video, 93 Minuten.

Der Vergleich als Methode und konstitutiver Ansatz der Religionswissenschaft

Oliver Freiberger

Wer sich mit den Religionen der Welt beschäftigt, kann zahlreiche, zum Teil verblüffende Parallelen entdecken, und zwar in allen Bereichen des religiösen Lebens: sei es in der Ethik (z. B. die ‚goldene Regel') oder in der Verehrungspraxis (z. B. das Niederlegen von Blumen und das Sprechen von Verehrungsformeln); in der Mythologie (z. B. die Geschichte von der Großen Flut) oder in der Dogmatik (z. B. die Konzepte vom einen Schöpfergott oder von vielen Funktionsgöttern); in der Kunst (z. B. der ‚Heiligenschein' bei verehrten Gestalten) oder in der Architektur (z. B. das ‚Allerheiligste' im Tempel); im religiösen Recht (z. B. Fasten als Sühneübung) oder in der Institutionenbildung (z. B. monastische Orden); im Ritual (z. B. Bestattungsriten) oder in der Legitimierung von Herrschaft oder Gewalt (z. B. sakrales Königtum und ‚heilige Kriege'); usw. usf. Es ist faszinierend, solchen Parallelen nachzugehen, und diese Faszination ist nach wie vor ein häufig genanntes Motiv für ein Studium der Religionswissenschaft.

Ganz allgemein gesprochen ist die Feststellung von Parallelen oder Ähnlichkeiten das Ergebnis eines Vergleichs. Manchmal wird assoziativ verglichen, etwa wenn man im Urlaub bei der Besichtigung eines Tempels feststellt, dass etwas ‚genau wie in unserer Dorfkirche' sei. Auf Nachfrage könnte man wohl auch erklären, wo die Unterschiede zwischen Tempel und Dorfkirche liegen, aber das Faszinierende sind ja die Ähnlichkeiten; dass es Unterschiede gibt, ist selbstverständlich. Will man etwas systematischer vorgehen, erkennt man schnell, dass assoziatives Vergleichen seine Grenzen hat. Einer Person stechen Ähnlichkeiten ins Auge, die für eine andere Person gar nicht bestehen, welche wiederum ganz andere Parallelen erkennen mag. Assoziatives Vergleichen ist also subjektiv. Es kann eine momentane Faszination auslösen, aber führt als solches nicht zu fundierten wissenschaftlichen Erkenntnissen.

Untersucht man den Vorgang des Vergleichens genauer, steht man sofort vor schwerwiegende Fragen: Wenn wir nicht assoziativ vorgehen wollen, woher wissen wir eigentlich, dass die Dinge, die uns auf den ersten Blick ähnlich erscheinen, vergleichbar sind? Wir kommen nicht umhin, zunächst die beiden

Kontexte genau zu studieren und zu untersuchen, wie die betreffenden Gegenstände innerhalb dieses Kontextes von den religiösen Menschen jeweils verstanden und gedeutet werden. Diese Untersuchung kann schon dazu führen, dass man erkennt, dass manche vermuteten Ähnlichkeiten gar keine sind oder dass die Parallelität viel komplexer ist, als es zunächst den Anschein hatte. Doch auch eine detaillierte Studie beider Kontexte reicht unter Umständen noch nicht hin, um zu bestimmen, welche Gegenstände verglichen werden sollten. Um ein oft zitiertes Beispiel zu bemühen: Ist die Parallele zu Jesus Christus im Islam Muhammad oder der Koran? Die Frage ist: Geht es uns um darum, historische Begründer einer religiösen Tradition zu vergleichen oder die jeweilige Quelle der Offenbarung? Wir müssen uns also sowohl darüber Gedanken machen, wie wir die Gegenstände auswählen, die wir vergleichen wollen, als auch darüber, was eigentlich unser Vergleichspunkt ist. Neben den beiden zu vergleichenden Gegenständen gehört somit zum Vergleichsvorgang immer noch ein drittes Element, das sogenannte *tertium comparationis*, das ‚dritte des Vergleichs'. Dies ist der Vergleichspunkt, d. h. die Frage, *woraufhin* man zwei Gegenstände vergleicht. Äpfel und Birnen etwa ähneln sich im Hinblick auf Gewicht und Farbe, aber weniger im Hinblick auf Form und Geschmack. So können sich zwei religiöse Gegenstände ebenfalls in bestimmter Hinsicht ähnlich sein, in anderer aber nicht.

Das mag wie eine banale Erkenntnis klingen, doch wird sie im Religionsvergleich allzu oft nicht beachtet. Es ist z. B. häufig nicht von ‚Ähnlichkeit', sondern von ‚Gemeinsamkeit' die Rede, was auf den ersten Blick nur eine leichte Bedeutungsverschiebung ist, aber schwerwiegende Folgen haben kann. Spricht man nämlich davon, dass zwei Religionen etwas gemeinsam haben, kann dies schnell dazu führen, dass dieses Gemeinsame betont und die ebenfalls vorhandenen Unterschiede als sekundär eingestuft werden. Manche Betrachter meinen dann, in dem als gemeinsam identifizierten Gegenstand den eigentlichen Kern der beiden Religionen oder, noch umfassender, das Wesen von Religion im Allgemeinen zu erkennen. Dabei verblassen dann die Unterschiede, die nur noch als un-wesentliches Lokalkolorit eingestuft werden – das ‚eigentlich Wichtige' sind in dieser Sicht die Gemeinsamkeiten. Die vorgenommenen Beobachtungen werden damit also unterschiedlich gewertet: Ähnlichkeiten werden hervorgehoben und Unterschiede heruntergespielt. Einem solchen Vorgehen liegt eine bestimmte Motivation zugrunde, nämlich die Suche nach Gemeinsamkeiten in den Religionen. Wir müssen uns also auch fragen, *warum* wir Religionen vergleichen, d. h. was eigentlich unsere Ziele sind. Diese Frage soll am Beginn der folgenden Betrachtungen stehen. Der zweite Abschnitt erörtert dann, wie Gegenstände für den Vergleich ausgewählt werden, im dritten werden Zugänge und Ansätze für den Religionsvergleich vorgestellt und diskutiert, und am Ende steht eine kurze Reflexion über die Bedeutung des Vergleichs für die Religionswissenschaft.

1. *Warum vergleichen?* Ziele des religionswissenschaftlichen Vergleichs

Im allgemeinen kann man für den Vergleich von Religionen zwei Arten von Zielen unterscheiden. Diese können entweder normativ bestimmt sein, d. h. man vergleicht Religionen mit dem Ziel, ein bestimmtes Postulat zu belegen. Oder sie können deskriptiv ausgerichtet sein, d. h. man vergleicht mit der Absicht, Modelle und Theorien zu entwickeln, mit denen Religionen besser beschrieben werden können.

Normativ bestimmte Ziele

In seinem immer noch lesenswerten wissenschaftsgeschichtlichen Überblick *Comparative Religion: A History* beschreibt Eric Sharpe im ersten Kapitel, wie der Religionsvergleich von der Antike bis zur Entstehung der akademischen Religionswissenschaft im 19. Jh. normativ eingesetzt wurde (Sharpe 1987, 1-26). Dabei ging es fast immer um den Vergleich des ‚Anderen' mit dem ‚Eigenen'. Griechen und Römer z. B. verglichen Götter fremder Kulturen mit ihren eigenen und deuteten sie aufgrund wahrgenommener Ähnlichkeiten als lokale Verkörperungen ihrer Götter (*interpretatio graeca* und *romana*). Christen haben den Vergleich oft bemüht, um zu zeigen, dass andere Religionen minderwertig, häretisch und/oder gefährlich seien (zum Religionsvergleich in der gegenwärtigen christlichen Theologie gegenüber dem religionswissenschaftlichen siehe Bochinger 2003). Natürlich wurde dabei nicht primär angestrebt, die jeweils andere Religion fair zu behandeln und mit gleichem Maß zu messen.

Genau dies forderte im 19. Jh. Friedrich Max Müller, einer der Gründerväter der Religionswissenschaft. Zu einer Zeit, in der die vergleichende Sprachwissenschaft gerade dabei war, die Zusammenhänge der großen Sprachfamilien der Welt zu entdecken, war er der Überzeugung, dass man auch für die Religion allgemeine Gesetzmäßigkeiten erweisen könne. Und dafür seien Religionen genau wie Sprachen zu behandeln und zu vergleichen. Wie keine Sprache ‚besser' als alle anderen sei, so könne auch keine Religion (z. B. das Christentum) in einem solchen Vergleich eine privilegierte Position beanspruchen. Nach Müller enthalten alle Religionen Körnchen der Wahrheit, weil alle Menschen – analog zu der Fähigkeit zu sprechen, die an keine bestimmte Sprache gebunden sei – die Fähigkeit zu glauben besäßen, ganz unabhängig von der jeweiligen Religion.

Eines der Ziele des Religionsvergleichs war für Müller, die gemeinsamen, in allen Religionen vorhandenen Elemente zu entdecken, die dann die Grundlage für eine bessere Zukunft bilden würden. (Müller 1872) In gewissem Sinne haben die Vertreter der klassischen Religionsphänomenologie diesen Ansatz fortgeführt, indem sie zu zeigen versuchten, dass religiöse Phänomene in verschiedenen Religionen vom Wesen her identisch seien – oder anders ausgedrückt, dass sich das Wesen der Religion in ihren vielen unterschiedlichen Erscheinungsformen zeigt. Im Unterschied zu Friedrich Max Müller reflektierten die Religionsphänomenologen aber nicht über den Vorgang des Vergleichens, und man kann durchaus behaupten, dass sie in ihren großen enzyklopädischen Werken die betreffenden Gegenstände gar nicht vergleichen, sondern lediglich als verschiedene Erscheinungsformen des jeweiligen postulierten Phänomens anführen. (van der Leeuw 1977 [1956]; Heiler 1961; Eliade 1996 [1958]; Eliade 1990 [1984])

Max Müllers jüngerer Zeitgenosse James George Frazer hatte andere Vergleichsziele. In seinem umfangreichen Werk *The Golden Bough* (Frazer 1993 [1923]) trägt er eine große Fülle von Material aus vielen religiösen Kontexten zusammen und kommt mit seiner vergleichenden Untersuchung zu dem Ergebnis, dass man eine (aufsteigende) Entwicklung des höheren Denkens von Magie über Religion zu Wissenschaft nachweisen könne: Naturphänomene seien erst magisch, dann religiös und schließlich wissenschaftlich erklärt worden. Frazer betrachtet diese drei Phasen allerdings nicht als aufeinander folgende historische Epochen in der Menschheitsgeschichte, und er behauptet auch nicht, dass ‚der Westen' generell allen anderen Kulturen überlegen sei. Vielmehr entdeckt er durch seine vergleichenden Studien die ‚niederen' Stufen von Magie und Religion auch in den westlichen Gesellschaften der Gegenwart. Wie Müller betont auch Frazer die Gemeinsamkeiten der Religionen, zieht aber einen anderen Schluss daraus, nämlich dass Religion eine Übergangsphase darstelle, die letztlich durch Wissenschaft überwunden werde. Im Gegensatz zu Müller und den Phänomenologen hat Frazer also eine religionskritische Haltung.

Allen diesen Vergleichsansätzen liegen Vorannahmen zugrunde, aus denen sich normativ bestimmte Ziele ergeben. Man vergleicht, um zu beweisen, dass die eigene Religion besser ist als andere, oder dass alle Religionen einen gemeinsamen Kern besitzen, den es zu enthüllen gilt, oder dass alle Religionen letztlich unbefriedigende Versuche darstellen, die Welt zu erklären. In der Geschichte der Religionswissenschaft kommt der Religionsvergleich bis heute zur Anwendung, um eine der beiden Haltungen, die apologetische oder die religionskritische, zu bestätigen. Doch wenn man Religion grundsätzlich als etwas Positives versteht, neigt man dazu, die als negativ wahrgenommenen Elemente als ‚nicht eigentlich religiös' aus dem Vergleich auszuschließen. Betrachtet man umgekehrt Religion als etwas Negatives, ist es wahrscheinlich, dass besonders die als problematisch angesehenen Aspekte und Effekte von Religion hervorgehoben und andere im Vergleichsvorgang ignoriert werden. Viele Religionswissenschaftler sind heute der Ansicht, dass derart normativ bestimmte Ziele die systematische Analyse von Religionen beeinträchtigen.

Deskriptiv ausgerichtete Ziele

Ein Verfechter einer religionsvergleichenden Analyse, die weder apologetischen noch religionskritischen Zielen dient, ist der frühe Joachim Wach. In seinen *Prolegomena* (Wach 1924) spricht er vom „rein empirischen Charakter der Religionswissenschaft" und unterscheidet generell zwei Forschungszugänge zu den Religionen: „nach ihrer Entwicklung und nach ihrem Sein, ‚längsschnittmäßig' und ‚querschnittmäßig'. Also eine *historische* und eine *systematische* Untersuchung der Religionen ist die Aufgabe der allgemeinen Religionswissenschaft" (Wach 1924: 21). Diese Einteilung hat sich in der Religionswissenschaft des 20. Jhs. weitgehend durchgesetzt (kritisch dazu Rüpke 2007: 17-32).

Die systematische Religionswissenschaft basiert nach Wach auf vergleichender Forschung (zum folgenden Wach 1924, 177-192). Ihr Ziel ist es, eine „formale Religionssystematik" zu entwickeln, d. h. „abstrakte, idealtypische Begriffe zu bilden und Regelmäßigkeiten, Gesetzmäßigkeiten der Entwicklung aufzuweisen". Er erklärt dazu unmißverständlich, dass die gebildeten systematischen Begriffe nicht das „Wesen" einer religiösen Erscheinung erfaßten, welches „uns Religionsforscher gar nicht interessiert". Diese systematischen Begriffe, die Wach „abstrakt" und „idealtypisch" nennt, werden heute auch als ‚metasprachlich' bezeichnet. Es sind Begriffe, die nicht an einen bestimmten religiösen Kontext – und damit an eine ‚Objektsprache' – gebunden sind (wie z. B. ‚Taufe'), sondern wissenschaftlich definiert werden und übergreifend verwendbar sind (z. B. ‚Initiationssritus'). Neben der Begriffsbildung können durch vergleichende Forschung Regel- und Gesetzmäßigkeiten der Entwicklung von Religionen systematisiert dargestellt werden.

Im Gegensatz zu den oben beschriebenen Ansätzen, die normativ bestimmte Ziele verfolgen, ist Wachs Ansatz deskriptiv ausgerichtet. Das Ziel dieses Ansatzes ist es, die Bildung und den Aufbau von Religionen systematisch zu beschreiben und dadurch besser zu verstehen. Zahlreiche religionswissenschaftliche Vergleichsstudien, ob sie sich explizit auf Wach beziehen oder nicht, haben ein solches deskriptiv-analytisches Ziel.

Subversive Folgen

Es sei an dieser Stelle kurz angemerkt, dass die Ansätze, für die hier Müller, Frazer und Wach als Beispiele dienen, allesamt eine gewisse Subversivität den religiösen Traditionen gegenüber besitzen. Sie gehen von der prinzipiellen Vorannahme aus, dass religiöse Gegenstände aus einer Tradition mit solchen aus einer anderen vergleichbar seien. Damit wird implizit die Einzigartigkeit in Frage gestellt, die jede Tradition für sich reklamiert. Wenn beispielsweise Kṛṣṇa als menschliche Inkarnation (Avatāra) eines Gottes in dieselbe Kategorie wie Jesus Christus eingeordnet wird, setzt man sich damit über den Anspruch des Christentums hinweg, dass es sich bei letzterem um den einen und einzigen Sohn Gottes handelt – der also in dieser Hinsicht unvergleichlich ist. Wenn man sowohl den Koran als auch buddhistische Sūtras als ‚heilige Schriften' deklariert, übergeht man den Anspruch beider religiöser Traditionen, dass nur die jeweils eigenen Texte die Wahrheit enthalten.

Mit der Vorannahme der Vergleichbarkeit – die natürlich für den Religionsvergleich unverzichtbar ist – wird also der betreffende Exklusivitätsanspruch der religiösen Traditionen bewußt ignoriert. Ein vergleichender religionswissenschaftlicher Ansatz, der naturgemäß davon ausgehen muß, dass die untersuchten Gegenstände keineswegs einzigartig sind, sondern Parallelen in anderen Traditionen und Kulturen haben, kritisiert also implizit die traditionellen Postulate der Religionen. Selbst religionsbejahende Ansätze wie der von Müller oder der klassischen Religionsphänomenologen, die ein allgemeines Wesen von Religion beschreiben, setzen sich über den jeweiligen Anspruch der Traditionen hinweg. Ihre Modelle enthalten ihren eigenen Exklusivitätsanspruch – die Vorstellung davon, was das *wahre* Wesen von Religion sei –, doch dieser stimmt mit keinem der Wahrheitsansprüche traditioneller Religionen überein. Auch solche Ansätze sind somit, weil sie eine Vergleichbarkeit voraussetzen, in dieser Hinsicht implizit religions- oder zumindest traditionskritisch.

Die Suche nach Gemeinsamkeiten und Unterschieden

Wie gesehen, ist es ein gemeinsames Ziel religionsapologetischer und religionskritischer Vergleichsansätze, die Ähnlichkeiten der untersuchten Gegenstände hervorzuheben, wenn auch aus unterschiedlichen Gründen. Doch auch Wachs systematisch-deskriptiver Ansatz konzentriert sich auf Ähnlichkeiten; Kategorien wie z. B. ‚Übergangsritual' sollen ja zur Beschreibung von Gegenständen genutzt werden, die etwas gemeinsam haben. Zu definieren, worin diese Gemeinsamkeit besteht, ist dabei ein Resultat der vergleichenden Forschung. Genau diese Suche nach Gemeinsamkeiten ist prinzipiell in Frage gestellt worden. Der einflußreiche amerikanische Religionswissenschaftler Jonathan Z. Smith etwa hat die in den bestehenden Vergleichsansätzen fehlende Berücksichtigung von Differenzen angemahnt (Smith 1982). Gemeinsamkeiten würden nicht ‚entdeckt', sondern vielmehr von der Religionswissenschaft ‚erfunden'. Die Behauptung von Ähnlichkeit sei das Resultat von rein impressionistischen Assoziationen des Forschers, die auf zufälligen Erinnerungen an vermeintlich ähnliche Gegenstände beruhe. Im Rückgriff auf Frazers Unterscheidung von Wissenschaft und Magie erklärt Smith – nicht ohne Ironie –, dass ein solches Vorgehen nicht als Wissenschaft, sondern allenfalls als „homöopathische Magie" gelten könne: als eine Praxis der Welterklärung, die aus der zufälligen Ähnlichkeit von verschiedenen Gegenständen abgeleitet und deshalb falsch sei. Da Vergleiche auf die (problematische) Suche nach Gemeinsamkeiten konzentriert seien, würden Unterschiede ausgeblendet: „The issue of difference has been all but forgotten." (Smith 1982, 21).

Eine solche Skepsis gegenüber dem Vergleich liegt auch in bestimmten geistesgeschichtlichen Entwicklungen in der zweiten Hälfte des 20. Jhs. begründet. Sie ergibt sich aus der postmodernen Philosophie und äußert sich besonders in der sogenannten postkolonialen und postorientalistischen Kritik. Kimberly Patton und Benjamin Ray fassen diese Kritik wie folgt zusammen (Patton und Ray 2000, 2):

> „The standpoint of the comparativist was once privileged as a vantage-point of objective description, classification, and comparison of ‚other peoples' and their beliefs. The focus of deconstructive scrutiny ‚reveals' it instead, at worst, as a subjective mélange of culturally biased perceptions that cannot but distort or, at best, as an act of imaginative, associative ‚play'. ... If we are to take the philosophical claims of postmodernism seriously, the possibility of describing religious systems with integrity or comparing them to one another is thus permanently compromised. ... [T]o compare is to abstract, and abstraction is construed as a political act aimed at domination and annihilation; cross-cultural comparison becomes intrinsically imperialistic, obliterating the cultural matrix from which it ‚lifts' the compared object. Thus to compare religious traditions, particularly unhistorically related ones, or elements and phenomena within those traditions, is to attempt to control and ultimately to destroy them. Following this logic, scholarly integrity is only to be found in the self-reflexive study of the ‚other' that locates itself in the uniquely local and the particular."

Diese Zusammenfassung vereinfacht sicher die betreffenden Ansätze, illustriert aber gut die grundsätzlichen Probleme, die ihre Vertreter im Kultur- und Religionsvergleich sehen. Der radikale Kuturrelativismus, die einseitige Betonung von Differenz und die Behauptung, dass Vergleich unmöglich oder notwendigerweise destruktiv sei, sind allerdings in den letzten Jahren stark kritisiert und zurückgewiesen worden, sowohl in philosophischer als auch in methodologischer Hinsicht (Cappai 2000, Patton und Ray 2000, Patton 2000, Segal 2001, Segal 2006). In weniger radikaler Gestalt hat die postmoderne Kritik bewußtseinsschärfend gewirkt, etwa in der heute allgemein akzeptierten Erkenntnis, dass es notwendig ist, die Perspektive der Forschenden in die Analyse einzubeziehen, die Bedeutung lokaler Kontexte und konkreter Machtverhältnisse zu berücksichtigen, sowie mögliche politische Auswirkungen der Forschung zu bedenken.

Das Ziel, mit Hilfe des Vergleichs zu einem besseren Verständnis von Religion zu gelangen, muß daher nicht aufgegeben werden. Mit einer differenzierteren Methodologie, die Ähnlichkeiten und Unterschiede gleichermaßen berücksichtigt und eine Reflexion über deren jeweilige Bedeutung einschließt, kann vergleichende Forschung wesentlich zur Entwicklung von metasprachlichen Begriffen und Modellen in der Religionswissenschaft beitragen. Eine Reihe von Sammelbänden aus jüngerer Zeit diskutieren und demonstrieren erneut die Möglichkeiten des Vergleichs (Reenberg Sand und Sørensen 1999, Burger und Calame 2005, Idinopulos, Wilson und Hanges 2006; siehe aus jüngster Zeit auch Bornet 2010). Einen guten allgemeinen Überblick zum Stand der Forschung gibt Paden 2004; siehe auch Martin 2000, mit einem Schwerpunkt auf modernen naturalistischen Theorien, die aus Biologie und kognitiver Psychologie abgeleitet werden.

2. *Was vergleichen?* Die Auswahl der Gegenstände für den Vergleich

Was für jemanden, der assoziativ-subjektiv vergleicht, ganz einfach ist, stellt sich bei genauerer Betrachtung als nahezu unlösbares epistemologisches Problem dar, nämlich die Frage, woher man vor dem Vergleich weiß, dass die Gegenstände, die man vergleichen wird, überhaupt in dieselbe Kategorie gehören. Schon Wach ist sich dieses Problems bewußt und erklärt, dass es Aufgabe der Philosophie sei, es zu lösen (Wach 1924, 186f.). Vereinfacht gesagt geht es darum, dass man nicht ohne eine bereits vorhandene Kategorie vergleichen kann. Wenn man z. B. Initiationsriten in zwei Religionen vergleichen will, hat man schon eine (zumindest vage) Vorstellung davon, wodurch sich ein Initiationsritus auszeichnet – im Unterschied etwa zu einem Bestattungsritus. Geht man nun der Frage nach, woher dieses Vorwissen eigentlich stammt, landet man letztlich wieder bei assoziativ-subjektiven Konstruktionen, entweder den eigenen oder denen früherer Forscher. Meist bildet diejenige religiöse Tradition, die den Forschern am besten vertraut ist, den Bezugsrahmen für solche Assoziationen, und in den allermeisten Fällen ist es die judäo-christliche. Man muß dabei gar nicht an spezifisch christlich-theologische Kategorien wie die Trinitätslehre denken; auch Begriffe wie ‚Sünde' oder ‚Buße' haben bestimmte Konnotationen, die oft den Konzeptionen anderer religiöser Traditionen nicht entsprechen. Es besteht die Gefahr, dass man in anderen Religionen nach etwas sucht, das dort – selbst wenn man es findet – vielleicht eine ganz andere Bedeutung, Stellung oder Relevanz besitzt. Das betrifft auch scheinbar unverdächtige Begriffe wie ‚Priester', ‚Meditation', ‚Kanon', oder auch ‚Gott/Götter'.

Nun gibt es weder eine ‚neutrale Sprache' noch gibt es Forscher, die keine eigene kulturell/sprachlich/religiös determinierte Perspektive besitzen. Es ist zuweilen vorgeschlagen worden, die westliche Terminologie durch Begriffe aus anderen Traditionen (z. B. ‚Bhakti', ‚Karma' oder ‚Avatāra') zu ergänzen (Smart 1983, 20). Das kann zwar sinnvoll und bereichernd sein, löst aber nicht das prinzipielle Problem, dass mit der traditionellen Semantik eines Begriffs eine bestimmte Perspektive und ein bestimmter Gegenstandsbereich von vornherein festgelegt sind.

Es ist daher notwendig, zunächst den objektsprachlichen Gebrauch eines Begriffs – d. h. den Gebrauch innerhalb einer religiösen Tradition – von einem metasprachlichen, wissenschaftlichen Gebrauch zu unterscheiden. Dies geschieht durch eine genaue Bestimmung derjenigen Begriffe, die als Vergleichskategorien genutzt werden sollen. Wenn man beispielsweise den Begriff ‚Theologie' als ‚die in einer religiösen Tradition institutionalisierte, systematische Reflexion über religiöse Konzepte' definiert, kann man auch von ‚frühbuddhistischer Theologie' sprechen – ungeachtet der Tatsache, dass der Begriff aus der christlichen Tradition stammt, dass er wörtlich ‚die Lehre von Gott' bedeutet und dass der Buddhismus eine solche Gottesvorstellung gar nicht besitzt. Die Debatte darüber, wie geeignet ein Begriff für diesen Zweck ist – ob man z. B. besser von frühbuddhistischer ‚Philosophie' sprechen sollte –, kann zwar weiterhin sinnvoll sein, ist dann aber nur noch sekundär, weil jeder Begriff explizit bestimmt ist.

Metasprachlichkeit allein löst aber das eingangs beschriebene Problem nicht. Um bei dem Beispiel zu bleiben: Wie komme ich dazu, ‚Theologie' so zu definieren? Setzt diese Definition nicht schon das Wissen darüber voraus, dass es in mindestens einer anderen Tradition eine solche ‚institutionalisierte Reflexion' gibt, die mit der christlichen Theologie vergleichbar ist? Und geht ein solches Vorwissen nicht wiederum auf assoziativ-subjektives Vergleichen zurück? Auch metasprachliche Definitionen sind also nicht voraussetzungsfrei. Sie haben aber den unschätzbaren Vorzug, dass sie wissenschaftlich kontrolliert und daher flexibel und modifizierbar sind. Der Ausgangspunkt einer Vergleichsstudie kann also eine (möglichst weite und offene) Definition der Begriffe sein, die den Gegenstandsbereich der Studie eingrenzen; und als Ergebnis des Vergleichs kann die Begrifflichkeit modifiziert und präzisiert werden. Die so präzisierten Begriffe können wiederum der Ausgangspunkt für eine weitere Vergleichsstudie sein, aufgrund derer die Definitionen wiederum modifiziert werden. Eine solche kontinuierliche gegenseitige Befruchtung von Begriffsbestimmung und Vergleich verhindert eine Essentialisierung von Begriffen und Vorstellungen. Dieses reziproke Vorgehen kann zwar das epistemologische Problem nicht lösen, bietet aber eine konstruktive Möglichkeit, mit ihm umzugehen.

Qualitative und quantitative Selektionskriterien

Das Bewusstsein über die eigene kulturelle Bedingtheit, die Überprüfung und Hinterfragung eigener Vorstellungen und Konzepte sowie die (vorläufige) metasprachliche Bestimmung der verwendeten Kategorien sind also notwendige Voraussetzungen für einen seriösen religionswissenschaftlichen Vergleich. Hat man eine Kategorie definiert, muß man als nächstes erklären, warum man innerhalb dieser Kategorie einen bestimmten Gegenstand in einer religiösen Tradition zum Vergleich auswählt und nicht einen anderen. Wer z. B. die religiöse Rechtfertigung von physischer Gewalt im Islam und im Hinduismus vergleichen will, dem bieten sich zahllose Optionen an, weil diese Traditionen eine lange Geschichte besitzen und weit verbreitet sind. Viele Einschränkungen ergeben sich zwangsläufig durch die Ausbildung der Forscher, etwa hinsichtlich der Kenntnis der betreffenden Sprachen und der Beherrschung der notwendigen historisch-philologischen oder sozialwissenschaftlichen Methoden. Aber selbst in einem eng eingegrenzten Rahmen wird man unter Umständen sehr unterschiedlichen Auffassungen zur religiösen Rechtfertigung von Gewalt begegnen. Welche Auffassungen im Islam und im Hinduismus wählt man nun aus, um sie miteinander zu vergleichen?

In vielen Vergleichsstudien lassen sich, grob gesagt, zwei Typen von Selektionskriterien nachweisen. *Qualitative* Kriterien beinhalten Aussagen darüber, was die ‚eigentliche' Position der betreffenden religiösen Tradition ist, z. B. ‚der Islam vertritt das Konzept des ‚heiligen Kriegs' und rechtfertigt damit Gewalt'; ‚im Hinduismus hat das Ideal des Nichtverletzens (*ahiṃsā*) die höchste Bedeutung'. Es ist deutlich, dass solche qualitativen Kriterien normativ sind, weil sie das ‚Wesen' der jeweiligen Religion in diesem Punkt bestimmen. Sie nehmen das Ergebnis des Vergleichs vorweg und sind daher als Auswahlkriterien für eine deskriptiv-systematische Vergleichsstudie ungeeignet.

Heute gebräuchlicher sind *quantitative* Kriterien, die einen Gegenstand nach seiner Stellung und Wirkung innerhalb der Tradition bemessen. Man wählt für den Vergleich eine Glaubensvorstellung, die ‚sehr häufig' in den religiösen

Texten erscheint, oder die Schriften eines Autors, der ‚von großer Wirkung‘ in der Tradition ist, oder eine religiöse Praxis, die von ‚der überwiegenden Mehrzahl‘ der Anhänger vollzogen wird usw. Erscheint ein solches Vorgehen auf den ersten Blick einleuchtend und pragmatisch, so ist es doch vom Prinzip her nicht einfach zu begründen. Warum sollte eine Minderheitenposition es nicht wert sein, verglichen zu werden? Darüber hinaus ist festzustellen, dass quantitative Kriterien oft von der (retrospektiven) Konstruktion derjenigen Akteure abhängig sind, deren Position sich durchgesetzt hat. Die konkreten Umstände und die möglichen Machtkämpfe um die Deutungshoheit werden damit verdeckt. Schließt man also bestimmte Positionen aufgrund quantitativer Kriterien aus dem Vergleich aus, bestimmt man sie dadurch als weniger relevant, was letztlich wieder eine normative Entscheidung ist, und es stellt sich die prinzipielle Frage, wie eine deskriptiv-systematische Religionswissenschaft eine solche Entscheidung rechtfertigen kann.

Eine Möglichkeit, dieses Problem zu umgehen, ist die Integrierung der jeweils verschiedenen Positionen in den Vergleichsvorgang. Man kann untersuchen, wie in einem bestimmten islamischen Kontext für und gegen die religiöse Rechtfertigung physischer Gewalt argumentiert wird und kann dies dann mit dem entsprechenden Diskurs in einem bestimmten hinduistischen Kontext vergleichen. Ein solcher Diskursvergleich hat den Vorteil, dass keine der jeweiligen Positionen privilegiert wird und somit die Vielfalt der Stimmen in beiden Kontexten erhalten bleibt (siehe Freiberger 2009, 255–258).

Diese Überlegungen zeigen, wie notwendig es ist, sich über die Kriterien zur Auswahl der Gegenstände Rechenschaft abzulegen und sie als Faktor im Analyseprozess zu berücksichtigen. Das Ergebnis einer Vergleichsstudie steht prinzipiell unter dem Vorbehalt der Vorläufigkeit. Die Erkenntnis, dass Selektion unvermeidlich ist, lehrt uns, dass es neben den ausgewählten Gegenständen immer noch andere gibt, die bei einer Folgestudie einbezogen werden müssten.

3. *Wie vergleichen?* Methodische Zugänge und Ansätze

Schon Max Müller und James Frazer gründeten ihre Ansätze auf bestimmte methodische Prinzipien, die nach wie vor Gültigkeit besitzen. Sie erklärten – besonders im Blick auf die christliche Theologie ihrer Zeit –, dass kein religiöser Kontext grundsätzlich vom Vergleich ausgenommen werden dürfe und keine Religion *a priori* eine besondere Stellung oder einen höheren Wert beanspruchen könne. Sie gingen davon aus, dass die Religionswissenschaft mit gleichem Maß messen muss, d. h. im Vergleichsvorgang keine Religion bevorzugen darf. Dies kann auch bedeuten, dass man nicht die Ideale einer Religion mit den tatsächlichen Handlungen in einer anderen vergleicht, z. B. Jesu Bergpredigt mit Selbstmordattentaten muslimischer Terroristen.

Joachim Wach diskutierte die vergleichende Methode etwas ausführlicher (Wach 1924, 177–192). Man müsse damit beginnen, eine Erscheinung „um den ihr eigentümlichen Sinn" zu befragen, weil ständig die Gefahr bestehe, „die Eigenart der betreffenden Erscheinung nicht zu ihrem Rechte kommen zu lassen". Weiterhin sei die Frage nach Natur, Wesen und Bedeutung von „Parallelen" zu klären, indem man für den Vergleich bestimmte Punkte fixiert, die als „Träger der Komparation fungieren", also als *tertium comparationis*. Jede Erscheinung müsse dabei in ihrem Sinnzusammenhang betrachtet werden („Bündigkeit"), denn: „Was hier peripher ist, kann dort entscheidend wichtig sein". Schließlich dürfe bei festgestellten Übereinstimmungen nicht voreilig ein historischer Zusammenhang zweier Kontexte angenommen werden.

Schon Wach mahnte also an, zunächst die Bedeutung der Gegenstände in ihrem eigenen religiösen und kulturellen Kontext zu untersuchen und nicht vorschnell auf Gemeinsamkeiten oder gar historische Beziehungen zu schließen. Erst wenn man untersucht hat, welche Stellung ein bestimmter Gegenstand in seinem eigenen Kontext hat und wie er gedeutet wird, kann man einschätzen, für welchen Vergleich er geeignet ist, d. h. welche *tertia comparationis* in Frage kommen. Diese unmittelbar einleuchtende Einsicht hat bis heute in vergleichenden Darstellungen nicht immer oberste Priorität.

Prinzipiell ist Wachs Forderung, Religionen mit Hilfe von Vergleichsstudien systematisch zu beschreiben und dadurch besser zu verstehen, nach wie vor aktuell. Wie oben diskutiert, ist aber eine Reihe von Problemen formuliert worden, die in der Methodologie berücksichtigt werden müssen. Ein guter Ausgangspunkt für diese Diskussion findet sich bei William Paden (Paden 1988, 3-5). Paden erklärt, dass sich die vergleichende Perspektive induktiv von historischem Wissen ableite und nicht deduktiv von der Philosophie des Vergleichenden. Es könne also beim Vergleich nicht darum gehen, Identität von Phänomenen festzustellen – womit ihr postuliertes ‚Wesen' bestimmt würde –, sondern vielmehr darum, Ähnlichkeiten und Analogien von Erscheinungen im Hinblick auf einen bestimmten Aspekt zu untersuchen; im Hinblick auf andere Aspekte mögen sich die Erscheinungen durchaus unterscheiden. Der Vergleich lasse also auch die Unterschiede deutlich erkennen, wodurch wiederum die jeweilige individuelle Besonderheit jeder Erscheinung sichtbar werde. Für Paden geht es beim Religionsvergleich nicht um eine schlichte Gegenüberstellung von Religionen, sondern vielmehr um ein In-Beziehung-Setzen der historischen Einzelerscheinung zum übergreifenden Motiv (*theme*). Beide können sich bereichern, da sie sich gegenseitig erhellen. Wie ein *theme* dabei helfen kann, die historische Einzelerscheinung besser einzuordnen und zu verstehen, wird umgekehrt durch die

Untersuchung und den Vergleich historischer Einzelerscheinungen das *theme* illustriert und modifiziert. Paden gibt ein Beispiel:

> „The Kaaba, the Muslim shrine at Mecca, the symbolic connecting point of heaven and earth for the Islamic world, is more fully comprehensible if we are familiar with the generic theme of ‚world centers'. Without a sense of that theme and its prevalence, the Kaaba symbolism might be viewed merely as an odd or unintelligible belief. By the same token, the profound centering role of the Kaaba in the lives of Muslims provides an extraordinary living illustration and amplification of the world center motif." (Paden 1988, 5)

Paden will diese Motive oder *themes* nicht als starre Kategorien einer festgelegten Taxonomie verstanden wissen, denen man schlicht die Einzelerscheinungen als ‚Exemplare' zuordnet. Er scheint sie vielmehr als individuell bestimmbare Interessenfelder zu betrachten, die durch die historische und vergleichende Forschung kontinuierlich modifiziert werden.

Das In-Beziehung-Setzen von Einzelerscheinung und *theme* kann nach Paden auf unterschiedlichen Spezifitätsebenen vorgenommen werden.

> „One can compare what a certain pilgrimage means to all people at one time and place, or one can compare that pilgrimage with all others within the same religion, or one can study pilgrimage as a theme that is manifest in all times and religions." (Paden 1988, 3-4)

Ohne das sich hier andeutende differenzierte Spektrum möglicher Vergleichsansätze aus dem Auge zu verlieren, scheint es doch nützlich zu sein, grob zwei Ebenen zu unterscheiden: die Makroebene und die Mikroebene. Während sich ein Vergleich auf der Mikroebene auf wenige, eng begrenzte Kontexte beschränkt und diese detailliert untersucht, werden auf der Makroebene größere Felder untersucht, aber dafür weniger spezifisch.

Der Vergleich auf der Makroebene

Vergleiche auf der Makroebene haben seit jeher einen festen Platz in der Religionswissenschaft. Bücher mit Titeln wie ‚XY in den Religionen der Welt' besitzen eine starke Außenwirkung und haben die Religionswissenschaft auch außerhalb akademischer Kreise populär gemacht. Für den Platzhalter XY lassen sich zahllose thematische Begriffe einsetzen, z. B. Mystik, Gebet, Meditation, Frauen, Sexualität, Ehe, Familie, Natur, heilige Stätten, Gottesbilder, Tod, Gewalt, Krieg, Frieden usw. Manchen dieser Bücher fehlt trotz (oder wegen) ihrer guten

Zugänglichkeit die Detailgenauigkeit, weshalb der Erkenntnisgewinn für die religionswissenschaftliche Forschung zuweilen eher begrenzt ist.

Um der Gefahr von Oberflächlichkeit entgegenzuwirken, werden heute häufig mehrere Experten gebeten, einen Beitrag zu einem bestimmten thematischen Motiv in der Religion ihres Fachgebiets zu schreiben, der dann in einem Sammelband zum Thema erscheint. Als Beispiel mag das Buch *Celibacy and Religious Traditions* dienen (Olson 2008), in dem anerkannte Forscher jeweils untersuchen, ob oder wie der Zölibat im Christentum, Hinduismus, Buddhismus und zahlreichen anderen religiösen Traditionen und Kontexten konzeptionalisiert und praktiziert wird. Wie in vielen Büchern dieser Art ist die wissenschaftliche Qualität der einzelnen Beiträge im allgemeinen sehr hoch, doch findet selten ein expliziter Vergleich statt. Die Beiträge sind seriöse Einzelstudien zum selben Oberthema, aber der eigentliche Vergleichsvorgang samt der Theoretisierung bleibt weitgehend den Lesern überlassen. Dieser Umstand ist nur bedingt den jeweiligen Herausgebern anzulasten, denn die gewählte Breite des Untersuchungsbereichs – d. h. die Makroebene – bringt es mit sich, dass die jeweiligen Spezialdarstellungen nur schwer in einer Weise integrierbar sind, dass sich daraus eine weiterführende Systematisierung ergibt (für einen Versuch siehe Freiberger 2006).

Es gibt auch in monographischer Form bedeutende Vergleichsstudien auf der Makroebene, die die Forschung geprägt haben. Ein klassisches Beispiel ist Max Webers Studie *Die Wirtschaftsethik der Weltreligionen* (Weber 1988 [1920/21]), in der Konfuzianismus/Daoismus, Hinduismus, Buddhismus, Judentum (geplant waren außerdem weitere Studien zu Christentum und Islam) auf ein genau spezifiziertes Motiv hin verglichen werden, nämlich ihre Wirtschaftsethik. Ein Beispiel aus jüngerer Zeit ist das schon zitierte Buch *Religious Worlds* von William Paden. Paden beschreibt religiöse Systeme als von religiösen Traditionen oder Gemeinschaften konstruierte „Welten"; für ihn sind Religionen „ways of *inhabiting* a world". Er untersucht in seiner Studie vier darauf bezogene *themes*: „mythic language and prototypes, ritual times, the engaging of gods, and the distinction between pure and profane behavior" (Paden 1988, 7, ausführlicher 51–65), und er bewegt sich dabei auf der Makroebene („focusing on transcultural religious forms of the broadest generic scope", Paden 1988, 4).

Anhand eines recht willkürlich herausgegriffenen Beispiels aus Padens Buch lassen sich Nutzen und Probleme des Vergleichs auf Makroebene gut illustrieren. Es findet sich im Kapitel zu dem *theme* „gods", und es sei dazu erwähnt, dass Paden den Begriff *god* in einem offenen, abstrakten Sinne verwendet, als „the points at which humans relate to ‚the other'"; er verweise auf „any superior being that humans religiously engage" (Paden 1988, 121-122.). (Ob für diesen Zweck das Wort ‚Gott' als metasprachlicher Begriff besonders geeignet ist und nicht unnötige Mißverständnisse hervorruft, mag hier dahingestellt bleiben.) Der Kontext des folgenden Zitats ist die Beschreibung, wie ‚Götter' in Gegenständen, Riten oder an anderen Orten lokalisiert werden.

> „Gods also appear within the self, as spirit allies or as indwelling elements of the supreme god. We have seen that shamanic cultures give importance to the individual's knowledge of personal supernatural entities. Many Christians testify to the presence of Christ within: ‚I have Jesus in my heart and I am no longer alone'. Mahayana Buddhist traditions speak of everyone being ‚the Buddha'. Islamic mysticism takes its cue from the Qur'anic phrase that Allah is closer to us than our very jugular vein." (Paden 1988, 131)

Der Nutzen dieses Vergleichs ist unmittelbar ersichtlich. Er demonstriert, dass ein bestimmtes Motiv, nämlich die Vorstellung, dass ein höheres Wesen in einem selbst verborgen oder anzutreffen sein kann, in mehreren Traditionen belegt ist. Dies ist ein Baustein für die wissenschaftliche Systematisierung von Religion und trägt damit zum besseren Verständnis von Religionen bei. Darüber hinaus kann die metasprachliche Beschreibung dieses Motivs wiederum erkenntnisfördernd für zukünftige Detailstudien wirken, weil mit ihm ein Aspekt hervorgehoben wird, der im konkreten historischen Kontext vielleicht kaum auffällt.

Allerdings enthält dieser Vergleichs auf Makroebene auch einige Probleme, die schon an der (auch aus anderen Vergleichsstudien gut bekannten) Darstellungsweise ersichtlich werden: Das Motiv wird erst kurz beschrieben und anschließend mit religionsgeschichtlichen Beispielen illustriert. Der eigentliche Vorgang des Vergleichens ist dabei schwer zu greifen. Was genau wird verglichen, wenn von „shamanic cultures", „many Christians", „Mahayana Buddhist traditions" und „Islamic mysticism" die Rede ist? Räumliche und zeitliche Diversität kommen so nicht in den Blick, ganz zu schweigen von Kontroversen, die es vielleicht innerhalb der religiösen Traditionen gibt. Zwar stellt Paden die Gegenstände differenzierter dar als manche seiner Vorgänger – er spricht z. B. nicht von ‚dem' Schamanismus oder ‚dem' Mahāyāna-Buddhismus –, aber es bleibt offen, wer etwa die „many Christians" sind, die er erwähnt, und was die anderen Christen zu deren Standpunkt sagen.

Der Vergleich auf der Mikroebene

William Paden weist in der Einleitung seines Buches darauf hin, dass „[m]uch specific comparative work is best limited to studies of variations within a single religious culture or cluster of cultures" (Paden 1988, 4). Ein solcher Vergleich auf Mikroebene, der sich auf – meist nur zwei – sehr spezifische und eng definierte Kontexte konzentriert, beginnt mit einer detaillierten Untersuchung der betreffenden Gegenstände in ihren religiösen und sozio-kulturellen Kontexten. Dies erfordert, je nach der Art der vorhandenen Quellen, die nötige Sprachkenntnis und eine Beherrschung von speziellen Methoden, wie sie in den Kapiteln des vorliegenden Buches erläutert werden. Der anschließend vorgenommene Vergleich kann zunächst die Einzeluntersuchungen beider Kontexte befruchten. Wenn etwa ein Aspekt im Kontext A besonders auffällig ist, während er im Kontext B zu fehlen scheint, kann eine erneute Prüfung von B unter Umständen Sachverhalte zu Tage fördern, die ohne den Vergleich übersehen worden wären. Daraus resultiert eine erneute, präzisere Beschreibung von B. Der Vergleich kann also erstens helfen, die Gegenstände in ihrem eigenen religösen Umfeld besser zu verstehen, indem vom jeweils anderen Kontext inspirierte, neue Fragen an das Material gestellt werden. Zweitens lassen sich durch den Vergleich metasprachliche Begriffe entwickeln, die unmittelbar auf das Material bezogen und daher sehr präzise sind. Mit ihnen kann die konventionelle, meist auf Makrovergleiche zurückgehende religionswissenschaftliche Begrifflichkeit korrigiert oder verfeinert werden. J. Z. Smith bezeichnet die genannten Aspekte des Vergleichsvorgangs als *description, comparison, redescription* und *rectification* (Smith 2000).

Es seien zwei Beispiele für einen Vergleich auf Mikroebene genannt. Die eine Studie (Holdrege 1996) vergleicht die symbolische Bedeutung des Veda und der Tora für die Hermeneutik klassischer Texte in der hinduistischen und der jüdischen Tradition. Sie zeigt, wie sich beide ‚heilige Schriften' in der jeweiligen linguistischen und ethnischen Identität, in der Sozialstruktur und der religiösen Praxis beider Traditionen verkörpern (*embodiment*), worin sich diese wiederum deutlich von anderen religiösen Traditionen unterscheiden. Sie zeigt auch, dass der offensichtliche Unterschied der Betonung von Mündlichkeit (Veda) gegenüber Schriftlichkeit (Tora) bei genauer Untersuchung differenziert werden muss, insbesondere im Hinblick auf die sonst gebräuchliche Terminologie.

Die zweite Studie (Freiberger 2009) vergleicht Konzepte asketischen Lebens in Texten des klassischen Hinduismus und des frühen Christentums. Die Untersuchung zeigt, dass es in beiden Kontexten unterschiedliche und zum Teil gegensätzliche Meinungen über die Gestalt und den Wert jeder einzelnen Askesepraxis gibt. Dies macht es unmöglich, die *eine* Haltung zu Askesepraxis X in Kontext A zu identifizieren und dann mit der *einen* Haltung zu X in Kontext B zu vergleichen. Stattdessen wurde ein Vergleich der Diskurse über diese Praktiken in A und B vorgenommen, mit dem Parallelen und Unterschiede in der Argumentations- und Legitimationsstruktur aufgezeigt werden. Daraus wiederum konnte ein vorläufiges, metasprachliches Modell des Askesediskurses entwickelt werden, das als Interpretationshilfe für weitere Kontexte dienen und durch diese wiederum weiter modifiziert werden kann.

Allgemein formuliert kann man sagen, dass durch Vergleiche auf der Makroebene größere Modelle und Theorien entwickelt werden, deren Anwendbarkeit häufig in Detailstudien in Frage gestellt und überprüft wird. Durch kritische Korrekturen werden aber Makrovergleiche nicht überflüssig, sondern bieten vielmehr einen nützlichen Ausgangspunkt für die Analyse, einen Hintergrund, der Kontraste deutlich werden lässt. Umgekehrt sind Vergleiche auf der Mikroebene auf das untersuchte Material begrenzt. Aus ihnen können ‚von unten nach oben' Modelle und Theorien entwickelt werden, die allerdings durch neues Material ständig erweitert und modifiziert werden müssen.

4. Die Bedeutung des Vergleichs für die Religionswissenschaft

Grundsätzlich basiert jede Art kommunizierbaren Wissens auf Vergleich. Menschen ordnen sich die Welt durch Vergleichen, Generalisieren und Kategorisieren; neu begegnende Phänomene werden mit bekannten verglichen und in Relation zu bestehenden Kategorien eingeordnet. Konstantes Vergleichen ist ein zentraler Faktor in der alltäglichen Wahrnehmung und Verarbeitung von Information. (Martin 2000, 45f.) Dies gilt in verdichteter Form für die Wissenschaft, worauf schon Max Müller hinweist, wenn er schreibt: „People ask, What is gained by comparison? Why, all higher knowledge is gained by comparison, and rests on comparison" (Müller 1872, 8).

Die Religionswissenschaft im besonderen kann als ein Fach beschrieben werden, das sich auf Vergleichen gründet. William Paden bemerkt:

> „Comparativism ... is the central and proper endeavour of religious studies as a field of inquiry and the core part of the process of forming, testing, and applying generalizations about religion at any level" (Paden 1996, 12).

Auch wenn die meisten religionswissenschaftlichen Arbeiten keine Vergleichsstudien im engeren Sinne sind, so zeichnet sich ein religionswissenschaftlicher Ansatz gerade dadurch aus, dass er die Gegenstände nicht nur in ihrer lokalen, spezifischen Gestalt untersucht – wie es Nachbardisziplinen tun –, sondern darüber hinaus mit einem ‚vergleichenden Blick' betrachtet. Der betreffende Gegenstand wird in dem Bewusstsein beschrieben und analysiert, dass er im Hinblick auf seine religiösen Aspekte nicht einzigartig ist. Dies drückt sich besonders in der Verwendung von metasprachlichen Begriffen aus. Religionswissenschaftler interessiert z. B. am christlichen Abendmahl nicht nur der genaue Ablauf, die soziale Funktion und die theologische Bedeutung, sondern auch, wie und warum es als eine Form von ‚Opferritual' verstanden werden kann. Ihnen genügt es nicht, die Darstellung von *vipassanā-* und *samatha*-Praktiken in buddhistischen Texten zu untersuchen; sie interessiert auch, in welcher Hinsicht diese als spezielle Formen von ‚Meditation' bezeichnet und kategorisiert werden können. Sie untersuchen nicht nur, wie die Hadithe zusammengestellt wurden, sondern fragen auch, inwiefern man dies als eine bestimmte Form von ‚Kanonisierung' betrachten kann.

Wie die Begriffe ‚Opferritual', ‚Meditation' und ‚Kanonisierung' haben viele metasprachliche Termini ihren Ursprung in der europäischen Religionsgeschichte. Wie oben erwähnt, wird dies zu Recht kritisch diskutiert, wobei zu bemerken ist, dass für eine Metasprache die wissenschaftliche Bestimmung des Begriffs wichtiger ist als der Begriff selbst. Von größerer Bedeutung ist hier, dass das gesamte metasprachliche Vokabular der Religionswissenschaft – ob im Einzelfall problematisch oder nicht – das Produkt vergleichender Studien ist. Vergleiche auf der Makro- und (in geringerem Umfang) der Mikroebene liefern Termini, Modelle und Theorien für die Religionswissenschaft. Auch Studien, die nicht im engeren Sinne vergleichen, beziehen sich doch in der einen oder anderen Weise immer auf das vorhandene Vokabular und unterziehen es einer ständigen kritischen Prüfung und Modifizierung. Der Vergleich kann somit nicht nur als eine bedeutende Untersuchungsmethode in der Religionswissenschaft gelten, sondern als integraler Bestandteil des religionswissenschaftlichen Erkenntnisinteresses.

5. Literatur

Bochinger, Christoph. 2003. Religionsvergleiche in religionswissenschaftlicher und theologischer Perspektive. In *Vergleich und Transfer: Komparatistik in den Sozial-, Geschichts- und Kulturwissenschaften*, hg. Hartmut Kaelbe und Jürgen Schriewer. 251-281. Frankfurt am Main: Campus.

Bornet, Philippe. 2010. *Rites et pratiques de l'hospitalité: mondes juifs et indiens anciens*. Stuttgart: Franz Steiner.

Burger, Maya, und Claude Calame, Hg. 2005. *Comparer les comparatismes: Perspectives sur l'histoire et les sciences des religions*. Lausanne: Etudes de Lettres.

Cappai, Gabriele. 2000. Kulturrelativismus und die Übersetzbarkeit des kulturell Fremden in der Sicht von Quine und Davidson: Eine Beobachtung aus sozialwissenschaftlicher Perspektive. *Zeitschrift für Soziologie* 29: 253–274.

Eliade, Mircea. 1996 [1958]. *Patterns in Comparative Religion*. Lincoln: University of Nebraska Press.

Eliade, Mircea. 1990 [1984]. *Das Heilige und das Profane: Vom Wesen des Religiösen*. Frankfurt am Main.: Suhrkamp.

Frazer, James. 1993 [1923]. *The Golden Bough: A Study in Magic and Religion.* Abridged Edition. Ware: Wordsworth.

Freiberger, Oliver. 2006. Introduction: The Criticism of Asceticism in Comparative Perspective. In *Asceticism and Its Critics: Historical Accounts and Comparative Perspectives*, hg. Oliver Freiberger, 3–21. New York: Oxford University Press.

Freiberger, Oliver. 2009. *Der Askesediskurs in der Religionsgeschichte: Eine vergleichende Untersuchung brahmanischer und frühchristlicher Texte.* Wiesbaden: Harrassowitz.

Heiler, Friedrich. 1961. *Erscheinungsformen und Wesen der Religion.* Stuttgart: Kohlhammer.

Holdrege, Barbara. 1996. *Veda and Torah: Transcending the Textuality of Scripture.* Albany, N.Y. : State University of New York Press.

Idinopulos, Thomas A., Brian C. Wilson, und James C. Hanges, Hg. 2006. *Comparing Religions: Possibilities and Perils?* Leiden: Brill.

Leeuw, Gerardus van der. [4]1977 [1956]. *Phänomenologie der Religion.* Tübingen: Mohr Siebeck.

Martin, Luther H. 2000. Comparison. In *Guide to the Study of Religion*, hg. Willi Braun und Russell T. McCutcheon, 45–56. London: Cassell.

Müller, Friedrich Max. 1872. *Lectures on the Science of Religion.* New York: Scribner.

Olson, Carl, Hg. 2008. *Celibacy and Religious Traditions.* New York: Oxford University Press.

Paden, William E. 1988. *Religious Worlds: The Comparative Study of Religion.* Boston: Beacon Press.

Paden, William E. 1996. Elements of a new comparativism. *Method & Theory in the Study of Religion* 8: 5–14.

Paden, William E. 2004. Comparison in the Study of Religion. In *New Approaches to the Study of Religion*, vol. 2: Textual, Comparative, Sociological, and Cognitive Approaches, hg. Peter Antes, Armin W. Geertz und Randi R. Warne, 77–92. Berlin: de Gruyter.

Patton, Kimberly C. 2000. Juggling Torches: Why We Still Need Comparative Religion. In *A Magic Still Dwells: Comparative Religion in the Postmodern Age*, hg. Kimberly C. Patton und Benjamin C. Ray, 153–171. Berkeley: University of California Press.

Patton, Kimberly C. und Benjamin C. Ray. 2000. Introduction. In *A Magic Still Dwells: Comparative Religion in the Postmodern Age*, hg. Kimberly C. Patton und Benjamin C. Ray, 1–19. Berkeley: University of California Press.

Reenberg Sand, Erik und Jørgen Podemann Sørensen, Hg. 1999. *Comparative Studies in History of Religions: Their Aim, Scope, and Validity.* Copenhagen: Museum Tusculanum Press.

Rüpke, Jörg. 2007. *Historische Religionswissenschaft: Eine Einführung.* Stuttgart: Kohlhammer.

Segal, Robert A. 2001. In Defense of the Comparative Method. *Numen* 48: 339–373.

Segal, Robert A. 2006. Postmodernism and the Comparative Method. In *Comparing Religions: Possibilities and Perils?*, hg. Thomas A. Idinopulos, Brian C. Wilson und James C. Hanges, 249–270. Leiden: Brill.

Sharpe, Eric J. 1987. *Comparative Religion: A History*. 2. Aufl. La Salle: Open Court.
Smart, Ninian. 1983. *Worldviews: Crosscultural Explorations of Human Beliefs*. New York: Charles Scribner's Sons.
Smith, Jonathan Z. 1982. In Comparison a Magic Dwells. In ders. *Imagining Religion: From Babylon to Jonestown*, 19–35. Chicago: University of Chicago Press.
Smith, Jonathan Z. 2000. The „End" of Comparison: Redescription and Rectification. In *A Magic Still Dwells: Comparative Religion in the Postmodern Age*, hg. Kimberly C. Patton und Benjamin C. Ray, 237–241. Berkeley: University of California Press.
Wach, Joachim. 1924. *Religionswissenschaft: Prolegomena zu ihrer wissenschaftstheoretischen Grundlegung*. Leipzig: Hinrichs.
Weber, Max. 1988 [1920/21]. *Gesammelte Aufsätze zur Religionssoziologie*. 3 Bde. Tübingen: Mohr Siebeck.

Autorinnen und Autoren

Bräunlein, Peter J., PD Dr. rer. nat., Jg. 1956, Forscher, Inst. f. Ethnologie, Universität Göttingen. Arbeitsschwerpunkte: Geister in der Moderne, Theorie und Methode der Religionsforschung, Medien und Religion, Religion im Museum, Christentum in Südostasien und Europa.

Dambacher, Franziska, Dipl. Psych., Jg. 1986, Wissenschaftliche Mitarbeiterin Universität Maastricht. Arbeitsschwerpunkte: Religionspsychologie, quantitative Methoden in der Religionsforschung.

Döbler, Marvin, Jg. 1979, Wissenschaftlicher Mitarbeiter am Institut für Religionswissenschaft der Universität Bremen. Arbeitsschwerpunkte: Europäische Religionsgeschichte, Geschichte und Theologien des Christentums, systematische Religionswissenschaft.

Franke, Edith, Prof. Dr. phil., Jg. 1960, Professorin für Allgemeine und Vergleichende Religionswissenschaft am Institut für Vergleichende Kulturforschung, Fachgebiet Religionswissenschaft der Philipps-Universität Marburg. Arbeitsschwerpunkte: Religionen und religiöse Pluralität im interkulturellen Vergleich, besonders in der islamisch geprägten Kultur Indonesiens und in Europa, Theorie und Methodik der Religionswissenschaft, Gender und Religion, religiöse Gegenwartskultur in Deutschland.

Freiberger, Oliver, Prof. Dr. phil., Dr. phil. habil., Jg. 1967, Associate Professor of Asian Studies and Religious Studies an der University of Texas at Austin, USA. Arbeitsschwerpunkte: Indischer Buddhismus, Askese als religiöses Konzept, Vergleich in der Religionswissenschaft.

Kurth, Stefan, Dr. phil., Jg. 1969, Akademischer Rat am Lehrstuhl Religionswissenschaft II der Universität Bayreuth. Arbeitsschwerpunkte: Moderne Formen alternativer Spiritualität, Religiositätsforschung, qualitative Methoden empirischer Religionsforschung.

Lehmann, Karsten, Dr. rer. soc., Jg. 1971, Wissenschaftlicher Assistent am Lehrstuhl Religionswissenschaft II der Universität Bayreuth und Visiting Fellow am Berkley Center for Religion Peace and World Affairs der Georgetown University, Washington, DC. Arbeitsschwerpunkte: Religiöse Pluralität in Europa, Globale religiöse Gemeinschaften, Religion und Politik, Methoden empirischer Religionsforschung.

Maske, Verena, M.A., Jg. 1980, Wissenschaftliche Mitarbeiterin im DFG-Projekt „Islamisch – hip – integriert. Zur Funktion religiöser Vergemeinschaftung für die Identitätsbildung junger Musliminnen der Muslimischen Jugend in Deutschland e.V." am Fachgebiet Religionswissenschaft, Institut für Vergleichende Kulturforschung der Philipps-Universität Marburg. Arbeitsschwerpunkte: Religiöse Gegenwartskultur, insbesondere Islam in Deutschland, Theorie und Methodik der Religionswissenschaft, Religion und Gender, Theorien religiöser Sozialisation und Identität.

Murken, Sebastian, Prof. Dr. phil. habil., Dr. rer. nat., Jg. 1963. Honorarprofessor für Religionspsychologie am Fachgebiet Religionswissenschaft der Philipps-Universität Marburg. Arbeitsschwerpunkte: Religionspsychologie, Neue religiöse Bewegungen.

Schnettler, Bernt, Prof. Dr. phil., Jg. 1967. Lehrstuhl für Kultur- und Religionssoziologie an der Universität Bayreuth. Arbeitsschwerpunkte: Wissenssoziologie, Religionssoziologie, Qualitative Methoden, Soziologische Theorie

Tanaseanu-Döbler, Ilinca, Prof. Dr., Jg. 1979, Nachwuchsgruppenleiterin am Courant Forschungszentrum EDRIS, Universität Göttingen, Bereich Spätantike. Arbeitsschwerpunkte: Europäische Religionsgeschichte, Religion und Bildung, systematische Religionswissenschaft.

Printed by Publishers' Graphics LLC
BT20130121.19.21.56